ULRICH HAUG

Direktion zwischen Sachzwang und Demokratie

Schriften zum Sozial- und Arbeitsrecht

Band 40

Direktion zwischen Sachzwang und Demokratie

Eine Studie zu einem arbeitsrechtlichen Institut

Von

Diplom-Volkswirt

Dr. iur. Ulrich Haug

DUNCKER & HUMBLOT / BERLIN

Gedruckt 1979 bei Buchdruckerei Bruno Luck, Berlin 65
Printed in Germany
ISBN 3 428 04317 0

D 21

Vorwort

Der umfassende soziale Wandel der menschlichen Gesellschaft unter den Bedingungen der industriellen Produktion hat das Verhältnis von Staat und Gesellschaft tiefgreifend verändert und konnte nicht ohne Auswirkungen auf Aufgabenstellung und Sinn von Recht in unseren Industriegesellschaften bleiben: Es vollzog sich eine Entwicklung dahin, daß Recht zum Mittel aktiver Gestaltung der sozialen Wirklichkeit mit häufig durchaus begrenzter Zielsetzung in den Händen des Staates avancierte. Auf die Rechtswissenschaft kam damit eine Fülle von Einzelfragen zu, die sie aufgrund ihrer Mehrschichtigkeit ohne interdisziplinäre Zusammenarbeit mit den Sozialwissenschaften nicht zu lösen vermag: weder hinsichtlich des Aspekts der Sozialgestaltung selbst noch hinsichtlich des zentralen rechtswissenschaftlichen Problempunktes „materielle Gerechtigkeit" oder anders formuliert, der inhaltlichen Legitimation dieser Gestaltung sozialer Wirklichkeit im Einzelfall. Groß ist angesichts der anwachsenden Menge aktueller Rechtsfragen jedoch die Neigung, sich ausschließlich der rechtsdogmatischen Problemstellung zu widmen und die Analyse der rechtstheoretischen oder -soziologischen Grundlagen zu vernachlässigen bzw. wenigen Spezialisten generell zu delegieren. Auf die Dauer muß die Rechtswissenschaft unter diesem Defizit auch für die Behandlung praktischer Fragen ernstlich Schaden nehmen.

Die vorliegende Arbeit versucht für eine konkrete arbeitsrechtliche Problematik solche Defizite einmal aufzuzeigen, um dann in einem komplexeren methodologischen Ansatz rechtstheoretische Einsichten und eine interdisziplinäre Orientierung zur Lösung dieser Frage fruchtbar zu machen. Das Interesse am Thema verdankt sich der (in ihrem eigentlichen Kern inzwischen wohl abgeschlossenen) Mitbestimmungsdebatte, die ungeachtet mancher Sackgasse ein die Grundlagen des Arbeitsrechts berührendes Nachdenken erzwang. Die Konsequenzen werden nicht nur im Arbeitsrecht sicherlich noch lange beschäftigen. Zudem bestand gerade bei der Direktionsproblematik ein erhebliches Manko an theoretischer Durchdringung und interdisziplinärer Aufarbeitung dieser Materie in der traditionellen arbeitsrechtlichen Dogmatik. Daher ergab sich zusätzlich als Zielsetzung, zunächst auch entsprechendes Material in diese Diskussion einzuführen.

Mein besonderer Dank gilt Herrn Prof. Dr. Dres. h. c. Josef Esser für zwei in jeder Hinsicht äußerst lehrreiche Jahre an seinem Lehrstuhl in Tübingen; diese Arbeit wäre ohne sie kaum möglich gewesen. Für viele Diskussionen danke ich dem Freund und ehemaligen Kollegen, Prof. Dr. Gerhard Struck, sowie den Mitgliedern des von ihm geleiteten rechtstheoretischen Arbeitskreises. Aufrichtigen Dank schulde ich dann Herrn Priv.-Doz. Dr. Wolfgang Gast für großzügigste Hilfe bei der Endphase, während seiner Lehrstuhlvertretung WS 77/78 in Tübingen. Das Manuskript wurde um die Jahreswende 1977/1978 abgeschlossen. Leider ist es nicht möglich, seine erst in Kürze erscheinende Habilitationsschrift für die Druckfassung noch zu berücksichtigen.

Schließlich danke ich Herrn Ministerialrat a. D. Prof. Dr. Johannes Broermann für großzügiges Entgegenkommen bei der Aufnahme dieser Arbeit in seine Schriftenreihe.

Tübingen, im August 1978

Ulrich Haug

Inhaltsverzeichnis

Teil II

Möglichkeiten und Grenzen einer Legitimation von Direktion

„Da herrscht die Sache über den Menschen und das Werkzeug kommandiert."

Hugo Sinzheimer über den „Maschinenbetrieb unserer Zeit" (in Grundzüge des Arbeitsrechts, Jena 1927, S. 26)

Einleitung

Die vorliegende Untersuchung stellt die Frage nach den juristischen Dimensionen der Direktion arbeitsteiliger Produktionsveranstaltungen in unserer Gesellschaft. „Direktion" ist kein auch nur in groben Zügen festgelegter arbeitsrechtlicher oder ökonomischer Begriff. In Absehung von Einzelheiten soll damit zunächst nur ganz allgemein die Organisation und Leitung des Produktionsprozesses in Betrieb und Unternehmen bezeichnet sein. Die Bemerkung *Sinzheimers* auf dem Hintergrund der industrialisierten Produktionsgestaltung im ersten Drittel unseres Jahrhunderts kennzeichnet die Folgen einer Direktionsweise, die häufig heute noch als von der Sache her einzig sinnvolle Direktionsweise, als „Sachzwang" einer funktionsfähigen und effizienten Warenproduktion auf der Basis von Arbeitsteilung und Privateigentum an Produktionsmitteln angesehen wird: die einseitige Direktion durch die Produktionsmitteleigentümer (heute durch das insofern von diesen abgeleitet gedachte Management) — umfassend organisiert in einer monokratischen Unternehmenshierarchie mit entsprechend abgestuften Entscheidungs- und Weisungskompetenzen. Der postulierte „Sachzwang" hat im (ungeschriebenen) Arbeitsrecht seinen juristischen Niederschlag gefunden in der dogmatischen Konstruktion eines umfassenden und einseitigen Direktionsrechts des Arbeitgebers gegenüber dem Arbeitnehmer. Das Ergebnis wird herkömmlich als „Objektstellung des Arbeitnehmers im Produktionsprozeß" oder noch treffender als „umfassende Fremdbestimmung der abhängigen Arbeit" bezeichnet.

1. Der Bezugspunkt *Arbeitsteilung* ist konstitutives Merkmal der industriellen Produktion und der Unternehmungen nicht nur in hochindustrialisierten Gesellschaften wie der Bundesrepublik. Die Arbeitsteilung ist eine wesentliche Voraussetzung für den Erfolg der Bemühungen des Menschen, sich den Veränderungen seiner natürlichen Umwelt anzupassen oder diese Umwelt entsprechend umzuformen; als

solche ist die Arbeitsteilung daher seit Jahrtausenden der Geschichte der Menschheit verbunden[1]. Grundgedanke hinsichtlich der Produktion ist, daß kollektives, arbeitsteiliges Verhalten der Individuen Leistungen ermöglicht, die ohne dieses Zusammenwirken dem einzelnen nicht möglich wären. Dieses Prinzip wurde nun nach den Phasen der Industrialisierung noch im 19. Jahrhundert vor allem durch Techniker und Ingenieure zu einer „wissenschaftlichen Arbeitszersplitterung" umgeformt, die ihren reinsten Ausdruck im Taylorismus fand. Neben die bis ins 19. Jahrhundert vor allem praktizierte Arbeitsteilung zwischen vorwiegend handwerklichen Arbeiten trat die — bis heute zunehmend wesentliche — Arbeitsteilung zwischen dem Arbeiter einerseits, dem technischen Produktionsapparat sowie der Organisation und Planung des Einsatzes dieses Apparats andererseits. Es entstand der fast mythische Glaube, daß jede Rationalisierung der menschlichen Arbeit von einer Zersplitterung der Arbeitsaufgaben begleitet sei, die die Produktionskosten (bei Serienproduktion) senke und die Produktionsmenge erhöhe.

Es läßt sich zeigen, daß diese Tendenz zur Zersplitterung der Arbeitsaufgaben selbst kein typisches Kennzeichen der kapitalistischen Wirtschaft ist. So wies etwa *Lenin* schon 1918 in entsprechenden Artikeln in der Prawda[2] darauf hin, wie wichtig es sei, die fortschrittlichen, technischen Elemente des Taylor-Systems zu übernehmen. Auch heute herrscht in der UdSSR ähnlich wie bei uns ein System der Arbeitsorganisation vor, das auf strenger Spezialisierung der Arbeitsaufgaben beruht.

Niemand wird bei dieser Ausgangslage bestreiten wollen, daß derartig hoch arbeitsteilige Prozesse exakt geplant und durchgeführt werden müssen. Die Frage nach der *Direktion* der komplexen Organisation „Produktionsprozeß" und in der Folge, bei noch stärkerer Zersplitterung, auch der Planungs- und Steuerungsprozesse selbst, d. h. des Unternehmens insgesamt, ist nicht von der Hand zu weisen. Der Kern des Problems ist die Zuweisung von Macht- und Herrschaftspositionen durch die Übertragung der Aufgabe „Organisation, Führung und Leitung" des Unternehmens. Zwei Aspekte lassen sich unterscheiden: Es geht auf der Linie der Arbeitsteilung innerhalb des Be-

---

[1] Eine ausgezeichnete Darstellung dieser historischen Entwicklung findet sich unter Verfolgung der einzelnen Entwicklungslinien seit der menschlichen Frühgeschichte in *Mumford, L.* „Mythos der Maschine — Kultur, Technik und Macht" Frankfurt 1977 (dt. Übersetzung von „The myth of machine", Bd. I 1966; Bd. II 1964); als Überblick läßt sich vergleichen das Einleitungskapitel von *Friedmann, G.* „Grenzen der Arbeitsteilung" Frankfurt 1959 (dt. Übersetzung von „Le travail en miettes" Paris 1956) S. 1 ff.

[2] Nachweise hierzu vgl. bei *Friedmann, G.* „Problèmes du Machinisme en URSS et dans les pays capitalistes" Paris 1934, S. 53 ff.

reichs der Arbeit um derartige Positionen im Unternehmen selbst; dies läßt sich als Direktion im *engeren* Sinne ansprechen. Dann geht es, im Zuge der gesellschaftlichen Arbeitsteilung zwischen Arbeit und techn. Produktionsapparat, um die zunehmend ins Zentrum des Bewußtseins gerückte Zuweisung solcher Positionen weit über den Bereich des Unternehmens hinaus auf allen Ebenen der Gesellschaft (international[3], gesamtgesellschaftlich[4], sektoral und regional[5]). Soweit man diesen Aspekt der Aufgabe „Unternehmensleitung" nicht vergißt, läßt sich von Direktion im *weiteren* Sinne sprechen. Beide hier analytisch voneinander geschiedenen Aspekte sind im Unternehmen jedoch unmittelbar miteinander verknüpft.

Die entscheidenden Fragen sind nun einmal diejenige nach der Ausgestaltung dieser Aufgabe und dadurch der Reichweite der zugewiese-

---

3 Dies gehört heute unter dem Stichwort „multinationale Konzerne" zu den Standardthemen politik- und wirtschaftswissenschaftlicher Forschung; Ergebnisse und Fragestellungen lassen sich vergleichen für den ersten Bereich bei *Piehl, E.* „Multinationale Konzerne und internationale Gewerkschaftsbewegung" Frankfurt 1973 (insbes. Kap. 2, S. 31 ff.) und *Fröbel/Heinrichs/Kreye* „Die neue internationale Arbeitsteilung" Hamburg 1977 (z. B. zur Textilbranche S. 67 ff.); für die Wirtschaftswissenschaften die Aufsatzsammlung *Krebschull, D./Mayer, O. G.* (Hrsg.) „Multinationale Unternehmen — Anfang oder Ende der Weltwirtschaft" Frankfurt 1974 (S. 137 ff. zur ökonomischen und politischen Macht; S. 203 ff., 219 ff. zur Möglichkeit der Kontrolle durch nationale Regierungen).

4 Auf dieser Ebene hat das Problem unter dem Stichwort „öffentliche Bedeutung" oder „öffentliches Interesse" an Großunternehmen in die juristische Debatte Eingang gefunden, dazu noch ausführlich im jeweiligen Sachzusammenhang; für die politik- und wirtschaftswissenschaftliche Diskussion *Hirsch, J.* „Zur politischen Ökonomie des politischen Systems" in: Kress, G./Senghaas, D. „Politikwissenschaft" Frankfurt 1969 (Lizenzausgabe 1972) S. 165 ff. m. w. N. zur amerikanischen Literatur (Shonfield, Reagan, Galbraith); *Offe, C.* „Strukturprobleme des kapitalistischen Staates" Frankfurt 1972, S. 123 ff., 153 ff.; *Glasstetter, W.* „Wachstumskonzeption und politische Ökonomie" Köln 1971, S. 55 ff., 283 ff., 294 f.; *Koubek, N. u. a.* „Wirtschaftliche Konzentration und gesellschaftliche Machtverteilung" in: Beilage zur Wochenzeitschrift „Das Parlament" B 28/72 vom 8. 7. 1972.

5 In der wirtschaftswissenschaftlichen Debatte erstmals problematisiert bei *Thünen, J. H. von* „Der isolirte Staat in Beziehung auf Landwirtschaft und Nationalökonomie" Hamburg 1826; später wurde versucht, die räumliche Ordnung der Wirtschaft und teilweise sogar ganze Landschaften ökonomisch abzuleiten, vgl. so insbesondere das berühmte Werk von *Lösch, A.* „Die räumliche Ordnung der Wirtschaft, eine Untersuchung über Standort, Wirtschaftsgebiete und internationalen Handel" 2. Aufl., Jena 1944 (dort findet sich auch eine Besprechung zu Thünen, vgl. S. 25 ff.). Der Schlüssel liegt in der häufig unterschätzten Bedeutung unternehmerischer Standortwahl für die Kommunen und insgesamt die Infrastrukturpolitik (Erschließung, Verkehr, Gesundheit u. Wohnen, Umwelt, Freizeit). Gerade unter dem neuerdings heftig diskutierten Gesichtspunkt ‚Umwelt' hat sich die Abhängigkeit der Kommunen von auch relativ kleinen Unternehmen (aber eben regional sehr mächtigen) massiv in den Vordergrund geschoben, vgl. dazu *Glagow, M.* (Hrsg.) „Umweltgefährdung und Gesellschaftssystem" München 1972 und *Eichhorn, P.* „Umweltschutz aus der Sicht der Unternehmenspolitik" ZfBF 1972, S. 633 ff.

nen Machtposition, andererseits diejenige nach der Legitimation dieser Zuweisung und nach entsprechender Kontrolle der Wahrung der durch Ausgestaltung und Legitimationsbasis gesetzten Grenzen. Für die Beantwortung dieser Fragen wird insbesondere zu klären sein, inwieweit die eingangs angesprochene Vorstellung, die *einseitige Direktion* durch die Produktionsmitteleigentümer *sei ein Sachzwang arbeitsteiliger, industrieller Produktion,* sich als zutreffend, als Halbwahrheit oder gar als ideologisch herausstellt.

2. Nach heute allgemeiner Ansicht ist mit diesen Fragen auch gleich ein wichtiges rechtswissenschaftliches Problem aufgeworfen[6]: die Frage nach der Einwirkung des Rechts, nach der *rechtlichen Lösung* sowohl in bezug auf die Gestaltung der Direktion als auch hinsichtlich deren Legitimation, d. h. hier nach Legitimität und Rechtsquelle eines *Direktionsrechts.* Die Analyse und die Überprüfung der Konsistenz der zu diesen beiden Punkten vorgelegten rechtswissenschaftlichen Lösungsvorschläge ist zunächst ein zentrales Anliegen dieser Arbeit. Der Jurist bewegt sich ja bei der Behandlung derartiger Probleme sehr schnell auf schwankendem Boden: Ein Recht zur einseitigen Direktion seitens des Produktionsmitteleigentümers oder umfassender des Arbeitgebers ist nämlich weder gesetzlich festgelegt, noch wird es in den Individualarbeitsverträgen ausdrücklich eingeräumt. Damit fehlt aber schon die eindeutige Norm, die vielleicht noch mit Hilfe der herkömmlichen Mittel juristischer Methodenlehre auszulegen, zu konkretisieren und so für die Lösung der hier anstehenden Probleme fruchtbar zu machen wäre. So hängt nun in noch viel stärkerem Maße, als dies für „gängige" juristische Problemfälle angenommen wird, jeglicher Lösungsansatz unmittelbar und unvermeidlich von dem Weg ab, von der Methode der Erkenntnis des geltenden Rechts, die zum jeweiligen Erklärungsansatz führte. Soviel sollte klar sein, nur die Beantwortung der *rechtstheoretischen* Frage nach der „Theorie der Rechtsgewinnung", nach der „Methode der Rechtsfindung" liefert den Schlüssel zu Konzipierung und Verständnis der bis dato vorgelegten rechtswissenschaftlichen Forschungsergebnisse. Und weiter, daß die traditionelle juristische Denkweise und Arbeitsmethode — mit ihrer weitgehenden Fixierung auf die Norm, auf Systematisierung einzelner Aspekte dieser Norm durch juristische Dogmatik — in ganz besonderem Maße anfällig ist für die Übernahme von zum Sachzwang apostrophierten Verfahrensweisen (etwa hier der arbeitsteiligen Produktionsweise), die dann in juristischen Kategorien wie der „Natur der Sache" oder dem „Wesen" be-

[6] Hier wird jedoch vorausgesetzt, daß der Irrtum des klassischen Liberalismus, die alleinige Hoffnung auf die individuelle Vertragsfreiheit, auch allgemein als „Versteck der Ungleichheit" anerkannt ist (Formulierung von *Adorno, Th. W.* „Negative Dialektik" Frankfurt 1966, S. 302).

stimmter Rechtsverhältnisse den gesuchten normativen Aufhänger bieten. Daß derartige Vereinfachung durch die immer noch allfällig anzutreffende Skepsis gegenüber der Einbeziehung sozialwissenschaftlicher Forschungsergebnisse gerade im Gefolge klassischer Methodenvorstellungen eine der größten Chancen zu umfassender Thematisierung der jeweils behandelten juristischen Probleme und damit zu deren Lösung vergibt, ist in den letzten Jahren häufig betont und auf seine Gründe hin untersucht worden.

3. Schon früh haben sich nämlich in den *Sozialwissenschaften* einzelne Forschungsrichtungen unter jeweils verschiedenen Erkenntnisinteressen und Forschungsschwerpunkten mit den einzelnen Aspekten des Direktionsproblems beschäftigt. So ist im Bereich der Wirtschaftswissenschaften schon immer ein Schwerpunkt der *Betriebswirtschaftslehre* gewesen, die Ausgestaltung einer funktionsfähigen, effizienten Unternehmensleitung, der angemessenen organisatorischen Voraussetzungen sowie der Leitungsinstrumente zu untersuchen. Es wird noch im einzelnen gezeigt werden, daß dabei in den letzten Jahren zunehmend neue betriebswirtschaftliche Ansätze etabliert wurden, in denen das Ansetzen der traditionellen Betriebswirtschaftslehre am vermeintlichen Sachzwang einseitiger Arbeitgeberdirektion überwunden werden konnte und, daß erste heftige Diskussionen um alternative Direktionsformen im Sinne der Aufhebung oder zumindest Auflockerung der Fremdbestimmung der Arbeit stattgefunden haben.

Innerhalb der Soziologie hat sich vor allem die *Industrie- oder Betriebssoziologie* mit Fragen der Gestaltung der Direktion arbeitsteiliger Produktionsveranstaltung beschäftigt. Wie noch zu sehen sein wird, wurde in mehreren Untersuchungen herausgearbeitet, daß gerade die „Einseitigkeit“ und die hierarchischen Formen der Direktion wenig effiziente und funktionsgerechte Instrumente zur Leitung und Konfliktlösung bei arbeitsteiliger Produktion sind. Auch zur Problematisierung der Arbeitszersplitterung selbst und ihrer negativen Folgen liegen Untersuchungen vor. Insbesondere die Erforschung und Dokumentation möglicher Konzepte für einen Weg zurück zu einem sinnvolleren Maß an Arbeitsteilung (zwischen Arbeiter/Arbeiter sowie an gesellschaftlicher Arbeitsteilung) ist im Anschluß an ältere Untersuchungen[7] aufgegriffen und zu neuen Ergebnisse geführt[8] worden. Eindeutige Resul-

[7] Vgl. *Friedmann* „Grenzen“ mit ausführlichen Referaten und Nachweisen zu frühen amerikanischen Experimenten und deren Ergebnisse.

[8] Vgl. *Vilmar, F.* „Menschenwürde im Betrieb — Modelle der Humanisierung und Demokratisierung der Arbeitswelt“ Reinbek bei Hamburg 1973 und als eine ausführliche Dokumentation solcher Versuche, Ansätze und Modelle in Westeuropa, Israel und USA *ders.* (Hrsg.) „Industrielle Demokratie in Westeuropa“ Reinbek b. Hamburg 1975.

tate liegen zum Postulat des Sachzwangs der Eigentümerdirektion vor. Dazu wurde die wohl inzwischen Allgemeingut gewordene These herausgearbeitet und empirisch belegt, daß in größeren Unternehmen der Einfluß der Eigentümer (insbesondere der Anteilseigner bei Aktiengesellschaften) auf die Direktionsaufgabe sehr gering geworden ist. Die Vormachtsstellung wird zumeist schon seit langer Zeit nicht mehr durch das „Eigentum" eingenommen, sondern die Organisations- und Leitungskompetenzen verbunden mit den entsprechenden Weisungsbefugnissen sind fast vollständig in die Hände des sog. Managements übergegangen[9].

Die *allgemeine Soziologie* hat sich im Schwerpunkt vor allem mit dem Problem der Legitimation auseinandergesetzt. In der Folge der Erkenntnis, daß der Industrialismus Formen und Inhalte der Direktion nicht im Sinne eines Sachzwangs selber vorschreibt und damit Herrschaft heute nicht mehr einfach technologisch zu legitimieren ist, wurde das ins Blickfeld gekommene Legitimationsdefizit unter den Stichworten „Kapitalismus" und „Demokratie" diskutiert und wurden die Rahmenbedingungen und Implikationen der Aufhebung dieses Defizits zu erforschen gesucht. Die Frage nach einer Legitimation der mit dem weiten Verständnis von Direktion angesprochenen Verbindung wirtschaftlicher und politischer Macht durch Modelle demokratischer Beteiligung derjenigen, die derartiger Macht unterworfen sind, hat ebenso die *politikwissenschaftliche* Forschung eingehend beschäftigt[10]. Es wird sich zeigen, daß auch die juristische Lösung der Legitimationsfrage von den dabei vorgelegten Gedanken, Schlußfolgerungen und Modellkonzeptionen profitieren kann.

4. Im großen und ganzen ist somit schon der *Plan der Arbeit* festgelegt; er gliedert sich in zwei große Teile:

---

[9] Grundlegend die berühmte Studie von *Berle, A./Means, G. C.* „The modern corporation and private property", New York 1932 (1. Aufl.); *Pross, H.* „Manager und Aktionäre in Deutschland" Frankfurt 1965; *Steinmann, H.* „Die Großunternehmen im Interessenkonflikt" Stuttgart 1969 (insb. S. 11 ff.); *Brinkmann-Hertz, D.* „Die Entscheidungsprozesse in den Aufsichtsräten der Montanindustrie" Berlin 1972; eingehend dazu auch *Wiethölter, R.* „Interessen und Organisation der Aktiengesellschaft im deutschen und amerikanischen Recht" Karlsruhe 1961 (S. 56 ff., 60).

[10] Vgl. dazu neben den gerade in Fn 3/4 Zitierten *Bendix, R.* „Work and Authority in Industry" N. Y./London 1956 (deutsch: „Herrschaft und Industriearbeit" Frankfurt 1956); *Jaeggi, U.* „Kapital und Arbeit in der Bundesrepublik" Frankfurt 1973; *Huffschmid, J.* „Die Politik des Kapitals" Frankfurt 1969; *Hondrich, K. O.* „Demokratisierung und Leistungsgesellschaft" Stuttgart u. a. 1972; *Pross, H.* „Kapitalismus und Demokratie. Studium über westdeutsche Sozialstrukturen" Frankfurt 1972; *Greiffenhagen, M.* „Demokratisierung in Staat und Gesellschaft" München 1973; *Narr, D./Naschold, F.* „Theorie der Demokratie — Einführung in die moderne politische Theorie" Teil III, 2. Aufl. Stuttgart u. a. 1973, S. 93 ff.; *Alemann, U. von* (Hrsg.) „Partizipation-Demokratisierung-Mitbestimmung" Opladen 1975.

Der *folgende* (S. 18 - 107) dient zunächst dem Überblick über die rechtswissenschaftlichen Vorschläge und Lösungsansätze zur *Gestaltung* der Direktion arbeitsteiliger Produktionsveranstaltungen und dabei insbesondere auch der Methode der Gewinnung dieser Vorschläge (Abschnitt 1.). Nicht zuletzt durch diese bedingt wird sich dabei eine starke Orientierung an den schon angesprochenen vermeintlichen Sachzwängen arbeitsteiliger Produktion erweisen. Im Vergleich mit den inhaltlichen Gestaltungsvorschlägen, die auf der Grundlage der traditionellen Betriebswirtschaftslehre entwickelt wurden, lassen sich letzte Zweifel ausräumen. Zur Überwindung der Engpässe so orientierter juristischer Problembehandlung ist es damit unerläßlich, sich danach (Abschnitt 2.) eingehend mit den Ergebnissen und dem Diskussionsstand in Betriebssoziologie und Betriebswirtschaftslehre sowohl zu möglichen Gestaltungskonzeptionen als auch zum besonders in der Betriebswirtschaftslehre wohl noch längere Zeit nicht abgeschlossenen Streit um das gewandelte Wissenschaftsverständnis und neuere Theorieansätze zu beschäftigen. Da gerade diese Theorieansätze in Überwindung der früher für unverrückbar — und daher auch für nicht diskussionswürdig — gehaltenen Sachzwänge entwickelt wurden, sind aus der Diskussion um eine neue Einschätzung von innerbetrieblicher Autoritätshierarchie und Unternehmensführung wichtige Impulse für die rechtswissenschaftliche Diskussion von vorgestellten Sachzwängen zu erwarten.

Erst nachdem dieses Material gesichtet und aufbereitet ist, nachdem erste Schlußfolgerungen daraus gezogen sind (Abschnitt 3.), kann im *zweiten Teil* (S. 108 - 185) die Frage nach der *Legitimation* von Direktionsbefugnissen behandelt werden. Nach der Analyse der (unzureichenden) vorliegenden Ergebnisse in der Rechtswissenschaft zur rechtlichen Grundlage eines einseitig arbeitgeberischen Direktionsrechts (Abschnitt 4.) wird in Fortführung der sich dort abzeichnenden Möglichkeiten einer Lösung des Legitimationsproblems die Frage nach der verfassungsrechtlichen Seite des Direktionsproblems gestellt (Abschnitt 5.). Zur Beantwortung dieser Frage ist zunächst eine Erörterung der vereinzelten Vorschläge, die Direktion arbeitsteiliger Produktionsveranstaltungen rechtlich über eine Rechtsgrundlage „Unternehmensverfassung" in den Griff zu bekommen, sehr hilfreich um dann unter Einbeziehung der Resultate der Mitbestimmungsdebatte die wesentlichen Elemente einer Lösung der gestellten Legitimationsfrage angeben zu können. Auf der Grundlage der dabei gefundenen Ergebnisse (Abschnitt 5.5.) lassen sich abschließend in der Folge neuerer pluralismus- und demokratietheoretischer Konzeptionen auch die Möglichkeiten für eine rechtliche Lösung des Gestaltungsaspekts der Direktionsproblematik angeben (Abschnitt 6.).

TEIL I

Möglichkeiten und Grenzen inhaltlicher Gestaltung von Direktion

1. Das Direktionsproblem in rechtlicher Sicht: Direktionsrecht

In diesem Abschnitt soll vor allem die juristische Behandlung der Fragestellung interessieren. Sie geschieht überwiegend im Arbeitsrecht; soweit dabei andere Gesichtspunkte relevant sind (etwa gesellschaftsrechtliche usw.) sollen sie jeweils in dem Kontext behandelt werden, in dem sie als Stichpunkte auftauchen.

1.0. Vorbemerkung zur Methode

Entsprechend den in der Einleitung schon angegebenen Intentionen dieses Kapitels sind einige Vorbemerkungen zur juristischen Arbeitsmethode und deren Kritik durch die neuere Rechtstheorie unerläßlich, ehe darauf aufbauend die Fragestellung präzisiert werden kann.

1.0.1. Auch im Arbeitsrecht ist traditionelle juristische Denk- und Arbeitsweise die Dogmatik, d. h. der Ansatz an Normen und Regelungskomplexen. Soweit man sich nicht auf dem Gebiet der Rechtspolitik bewegt, wird eine Fragestellung daraufhin untersucht, ob dabei ein „relevanter", d. h. unter gesetzesförmig usw. vorgegebene Normen(-komplexe) faßbarer Sachverhalt vorliegt und wie für die gestellte Frage dann durch Subsumtion des so definierten Sachverhalts unter die aufgefundenen Regelungsmuster die (juristische) Entscheidung auszufallen hat. In die Problemstellung werden dabei mehr oder weniger einbezogen die Fragen der Zurichtung des Obersatzes eines derartigen syllogistischen Schlusses — etwa der Interpretation, Operationalisierung von Generalklauseln für Einzelfälle, Lückenausfüllung, Auffindung allgemeiner Rechtsgedanken, Konstitution von Gewohnheitsrecht sowie der Rechtsfortbildung.

In der Rechtstheorie ist die Einsicht in die Unzulänglichkeit dieser Darstellung juristischer Entscheidungsfindung als einfacher Subsumtionsmechanismus, als vollzogener syllogistischer Schluß, wohl genauso

Gemeingut geworden, wie die Kritik am traditionellen methodischen Instrumentarium zur Zurichtung der Obersätze. Hier soll vorerst genügen, daß die Vorstellung eines vom jeweiligen Normgeber gesetzten — im Rahmen der angedeuteten Einzelschwierigkeiten — anwendbaren „positiven Rechts" obsolet geworden ist. Die entscheidungsleitenden und -tragenden Normen werden vom Richter erst in einem — dann näher zu analysierenden und in seinen Einzelbedingungen zu beschreibenden — Prozeß gewonnen; sie sind nicht als anwendbare schon von vornherein einfach vorhanden, die nur aufgefunden werden müßten. Wenn dies aber nicht der Fall ist, so steuert die Selektion des juristisch relevanten Sachverhalts die Rechtsgewinnung, wie umgekehrt die Erfassung des Sachverhalts wiederum durch die Normselektion gesteuert wird. Ist das die Ausgangslage, dann ist eine Legitimationskrise unausweichlich: der Richter ist kein „bouche de la loi", die sens-clair-Doktrin ist ein Faß ohne Boden. Es werden nicht im parlamentarischen Gesetzgebungsverfahren zustandegekommene Gesetze einfach angewendet; was unter Bindung des Richters an Recht und Gesetz angesichts des Gewichts von „Richtermacht" und der umfassenden richterlichen Selektionsleistungen bei der Rechtsgewinnung (umfassender bei der Entscheidungstätigkeit insgesamt) zu verstehen ist, ist eine noch zur genauen Behandlung und Analyse anstehenden Frage[1].

Die Kriterien dieser (bewußten oder unbewußten) Selektionsleistungen, insbesondere deren Rationalität und Legitimation werden zentrale Problemstellungen: Sie sind einerseits zu diskutieren in der Analyse von Person und Funktion des Richters (der institutionellen wie der Persönlichkeitsfaktoren) sowie des prozessualen Interaktionsprozesses, andererseits in der Analyse der Interessenbedingtheit rechtlicher Regelungen sowie ihrer Wirkung für Konfliktartikulation und -steuerung im gesamtgesellschaftlichen Zusammenhang. Die Überwindung des Juridizentrismus, also des Ansetzens am „juristischen" Problem, das zuallererst herauszuarbeiten sei und einzig zur Behandlung anstehe, ist dabei notwendig programmatische Voraussetzung. Sätze wie der oben formulierte: „Soweit man sich nicht auf dem Gebiet der Rechtspolitik bewegt" erweisen sich als Anachronismus. Die Einbeziehung und Diskussion rechtspolitischer Konsequenzen, ja der Folgen juristischer Entscheidung im umfassenden Sinn wird ein unverzichtbarer Ausschnitt notwendiger Thematisierung des zur Entscheidung anstehenden Konflikts. Möglichkeiten dazu ergeben sich zuallererst durch

---

[1] Zur sens-clair-Doktrin und ihrer Kritik als „zirkelschlüssig" und „blind" eingehend *Esser, J.* „Grundsatz und Norm in der richterlichen Fortbildung des Privatrechts" Tübingen 1956, S. 121 ff. (124 f.); zur für einen Rechtsstaat unerläßlichen Bindung des Richters an die Gesetze vgl. die engagierten Ausführungen von *Adolf Arndt* in: „Gesammelte Juristische Schriften" München 1976, S. 319 f.

Einbeziehung sozialwissenschaftlicher Erkenntnisse, d. h. hier nicht nur der Soziologie, sondern genauso der Politologie und der Wirtschaftswissenschaften; dies nun nicht nur bei der Sachverhaltserfassung, sondern ebenfalls bei der wertenden Normgewinnung — etwa für dabei erfolgende Folgendiskussionen und Interessenabwägungen — genauso wie bei der (rechtstheoretischen) Diskussion um Rationalität und Legitimation und bei der Berücksichtigung dieser Dimension in der juristischen Tätigkeit. Gilt dies für die Richterarbeit, so gilt dies um so mehr für die akademische Rechtswissenschaft, die entsprechend der herkömmlichen Arbeitsteilung weniger stark einzelfallbezogen denkt, und — bei geringerem Entscheidungsdruck — gewöhnlich allgemeiner und grundsätzlicher Zusammenhänge analysiert und Lösungsvorschläge produziert. Sie ist damit aber geradezu prädestiniert, die emanzipatorische Aufgabe von Wissenschaft (oder die kritische i. S. der Frankfurter Schule) bei der Behandlung der jeweils unter Beachtung dieser Funktion thematisierten Problemzusammenhänge stärker zu berücksichtigen, als dies etwa die richterliche Arbeit ermöglicht.

Diese hier nur ganz knapp skizzierten Überlegungen zu Ansatz und Aufgabe juristischen Arbeitens, die auf neueren rechtstheoretischen Analysen beruhen und in den juristischen Grundlagendisziplinen zunehmend Gemeingut geworden sind[2], beschreiben jedoch noch keineswegs tatsächliche Praxis und Bewußtsein der meisten Juristen. Man orientiert sich methodologisch nach wie vor an überkommenem Rechtsanwendungsdenken und betreibt Komplettierung juristischer Dogmatik — teilweise ohne diesen neuen „impetus" überhaupt weiter zur Kenntnis zu nehmen, teilweise ohne ihn in seinen Auswirkungen für den Arbeitsansatz und die gedankliche Orientierung auch ernst zu nehmen, ihn nicht bloß als „Theorie" oder „Deduktionsrahmen" voranzustellen. In der Praxis der Justiz wie der akademischen Rechtswissenschaft finden sich so häufig ganz spezifische Verkürzungen schon bei Thematisierung und Problemstellung. Als Folge ergeben sich notgedrungen gravierende Beschränkungen für Auffindung und Diskussion jeweils

---

[2] Einen Überblick über die traditionelle Methodenlehre gibt ausführlich *Larenz, K.* „Methodenlehre der Rechtswissenschaft" 3. Aufl., Berlin u. a. 1975; für die neuere Diskussion grundlegend die Beiträge *Josef Essers*, vgl. „Vorverständnis und Methodenwahl in der Rechtsfindung" 2. Aufl., Frankfurt 1972 (hier insb. Kap. 4 und 5, S. 43 ff.) und „Grundsatz und Norm"; ebenfalls *Kriele, M.* „Theorie der Rechtsgewinnung" 2. Aufl., Berlin 1976 und *Müller, F.* „Juristische Methodik" 2. Aufl., Berlin 1976. Die umfangreiche Literatur zu den einzelnen Aspekten der neueren rechtstheoretischen Diskussion läßt sich auffinden über *Rottleuthner, H.* „Rechtswissenschaft als Sozialwissenschaft" Frankfurt 1973; *Savigny, E. von* (Hrsg.) „Juristische Dogmatik und Wissenschaftstheorie" München 1976 sowie die einzelnen Beiträge in Band I und II des *Jahrbuchs für Rechtstheorie und Rechtssoziologie* Bielefeld 1970 und 1972. Lediglich für die im Text besonders betonte Folgendiskussion sei noch extra hingewiesen auf *Podlech, A.* „Wertungen und Werte im Recht" AöR 95 (1970), S. 185 ff.

möglicher Lösungsansätze und damit auch der im Einzelfall getroffenen rechtlichen Entscheidung.

1.0.2. Dies wird im folgenden auch für die juristische Behandlung unseres Sachproblems zu zeigen sein. Da diese ganz vorwiegend im Arbeitsrecht geschieht, ist ein weiterer, auch unmittelbar methodologisch relevanter Gesichtspunkt zu beachten: Aufgrund des historisch schon lange starken Drucks der abhängig Arbeitenden auf die politischen Instanzen sowie auch der Ineffizienz einer eingeschränkten Problemselektion für die Konfliktregulierung ist die rein zivilrechtsdogmatische Behandlung der Probleme des Arbeitsvertrags durch andere grundsätzliche Leitideen ergänzt und angepaßt worden. Dies dokumentiert sich etwa im heftigen dogmatischen Streit um die Einordnung des Arbeitsrechts. Einerseits wird es als Teil des Zivilrechts angesehen und daher an Privatautonomie und Vertrag angesetzt, andererseits als relativ eigenständig, nämlich als ein aus dem Gesichtspunkt des sozialen Schutzes der abhängig Arbeitenden heraus fortzubildendes Rechtsgebiet. Gerade die Ergänzung durch den Schutzgedanken ist neben anderem sicherlich eine der Ursachen für im Arbeitsrecht sehr häufig anzutreffende, umfangreiche Rechtsfortbildung. Die Notwendigkeit derartiger Modifikation ist in der Dogmatik im Grundsatz wenig bestritten, die Diskussion geht um die systematische Einordnung oder Ausgliederung im Verhältnis zum Zivilrecht und um die Reichweite der Modifizierung. Die aufgezeigte Verengung der Problemstellung traditioneller Juristenarbeit kann damit jedoch nicht umfassend überwunden werden, nötig wäre hierfür grundsätzlicheres Umdenken — etwa ein Arbeitseinsatz im eben (S. 19 f.) angedeuteten Sinne. So verwundert nicht, daß gerade der Schutzgedanke im Arbeitsrecht mit einer treffenden Formulierung als „Verwechslung von Arbeiterschutz und Arbeiterrecht" kritisiert wurde[3].

In dem für diesen Teil der Untersuchung relevanten Bereich des Arbeitsrechts mit dem Stichwort „Direktionsrecht"[4] ist, so wurde in der

---

[3] Vgl. dogmatisch zum Schutzgedanken *Weitnauer, H.* „Der Schutz des Schwächeren im Zivilrecht" Karlsruhe 1975; zur Debatte um die Einordnung des Arbeitsrechts neuerdings *Gamillscheg, F.* „Zivilrechtliche Denkformen und die Entwicklung des Individualarbeitsrechts" AcP 176 (1976), S. 198 ff. und *Zöllner, W.* „Privatautonomie und Arbeitsverhältnis" AcP 176 (1976), S. 221 ff.; zusammenfassend zur Kritik die Ausführungen von *Däubler, W.* „Gesellschaftliche Interessen und Arbeitsrecht — zum Selbstverständnis der Arbeitsrechtswissenschaft" Beiheft zur Zeitschrift ‚Demokratie und Recht' Nr. 5, Köln 1974 (insbes. S. 7 ff., 49 ff.); die zitierte Kritik am Schutzgedanken formulierte *Wiethölter, R.* „Rechtswissenschaft" (Funkkolleg), Frankfurt 1968, S. 298; vgl. zum Schutzgedanken aus wirtschaftswissenschaftlicher Sicht unten Abschnitt 2, insbesondere bei 2.2.3.2., 2.4.2.2. und 2.5.2.

[4] Direktionsrecht ist die geläufigste Bezeichnung, daneben aber wird eine Vielzahl anderer Begriffe verwendet, wie etwa Weisungsmacht, -recht,

Einleitung festgestellt, schon die einschlägige Norm, die rechtliche Grundlage der so bezeichneten Rechtsposition einseitig des Arbeitgebers äußerst unklar. Diese Frage ist dogmatisch sehr kontrovers diskutiert worden: Ist das arbeitgeberische Direktionsrecht Resultat des Arbeitsvertrags, fließt es aus dem Eigentum, oder ist es anders begründet? Diese Diskussion braucht aber für diesen Teil der Untersuchung (bezeichnenderweise) gar nicht weiter aufgenommen werden und wird daher erst unten in Teil II ausführlich beschäftigen.

Für die Darstellung der inhaltlichen Gestaltungsvorschläge im Arbeitsrecht zur Direktionsproblematik genügt die Feststellung, daß das Direktionsrecht eine spezielle gesetzliche Regelung bis jetzt nicht gefunden hat und einzelvertragliche Regelungen (auch nur etwa des Umfangs) selten sind[5]. Diese Vorgehensweise rechtfertigt sich einmal daraus, daß nach allen Lösungsvorschlägen jeweils eine einheitliche, d. h. für alle Arbeitsverhältnisse gültige Rechtsgrundlage für einseitig arbeitgeberische Direktion vorliegen soll und zum zweiten daraus, daß insbesondere das *Bestehen* eines Direktionsrechts *juristisch als unabhängig* von der Übereinstimmung der beiden Arbeitsvertragsparteien angesehen wird. Das Direktionsrecht als solches sei der Disposition der Arbeitsvertragsschließenden entzogen[6]. Für die juristische Behandlung des Direktionsproblems blieb somit lediglich, durch Richterrecht und dessen monographische Aufarbeitung in der rechtswissenschaftlichen Forschung die wichtigsten Grundsätze über Anwendungsbereich und Ausübungskontrolle zu prägen. Für diese praktischen Probleme blieb

---

-gewalt und Leistungsmacht, -recht, -gewalt oder Anordnungsmacht, -recht, -gewalt etc. Hier soll der geläufigste Ausdruck Direktionsrecht verwendet werden, ohne den Versuch einer (wohl unfruchtbaren) terminologischen Untersuchung der angemessensten Bezeichnung zu starten.

[5] Zur Diskussion um die Rechtsgrundlage ausführlich unten Teil II, Abschnitte 4. und 5.; ganz vereinzelt finden sich gesetzliche Normierungen des Direktionsrechts, etwa § 121 GewO und § 29 SemG; anders in Österreich, vgl. zu den einzelnen Normen *Migsch, E.* „Einzelne Gedanken zum Weisungsrecht des Arbeitgebers“ ZAS 1970, S. 84 f.; einzelvertragliche Regelungen betreffen zumeist — soweit sie überhaupt vorkommen — Fragen der Umsetzung oder Versetzung.

[6] Die weisungsgebundene, abhängige Tätigkeit kennzeichnet in der juristischen Doktrin den Arbeitnehmer; wird bei Vertragsschluß die Weisungsgebundenheit ausgeschlossen, so ist ein selbständiger Dienstvertrag abgeschlossen und kein Arbeitsvertrag. Vgl. *Palandt* „Bürgerliches Gesetzbuch“ 36. Aufl. München 1977, Einf. v. § 611 BGB, Anm. 1 g; *Soergel/Wlotzke/Volze* „Bürgerliches Gesetzbuch“ Bd. 3, Schuldrecht II, 10. Aufl., Stuttgart u. a. 1969, Vorb. 6 und 19 vor § 611 BGB; *Hueck, A./Nipperdey, C.* „Lehrbuch des Arbeitsrechts“ 2 Bde., 7. Aufl., Berlin 1963 und 1970 (hier Bd. I, S. 41), *Söllner, A.* „Arbeitsrecht“ 5. Aufl., Stuttgart u. a. 1976; *Dersch* AR-Blattei — Arbeitnehmer (Begriff); Bericht der *Mitbestimmungskommission* (Hrsg.) „Mitbestimmung im Unternehmen“ BT-Drucks. VI, 334, Bonn 1970, Teil IV Nr. 14/15; aus der Rechtsprechung vor allem *BAG* AP Nr. 1 u. 3 zu § 611 — Abhängigkeit; einzige Ausnahme (für das Direktionsrecht) ist *Böttner, W.* „Das Direktionsrecht des Arbeitgebers“ Marburg 1971.

nun aber die rechtliche Grundlage arbeitgeberischer Direktionsbefugnisse über die gerade angesprochenen Punkte hinaus irrelevant.

Bei diesem Zugang zum Direktionsproblem ist für Blickwinkel und Reichweite der Thematisierung nun wichtig, daß Gerichte — soweit dies überhaupt einmal geschieht — mit Problemen des Direktionsrechts überwiegend erst im Rahmen des Streits um die Beendigung des Arbeitsverhältnisses befaßt werden. Ansonsten werden entsprechende Schwierigkeiten in anderer Form (innerbetrieblich) geregelt[7]. Zusätzlich ist die (als Folge der methodologischen Orientierung am Subsumtionsideal gezeigte) Verkürzung der Problembehandlung um all die Problemaspekte zu berücksichtigen, die durch die neuere rechtstheoretische und methodenkritische Forschung als Determinanten jeglicher juristischen Lösung herausgearbeitet worden sind. Nicht zuletzt weil ein wichtiger Aspekt die Integration des vorhandenen sozialwissenschaftlichen Wissens war, konnte nach allem die Auslieferung an die (sozialwissenschaftlich weitgehend überwundene) Vorstellung sachnotwendig einseitiger Arbeitgeberdirektion juristisch nicht als zentrales Problem erkannt werden. Der verbliebene ausschließliche Zugang zum sozialen Sachverhalt über die stark selektierten „Fälle", die zudem vor allem wegen eventueller Abfindungen im Zuge des § 9 KSchG rechtshängig geworden sind, war ein Weg, der nicht zur Erfassung der (letztlich jedoch juristisch gerade mitentschiedenen) zentralen Problemstellung führen konnte.

1.0.3. Inhaltlich wird mit „Direktionsrecht" im Arbeitsrecht der Sachverhalt angesprochen, daß ein Arbeitgeber einseitig Weisungen bezüglich des Verhaltens von Arbeitnehmern trifft oder treffen kann. Die Konkretisierung dieser allgemeinen Aussage in der arbeitsrechtlichen Dogmatik interessiert nun einerseits dahingehend, welche Verhaltensweisen des Arbeitnehmers der Arbeitgeber gerade mittels des Direktionsrechts festlegen kann, und andererseits hinsichtlich des Verhältnisses zu anderen Gestaltungsfaktoren im Arbeitsverhältnis — besonders der inhaltlichen Beeinflussung des Direktionsrechts durch diese. Für den Schutzgedanken sind die Grenzen des Direktionsrechts besonders relevant. Wird es rechtlich über die externe Überprüfung an Grundrechten, Arbeitsschutzgesetzen und Richterrecht hinaus intern „kontrolliert" (zu begrenzen versucht), etwa durch eine Überprüfung der Weisung anhand ihrer Funktion im Rahmen des gesamten Betriebs-

[7] Gründe hierfür sind u. a. die sehr starke Abhängigkeit der Arbeitenden und ihre Angst um den Arbeitsplatz, vgl. ausführlich bei *Ramm, Th.* „Zur Bedeutung der Rechtssoziologie für das Arbeitsrecht" in: Naucke/Trappe (Hrsg.) „Rechtssoziologie und Rechtspraxis" Neuwied u. Berlin 1970, S. 169 ff., auch in der Einleitung bei *Birk, R.* „Die arbeitsrechtliche Leitungsmacht" Köln u. a. 1973 (S. 2).

ablaufs oder Produktionsprozesses? Wie ist das Verhältnis zur Mitbestimmung in den betriebsverfassungsrechtlichen Vorschriften?

Anhand eines Überblicks über die zu diesen Fragen vorgeschlagenen arbeitsrechtlichen Lösungen soll die oben aufgestellte These überprüfbar gemacht werden, die juristische Behandlung des Direktionsproblems basiere weitgehend auf der Orientierung an vermeintlichen Sachzwängen arbeitsteiliger Produktionsweise. Dazu soll der Frage nachgegangen werden, welche durchgängige Vorstellung innerbetrieblicher Organisation zugrundegelegt wird und welche Alternativen in die juristische Diskussion einbezogen wurden. Für das damit aufgemachte Spektrum soll im Sinne der angedeuteten (S. 19 f.) emanzipatorischen Aufgabe von Wissenschaft gefragt werden, wie weit die vorgeschlagenen Grundsätze und Regelungsmuster Demokratisierungspostulate oder Forderungen nach Arbeitshumanisierung einbeziehen, wo also dabei die entscheidenden Ansätze zum Abbau oder demokratischer Kontrolle innerbetrieblicher Weisungshierarchien liegen und wie sie — soweit vorhanden — im einzelnen ausgestaltet sind.

1.1. Anwendungsbereich des Direktionsrechts

1.1.1. Einteilung in Fallgruppen

Die erste der soeben aufgeworfenen Fragen, welche Arbeitsbedingungen überhaupt durch Ausübung des Direktionsrechts festgelegt werden können, wird relativ einheitlich beantwortet: geregelt werde so die Arbeitsleistung — wozu meist noch das Verhalten des Arbeitnehmers im Betrieb[8] oder die Benutzung von Arbeitsräumen und -geräten[9] gerechnet wird, während einseitige Bestimmungen des Arbeitgebers hinsichtlich Lohn oder Zulagen[10] nicht dazu gehören. Im so skizzierten Direktionsbereich sind Weisungen hinsichtlich der unterschiedlichsten Verhaltensweisen von Arbeitnehmern denkbar; insbesondere darf die lange Zeit etwas kümmerliche Behandlung dieses

[8] So ausdrücklich *Hueck/Nipperdey* Bd. I, S. 159; ähnlich (zur Aufrechterhaltung der Ordnung im Betrieb) *BAG* AP Nr. 17 zu § 611 — Direktionsrecht; *Soergel/Wlotzke/Volze* § 611, Rdn. 72; *Nikisch, A.* „Arbeitsrecht" 3 Bde. (Bd. I, 3. Aufl., Tübingen 1961; Bd. II, 2. Aufl., Tü. 1959; Bd. III, 2. Aufl., Tü. 1966) hier Bd. I, S. 255 f.; ähnlich schon früher *Karch, W.* „Die Leistungsbefugnis des Arbeitgebers" Diss. München 1931, S. 9 ff.; *Stenschke, K.-H.* „Das Direktionsrecht des Arbeitgebers" Mannheim/Berlin/Leipzig 1932, S. 11; 13 ff.; *Lange, R.* „Das Direktionsrecht des Arbeitgebers" Diss. Jena 1933, S. 69 f., 99 ff. u. *Leonhardi, K.* „Das Anordnungsrecht des Arbeitgebers" Diss. Halle 1934, S. 33 ff.

[9] Dies betont insbes. *Nipperdey* in: Staudinger/Nipperdey/Mohnen/Neumann „Kommentar zum BGB" Bd. II, Teil 3, 11. Aufl., Berlin 1958, Vorbem. zu § 611, Rdn. 340.

[10] Einhellige Ansicht, vgl. *Hueck/Nipperdey* Bd. I, S. 159 m. w. N.

Problemkreises[11] nicht dazu verleiten, das große Spektrum der Bestimmung des Verhaltens von Arbeitnehmern durch Ausübung des Direktionsrechts in der betrieblichen Praxis zu verkennen.

Die Rechtsprechung teilt den betroffenen Bereich in arbeitsnotwendige und nicht arbeitsnotwendige Weisungen ein und hat als Unterscheidungskriterium die Mitbestimmungspflichtigkeit der Arbeitgebermaßnahmen herausgearbeitet[12]. Dies hat sich in der Praxis nicht immer als pratikabel erwiesen[13]. Inhaltlich am aussagekräftigsten ist wohl die Einteilung von *Birk*[14] mit drei Gruppen. Er unterscheidet Weisungen, die

1. die Ausführung der Arbeit selbst regeln
2. ein den Arbeitsvollzug begleitendes Verhalten anordnen
3. ein sonstiges organisationsbedingtes Verhalten fordern.

Unter der dritten Gruppe werden Weisungen verstanden, die aus dem organisatorischen und sozialen Gesamtzusammenhang des Arbeitsprozesses verständlich sind und nicht nur aus der Tätigkeit an dem einzelnen, genau lokalisierten Arbeitsplatz. Hierher gehören die Weisungen bezüglich der Sicherheit und Ordnung im Betrieb[15], also neben den Vorschriften bezüglich der Betriebsräume auch die Anordnung von „Torkontrollen"[16], die Verhängung eines Alkoholverbots[17] oder innerbetriebliche Dispositionen wie Versetzungen oder Umsetzungen[18].

---

[11] Die Diskussion hat nach den oben Fn. 8 zitierten Dissertationen aus den Jahren 1930 - 34 erst wieder mit der Arbeit von *Söllner* (1966) voll eingesetzt, der sich dann die Arbeiten von *Böker, Böttner, Zapf* (1971) und *Birk* (1973) anschlossen. Ähnlich ist die Situation in Österreich, wo die Diskussion durch das Gutachten von *Ostheim, R.* „Die Weisung des Arbeitgebers als arbeitsrechtliches Problem" für die Verhandlungen des IV. Österreichischen Juristentages, Wien 1970, wieder aufgegriffen wurde; dann *Migsch* „Gedanken" ZAS 1970, S. 83 ff.

[12] Vgl. etwa *BAG* AP Nr. 3 zu § 56 BetrVG — Ordnung des Betriebes.

[13] Zur Kritik *meine* Ausführungen in JZ 1977, S. 568 und *Rose*, G. in: Der Betriebsrat 1976, S. 147 ff.

[14] Vgl. *Birk* „Leitungsmacht" S. 21.

[15] Zum grundsätzlichen Problem des Hausrechts: *Säcker, F. J.* „Direktions- und Hausrecht als Abwehrrechte gegen gewerkschaftliche Betätigung im Betrieb" BB 1966, S. 700 f.; *Jaenecke, O.* „Einschränkung des Hausrechts des Arbeitgebers durch arbeitsrechtliche Normen" DB 1957, S. 380 ff. und *Diekhoff, L.* „Zur Einschränkung des Hausrechts des Arbeitgebers" AuR 1958, S. 178 f.

[16] Hierzu *Galperin, H.* „Das Weisungsrecht des Arbeitgebers" DB 1952, S. 188; *Juschka, C.* „Das Direktionsrecht des Arbeitgebers" Diss. Kiel 1955, S. 84 f.; *Maurer, K.* „Direktionsrecht" AuR 1956, S. 142; *Dockhorn, R.* „Bemerkungen zum geltenden Recht der Torkontrollen" ArbGeb 1959, S. 660 ff.; *Gaul, D.* „Torkontrolle u. Leibesvisitation" DB 1963, S. 1771 f.; *Birk* „Leitungsmacht" S. 338 ff.; *LAG Düsseldorf* DB 1967, S. 2230; *LAG München* AP Nr. 1 zu § 242 BGB — Gleichbehandlung.

[17] *LAG Düsseldorf* DB 1967, S. 1425 f. (Rechtfertigung totaler Abstinenz während der Arbeitszeit) und kritisch hierzu *Birk* „Leitungsmacht" S. 337.

Zur zweiten Gruppe zählen Weisungen zum Tragen von Schutzkleidung[19], die Anwendung bestimmter Kontrollgeräte[20] und das Rauchverbot[21] soweit es nicht aus Sicherheitsgründen erforderlich, sondern anders (Belästigung von Kunden usw.) begründet ist. Daneben so groteske Fälle wie das Verbot des Arbeitgebers für eine Arbeitnehmerin, rotlackierte Fingernägel [22] zu tragen und wie Anweisungen, bestimmte Akkordprämien auch zu verdienen und nicht mit einem niedrigeren Akkordsatz zufrieden zu sein[23] oder große Anfangsbuchstaben klein zu schreiben[24].

---

[18] Dies ist ein häufig diskutiertes Problem: vgl. schon *Gunkel* „Das Direktionsrecht des Arbeitgebers" in: Das Arbeitsgericht 1931, Sp. 228 f.; *Galperin* „Weisungsrecht" DB 1952, S. 187; *Gaul, D.* „Inhalt und Grenzen der Weisungsbefugnis des Arbeitgebers bei einer beabsichtigten Versetzung des Arbeitnehmers" DB 1956, S. 45 f.; *Palme, A.* „Weisungsrecht und Beschäftigungspflicht des Arbeitgebers" BlStSozArbR 1956, S. 268 ff.; *Gericke, K.* „Die Versetzbarkeit des Arbeitnehmers" Teil I + II, DB 1960, S. 756 ff., 784 ff.; *Gumpert, J.* „Versetzung von Arbeitnehmern" BB 1960, S. 907 ff.; *Fauth, W.* „Das Weisungsrecht des Arbeitgebers" BlStSozArbR 1961, S. 297 ff.; *Schaub, G.* „Möglichkeiten und Grenzen der Versetzung des Arbeitnehmers" DB 1968, S. 1669 ff.; *Herschel, W.* „Zumutbarkeit anderer Arbeit und Sozialprestige" AuR 1968, S. 193 ff.; aus der Rspr.: *RAG* ARS 8, 290 u. 8, 420; *BAG* AP Nr. 8 zu § 611 BGB — Direktionsrecht; alle 3 Entscheidungen zur Zulässigkeit der Versetzung auf minderentlohnten Arbeitsplatz.

[19] Diese Fragen sind häufig in Tarifverträgen geregelt, siehe im übrigen *Dahns*, AR-Blattei — Arbeitskleidung I; *Birk* „Leitungsmacht" S. 327 ff.; aus der Rspr. etwa *BAG* AP Nr. 3 zu § 56 BetrVG — Ordnung des Betriebs.

[20] Dazu etwa die berühmte ‚Produktographen'-Entscheidung: *BAG* AP Nr. 1 zu § 56 BetrVG — Ordnung des Betriebs (hierzu dann der neue § 87 I Nr. 6 BetrVG 72) mit Anmerkung von *Küchenhoff*; zur Anwendung betrieblicher Kontrollgeräte *Musa, G.* „Arbeitsrechtliche und verfassungsrechtliche Grenzen bei der Einführung mechanischer Arbeitskontrollgeräte" AuR 1961, 357 ff.; *Gaul, D.* „Rechtsfragen bei der Anwendung betrieblicher Kontrollgeräte" BB 1960, S. 559 ff.

[21] Vgl. hierzu *Hoffmann-Walldorf* „Das Mitbestimmungsrecht bei Rauchverbot" RdA 1955, S. 63; *Juschka* „Direktionsrecht" S. 19; *Ballschmiede W.* „Das Rauchverbot im Betrieb", AuR 1957, S. 249 f.; *Zöllner, W.* „Das Rauchverbot" DB 1957, S. 117 f.; *Greiser, H.-J.* „Das Direktionsrecht des Arbeitgebers" Diss. Göttingen 1958, S. 49 ff.; *Ostheim* „Weisung" S. 105; *Zapf, K.* „Das Direktionsrecht des Arbeitgebers" Diss. Heidelberg 1971, S. 211 f.; *RAG* ARS 2, 92; *Birk* „Leitungsmacht" berichtet S. 333 Fn. 90 den interessanten Aspekt, daß in praxi das Rauchverbot häufig benutzt wurde, um Betriebsratsvorsitzende loszuwerden: in drei Fällen waren jeweils Betriebsratsvorsitzende wegen Überschreitung des Rauchverbots fristlos entlassen worden, vgl. *LAG Stuttgart* DB 1952, S. 232; *LAG Hannover* DB 1952, S. 291 und *LAG Niedersachsen* ARSt 67, Nr. 5.

[22] Vgl. die Anmerkungen von *Kroeber-Keneth, L.* zu einem diesbezüglichen Urteil des *LAG Hamm* „Rotlackierte Fingernägel — ein Kündigungsgrund!" DB 1956, S. 118 f.; ähnlich wohl *ArbG Essen* DB 1966, S. 861 (Fall der Entlassung wegen Nichtabschneidens einer Beatle-Frisur).

[23] Vgl. das Urteil des *BAG* DB 1969, S. 623, wo die Kündigung zweier Arbeitnehmerinnen aus dem Kündigungsgrund „Bewußte Zurückhaltung der möglichen Arbeitsleistung" bestätigt wurde, nachdem diese mit der Stückzahl des Grundlohns zufrieden waren und eine höhere (mit entsprechenden Akkordprämien dotierte) Stückzahl nicht mehr weiter erarbeiten wollten.

[24] Vgl. BB 1963, S. 558.

Unter die erste Gruppe fallen endlich diejenigen Weisungen, die den Arbeitsvollzug selbst (Zeit, Ort, Einteilung und Ausgestaltung der Arbeit im engeren Sinn) betreffen, und mit denen jeder Arbeitnehmer zu rechnen hat.

1.1.2. Systematische Stellung im Arbeitsrecht

Man ist sich weitgehend darüber einig, daß die Bestimmung von Verhaltenspflichten durch Ausübung des Direktionsrechts die unterste[25] Stufe bei der Hierarchie: Verfassung (Drittwirkung der Grundrechte), Gesetz und Richterrecht[26], kollektive arbeitsrechtliche Regelungen darstellt, daß es sich also um den individuell-konkretesten Gestaltungsfaktor handelt.

Weitgehend wird auch vertreten, daß durch Arbeitsvertrag festgelegte Regelungen dem Bereich des Direktionsrechts entzogen sind[27]. In Zweifel gezogen hat dies vor allem *Söllner*[28], der sich mit der Problematik einseitiger Bestimmung des Arbeitgebers hinsichtlich des Arbeitsvertrags (durch vorformulierte, einheitliche Formulare, Verbandsrichtlinien usw.) beschäftigt. Söllner nimmt für diese — unter dem Stichwort der „vertraglichen Einheitsregelung"[29] bekanntgewordenen

---

[25] Gliedert man nach der ‚Nähe' des Eingriffs, so kommt man zur genau umgekehrten Reihenfolge. So etwa *Schnorr v. Carolsfeld, L.* „Die Herrschaft über den Arbeitsplatz und das Weisungsrecht des Arbeitgebers" in: Specht, K. (Hrsg.) „studium sociale" Festschrift für K. V. Müller, Köln u. Opladen 1963, S. 585 ff.

[26] Für Gleichstellung mit dem Gesetzesrecht plädiert *Adomeit, K.* „Rechtsquellenfragen im Arbeitsrecht" München 1969, S. 45; das *BAG* spricht von „stellvertretendem Richterrecht", vgl. etwa *BAG* AP Nr. 43 zu Art. 9 GG — Arbeitskampf. Zur Kollision Richterrecht — Tarifautonomie vgl. *Herschel, W.* „Gedanken zu Richterrecht u. Tarifautonomie" AuR 1972, S. 129 ff.; *Reuß, W.* „Tarifautonomie u. Richterrecht" AuR 1972, S. 136 ff. und *Lieb, M.* „Kritische Gedanken zum tarifdispositiven Richterrecht" RdA 1972, S. 129 ff.

[27] So z. B. *Hueck/Nipperdey* Bd. I, S. 161; *Staudinger/Nipperdey/Mohnen/Neumann* Vorbem. zu § 611, Rdn. 340, 372; *Soergel/Wlotzke/Volze* § 611, Rdn. 39; *Nikisch* „Arbeitsrecht" Bd. I, S. 255; *Birk* AR-Blattei — Direktionsrecht u. Gehorsamspflicht I; *Maurer* „Direktionsrecht" AuR 1956, S. 138; *Fauth* „Weisungsrecht" BlStSozArbR 1961, S. 297; *Böker, A.* „Das Weisungsrecht des Arbeitgebers" Frankfurt 1971, S. 14 f., 17 ff. und *Böttner* „Direktionsrecht" S. 6 ff.

[28] *Söllner, A.* „Einseitige Leistungsbestimmung im Arbeitsverhältnis" Akademie der Wissenschaften und der Literatur Jg. 1966, Mainz u. Wiesbaden 1966, S. 1 ff. (hier: S. 41 ff., 55 ff.); dazu *Bötticher, E.* „Einseitige Leistungsbestimmung im Arbeitsverhältnis" AuR 1967, S. 321 ff.

[29] Was sich hinter dieser blassen Formulierung verbirgt, hat schon 1963 äußerst plastisch aus der Sicht der Praxis dargestellt: *Rehhahn, H.* „Der inhaltsleere Arbeitsvertrag u. die Betriebsnormen" AuR 1963, S. 238 ff.; dazu die sehr instruktive Untersuchung der historischen Entwicklung der Funktion des Arbeitsvertrags seit der Weimarer Republik bei *Unterseher, L.* „Arbeitsvertrag und innerbetriebliche Herrschaft" Frankfurt 1969, insbes. S. 36 ff.; im Anschluß daran wirken die rechtlichen Ergebnisse bei der Behandlung dieser Probleme etwas hinter der sozialen Realität zurückgeblie-

— Fälle der Unterwerfung des Arbeitnehmers unter das Diktat des Arbeitgebers (bei denen der Arbeitnehmer keine Möglichkeiten hat, abweichende Bedingungen auszuhandeln) an, daß sie nicht in jeder Hinsicht „vertraglich" zu behandeln seien[30]. Er sieht sie als nachfolgende Unterwerfung des Arbeitnehmers unter eine bereits erfolgte einseitige Bestimmung des Arbeitgebers. Die dagegen erhobene Kritik, es handele sich auch hier um das Zustandekommen eines Vertrages, der aufgrund der Annahme eines Angebots des Arbeitgebers durch den Arbeitnehmer zustandekomme[31], scheint mir an dem von *Rehhahn*[29] so treffend beschriebenen Zustand vorbeizugehen: das Auseinanderklaffen zwischen den Vorstellungen des BGB über den Vertragsabschluß und der sozialen Realität, soweit der von Söllner als „faktische Unterwerfung" bezeichnete Bereich angesprochen ist, läßt sich nicht durch einfachen Hinweis auf die §§ 145 ff. BGB unsichtbar machen[32].

In eine andere Richtung geht *Böker*, der vom Direktionsrecht die Bestimmungen, die „der Art nach einer arbeitsvertraglichen Regelung zugänglich"[33] sind, ganz ausnimmt und einem besonderen arbeitsgeberischen Gestaltungsrecht zur einseitigen Festlegung von Arbeitsvertragsbestimmungen zuordnen will. Birks Kritik an dieser Unterscheidung[34], sie sei nur soweit von juristischem Interesse, als die inhaltlichen Befugnisse nur auf verschiedene Rechtsgrundlagen zurückgeführt werden könnten, aber die praktische Handhabung kaum betroffen werde, scheint nicht ganz angemessen, weil Birk damit über die Schlußfolgerung Bökers hinsichtlich der Kontrollmöglichkeiten der Ausübung dieser dann aus verschiedenen Rechtsgrundlagen begründeten Rechte

ben, vgl. zur h. M. bei *Hueck/Nipperdey* Bd. II 2, S. 591 f.; ein Neuansatz bei *Säcker, F.-J.* „Gruppenautonomie und Übermachtkontrolle im Arbeitsrecht" Berlin 1972.

[30] *Söllner* „Leistungsbestimmung" S. 55.

[31] So übereinstimmend *Bötticher* „Leistungsbestimmung" AuR 1967, S. 321 f. (der allerdings stützend auf die Unmöglichkeit der Feststellung hinweist, ob im Einzelfall nun ausgehandelt wurde, somit einfach ein Vertrag vorliegt, oder ob außerdem bereits eine einseitige Inhaltsbestimmung durch den Arbeitgeber erfolgte, vgl. S. 322); *Richardi, R.* „Besprechung zu: Söllner, Einseitige Leistungsbestimmung im Arbeitsverhältnis" RdA 1970, S. 209 (der sogar darauf hinweist, das sei ja auch beim Kauf von Waren des täglichen Bedarfs meist nicht anders u. werde trotzdem allenthalben als Vertrag angesehen — m. E. ein zu zynischer Vergleich zwischen den Umständen und Bedingungen beim Kauf von Waren des täglichen Bedarfs u. des Kaufs (?) der Ware (?) Arbeitskraft); *Hueck/Nipperdey* Bd. II 2, S. 591.

[32] Vgl. die wesentlich differenzierteren Ausführungen bei *Säcker* „Gruppenautonomie" passim, außerdem wäre hier noch an die Entwicklung zu erinnern, die Rspr. und Lehre bei der Frage der Allgemeinen Geschäftsbedingungen (AGB) genommen haben.

[33] *Böker* „Weisungsrecht" S. 16 f. in Weiterentwicklung von *Hefermehl, W.* „Erklärungen und Handlungen im Arbeitsverhältnis" BArbBl 1967, S. 310 ff.

[34] Vgl. Birk „Leitungsmacht" S. 22; ähnlich auch *Zapf* „Direktionsrecht" S. 8 Fn. 45 und S. 45 ff.

des Arbeitsgebers hinweggeht[35]. Birk könnte in seiner Kritik jedoch solange Recht behalten, als Böker von der Gleichgewichtigkeit der Positionen von Arbeitgebes und Arbeitnehmer bei der Vertragsgestaltung ausgeht und in seinen Vorstellungen und Vorschlägen hinsichtlich der Kontrollmöglichkeiten recht abstrakt und wenig präzise bleibt[36].

1.1.3. Inhaltliche Beeinflussung durch andere arbeitsrechtliche Normen

Neben dieser Kontroverse bezüglich der Einordnung des Direktionsrechts in die dargestellte Hierarchie rechtlicher Regelungen und Regelungsmöglichkeiten ist fraglich, ob und wie die inhaltliche Ausgestaltung des Direktionsrechts durch einzelne Bestimmungen in kollektivrechtlichen Regelungsinstrumenten wie Tarifverträgen oder Betriebsvereinbarungen möglich ist. Es geht also nicht um die (unstreitige) Relevanz dieser Vereinbarungen zur Kontrolle der Ausübung des Direktionsrechts sondern darum, daß dieses selbst inhaltlich genauer determiniert oder fixiert wird[37]. Häufig sind solche Fälle in Tarifverträgen zu finden. Geregelt werden oft erweiterte Versetzungsmöglichkeiten oder der Erlaß einzelner Bestimmungen bezüglich der Arbeitszeit durch den Arbeitgeber. Interessant ist in diesem Zusammenhang die Art der rechtlichen Einwirkung auf die einzelnen dem Tarifvertrag unterliegenden Arbeitsverhältnisse, denn um eine vertragliche Regelung kann es sich hier wohl nicht handeln: Der Tarifvertrag hat unmittelbar Wirkung für diese Arbeitsverhältnisse. Darüber hinaus wird

---

[35] Vgl. etwa *Böker* „Weisungsrecht" S. 92 ff. mit dem Vorschlag der Kontrolle des Ausweichens des Arbeitgebers (bei Nichtakzeptieren einer Weisung durch den Arbeitnehmer) auf die Ebene der Gestaltung des Arbeitsverhältnisses (Änderungskündigung etc.), also der Begrenzung der faktischen Durchsetzungsmacht nicht gerechtfertigter Weisungen des Arbeitgebers durch eine Trennung der arbeitsleitenden Macht von derjenigen, die die Arbeitsverhältnisse gestaltet (S. 101).

[36] So kann *Böker* insbes. keine institutionellen Vorschläge machen (vgl. den Hinweis S. 100) u. sieht auch, daß etwa der Betriebsrat diese Kontrollfunktion nicht wahrnehmen kann, vgl. *Böker* „Weisungsrecht" S. 95 ff.

[37] Dies ist allgemein anerkannt; vgl. *Hueck/Nipperdey* Bd. II 2 S. 254 ff.; *Soergel/Wlotzke/Volze* § 611, Rdn. 47; *Bobrowski/Gaul* „Das Arbeitsrecht im Betrieb" 6. Aufl., Heidelberg 1970, D III, Rdn. 48; *Greiser* „Direktionsrecht" S. 47 ff.; *Maurer* „Direktionsrecht" AuR 1956, S. 139; *Söllner* „Leistungsbestimmung" S. 71 ff.; *Birk* „Leitungsmacht" S. 106 f.; aus der Rspr.: *BAG* AP Nr. 2, 17, 20 zu § 615 BGB — Kurzarbeit; *BAG* SAE 60, 109 f.; einschränkend für Betriebsvereinbarungen *Richardi, R.* „Kollektivgewalt und Individualwille bei der Gestaltung des Arbeitsverhältnisses" München 1968, S. 321 f.; insgesamt anderer Ansicht aber *Böttner* „Direktionsrecht" S. 72 ff., der davon ausgeht, das Direktionsrecht sei inhaltlich gegenüber besonderen vorvertraglichen Bestimmungen oder Betriebsvereinbarungen nicht offen; eine derartige Ausgestaltung sei generell unzulässig, dies sei einzig dem Arbeitsvertrag vorbehalten (S. 77); speziell zum Verhältnis Betriebsverfassung/Direktionsrecht vgl. ausführlich unten Abschnitt 1.3.

auch das Direktionsrecht der nicht tarifgebundenen Arbeitgeber bei Allgemeinverbindlichkeitserklärungen inhaltlich entsprechend ausgestaltet — wie man auch diesen öffentlich-rechtlichen Akt rechtlich qualifiziert[38]. Hier sei schon angemerkt, daß auch die Auffassung, die das Direktionsrecht aus dem Arbeitsvertrag herleitet, in diesen Fällen die Wirkung von Faktoren außerhalb des Arbeitsvertrags auf das Direktionsrecht anerkennen muß.

Bei der Ausgestaltung des Direktionsrechts in Betriebsvereinbarungen sind die Fälle der Ausweitung des arbeitgeberischen Direktionsrechts eher selten und wohl vor allem im Rahmen der freiwilligen Betriebsvereinbarungen (§ 88 BetrVG) zu suchen. Zu denken ist eventuell an eine Erleichterung von Umsetzungen durch unter dem üblichen Maß liegende Anforderungen an materielle Voraussetzungen einer Versetzung[39], solange diese wiederum nicht durch Tarifvertrag geregelt sind oder üblicherweise geregelt werden (§ 77 III BetrVG). Häufiger jedoch wird in Betriebsvereinbarungen der Bereich des Direktionsrechts eingeschränkt werden; mit dieser Tendenz sind auch mittels Betriebsvereinbarungen recht große Möglichkeiten für eine weitere inhaltliche Ausgestaltung gegeben. Die rechtliche Wirkung derartiger Vereinbarungen ist ebenso unmittelbar wie bei Regelung durch Tarifverträge, wobei sich hier der Wirkungsbereich auf den einzelnen Betrieb und die diesem Betrieb angehörenden Arbeitnehmer bzw. deren Arbeitsverhältnisse beschränkt, für den die jeweiligen Betriebsvereinbarungen abgeschlossen werden.

1.2. Die Kontrolle der Ausübung des Direktionsrechts

Zwei Bereiche dieser Kontrolle haben wir oben unterschieden: einerseits die Ausübungskontrolle anhand der Grundrechte, Arbeitsschutzgesetze und des Richterrechts und zum anderen die interne Begrenzung des Direktionsrechts durch die Überprüfung der jeweiligen Weisung auf ihre Funktionalität innerhalb des gesamten Betriebsablaufs. Herkömmlicherweise wird diese Problematik unter dem Stichwort der „Grenzen“ des Direktionsrechts abgehandelt. Diese Terminologie soll

---

[38] Zur Auseinandersetzung, ob Verwaltungsakt oder Verordnung (seit *BVerwGE* 7, 82) vgl. *Hueck/Nipperdey* Bd. II 1, S. 654 ff. m. w. N.; als Rechtsetzungsakt eigener Art zwischen autonomer Regelung und staatlicher Rechtssetzung auf der Grundlage von Art. 9 III GG erneut ausführlich *BVerfG* NJW 1977, S. 2255 ff. im Anschluß an *BVerfGE* 34, 307; ähnlich *BAG* AP Nr. 12, 13 u. 14 zu § 5 TVG.

[39] Vgl. etwa *Fitting/Auffarth/Kaiser* „Betriebsverfassungsgesetz“ 12. Aufl., München 1977, § 88 Anm. 4; *Richardi* „Kollektivgewalt“ S. 319 ff.; *Karakatsanis, A.* „Die kollektivrechtliche Gestaltung des Arbeitsverhältnisses und ihre Grenzen“, Heidelberg 1963 u. *Hueck/Nipperdey* Bd. II 2, S. 1262 ff.; zur Rspr. vgl. *BAG* AP Nr. 2 zu § 611 BGB — Direktionsrecht.

hier schon deshalb nicht beibehalten werden, weil das Direktionsrecht nicht durch eine abgegrenzte Anzahl von Obersätzen geregelt ist, sondern sein Anwendungsbereich zu einem großen Teil durch Richterrecht festgelegt wurde, dabei aber dann unter Grenzen nur das verstanden wurde, was hier als externe Kontrolle bezeichnet wird, nämlich die Bestimmung der Grenzen durch andere arbeitsrechtliche und sonstige Normen.

1.2.1. Die externe Kontrolle der Ausübung

Ohne zur Anwendbarkeit der Grundrechte auf unseren Regelungskomplex längst Gesagtes noch einmal zu wiederholen, soll nur resümierend festgehalten werden, daß in Rechtsprechung und Literatur als These zunehmend Beifall findet: Das Direktionsrecht als Ermächtigungsnorm für den Arbeitgeber zur Verhaltensbestimmung des Arbeitnehmers unterliegt der unmittelbaren Einwirkung der Grundrechte[40]. Hiernach darf die Frage der Suspendierung der Grundrechte durch Eingehung eines Arbeitsverhältnisses, also des Verzichts auf die Grundrechte durch Abschluß des Arbeitsvertrags negativ beantwortet werden. Die durchgängige Behandlung der Grundrechte als durch vertragliche Übereinkunft abdingbar, als dispositives Recht, ist hier nicht möglich[41]. Die mittelbare Drittwirkung der Grundrechte etwa über Generalklauseln wie § 242 BGB oder die Treu- und Fürsorgepflicht ist in diesem Rahmen unproblematisch. Soweit inhaltsleere Generalklauseln durch Rückgriff auf die Grundrechte aufgefüllt werden, ist ihre Transmissionsfunktion überflüssig; ihr Anwendungsbereich bleibt aber wichtig bei Ausfüllung durch andere Prinzipien. Auf die Auswirkungen der Grundrechte in die vertragliche Sphäre kommt es weiter noch in den Fällen an, in denen Weisungsbefugnisse des Arbeitsgebers über das sonst übliche Maß hinaus vertraglich vereinbart werden. Die Drittwirkungsproblematik entscheidet sich hier nach den üblichen Regeln[42].

Für die Ausübung des Direktionsrechts sind vor allem von Bedeutung: der Schutz der Menschenwürde in Art. 1 I GG (die Schwierigkeit

---

[40] Zur Übersicht über die Problematik vgl. *Leisner, W.* „Grundrechte und Privatrecht" München u. a. 1960 insb. S. 306 ff.; *Conrad, D.* „Freiheitsrechte und Arbeitsverfassung" Berlin 1965; *Gamillscheg, F.* „Die Grundrechte im Arbeitsrecht" AcP 164 (1964), S. 385 ff.; *Säcker* „Gruppenautonomie" S. 231 ff.; *Rupp, H.* „Vom Wandel der Grundrechte" AöR 101 (1976), S. 184 ff. und *Böker* „Weisungsrecht" S. 77 ff.; die Gegenposition war vor allem von Dürig markiert worden, vgl. *Dürig, G.* „Grundrechte und Zivilrechtsprechung" in: „Vom Bonner Grundgesetz zur gesamtdeutschen Verfassung" Festschrift für Nawiasky, München 1956, S. 157 ff., 176 ff. und *ders.* in: Maunz/Dürig/Herzog „GG" München 1976, Art. 1 Anm. 132 ff., Art. 3 I Anm. 505 ff.

[41] Hierzu statt aller *Birk* „Leitungsmacht" S. 307.

[42] Vgl. die im Anschluß an das Lüth-Urteil *BVerfGE* 7, 198 von Rspr. u. Lehre entwickelten Grundsätze (h. M.).

liegt in der Abgrenzung zwischen den notwendigen Erfordernissen geregelten Arbeitsvollzugs und sonstigem notwendigen sozialen Verhalten einerseits und dem „nicht antastbaren“ Kern persönlicher Entfaltungsfreiheit und menschenwürdiger Behandlung)[43], der Gleichheitsgrundsatz in Art. 3 II/III GG[44], die Glaubensfreiheit in Art. 4 I GG[45] und die Meinungsfreiheit in Art. 5 I GG (hier beschränkt man sich fast ausschließlich auf die Einhaltung des Betriebsfriedens und des Betriebs als parteipolitisch neutraler Insel)[46]. Zusätzlich wird die allgemeine Handlungsfreiheit nach Art. 2 I GG[47] herangezogen.

Als gesetzliche Schranken kommen vor allem die Arbeitsschutzgesetze des öffentlich-rechtlichen Arbeitsrechts in Betracht; ohne Anspruch auf Vollständigkeit seien genannt: das Mutterschutzgesetz (MSchG), das Schwerbeschädigtengesetz (SchBG), das Jugendarbeitsschutzgesetz (JASchG), die Arbeitszeitordnung (AZO). Weisungen, die gegen derartige Schutzgesetze verstoßen, braucht der Arbeitnehmer nicht zu befolgen (§ 134 BGB), ja teilweise muß er sich sogar solchen Weisungen widersetzen, etwa bei Verstößen gegen gesundheitsrechtliche oder Unfallverhütungsvorschriften[48]. Einen wichtigen Komplex der gesetzlichen Beschränkung des Direktionsrechts stellen auch die Regelungen des BetrVG dar[49]. Außerdem können Weisungen gegen Strafgesetze verstoßen, so etwa § 185 StGB, Straßenverkehrs- und wettbewerbs- oder kartellrechtliche Strafvorschriften. Derartige Weisungen braucht der Arbeitnehmer ebenfalls nicht zu befolgen (§ 134

---

[43] Vgl. hierzu *Schwenk, E.* „Das allgemeine Persönlichkeitsrecht des Arbeitnehmers“ NJW 1968, S. 822 ff.; *Wiese, G.* „Der Persönlichkeitsschutz des Arbeitnehmers gegenüber dem Arbeitgeber“ ZfA 1971, S. 273 ff.; *Böker* „Weisungsrecht“ S. 74; *Birk* „Leitungsmacht“ S. 321 ff.

[44] Im Rahmen des BetrVG gilt § 75 I, nach h. M. auch über das kollektive Arbeitsrecht hinaus für das Individualarbeitsrecht und das Direktionsrecht, vgl. *Fitting/Auffarth/Kaiser* § 75 Anm. 2; allgemein zur Gleichbehandlung *Frey, E.* „Gleichbehandlungsfragen bei Ausübung des Direktionsrechts“ DB 1964, S. 298 ff.; *Ostheim* „Weisung“ S. 84 f. und *Hilger, M. L.* „Zum Anspruch auf Gleichbehandlung im Arbeitsrecht“ RdA 1975, S. 32 ff.

[45] Vgl. ausführlich *Habscheid, W. J.* „Arbeitsverweigerung aus Glaubens- und Gewissensnot“ JZ 1964, S. 254; *Ostheim* „Weisung“ S. 87 ff.; *LAG Düsseldorf* JZ 1964, S. 258.

[46] Vgl. *Fitting/Auffarth/Kaiser* § 87 Anm. 17 (gegen Möglichkeit einer Betriebsvereinbarung zur politischen Meinungsfreiheit); *Säcker* „Hausrecht“ BB 1966, S. 700 ff.; *BAG* AP Nr. 2 zu § 13 KSchG; *LAG Bad-Württ.* BB 1970, S. 175.

[47] Hierzu werden im Rahmen der Literatur zur Ausgestaltung des Direktionsrechts durchgängig Ausführungen gemacht; statt aller nun die sehr gründliche Untersuchung bei *Birk* „Leitungsmacht“ S. 324 ff. Die Rspr. stellt ähnliche Erwägungen meist unter den Aspekten der Sittenwidrigkeit, Treuwidrigkeit oder des Rechtsmißbrauchs an.

[48] Vgl. z. B. *ArbG* Emden ARSt 1970, Nr. 1181 zum Spannungsverhältnis: Sicherheit — Erzielung höheren Akkords.

[49] Vgl. dazu unten unter Abschnitt 1.3.

BGB), zum Teil muß er sich solchen Weisungen widersetzen und hat insofern eine Prüfungspflicht.

Die Gerichte argumentieren zur Einschränkung des Direktionsrechts — neben den schon besprochenen verfassungsrechtlichen und gesetzlichen Grenzen — mit den guten Sitten (§ 138 BGB)[50] und dem Schikaneverbot (§ 226 BGB)[51], als wichtigster Norm und weitaus am häufigsten jedoch mit § 242 BGB[52]. Einzelnes Abgrenzungskriterium im Rahmen des § 242 ist zunächst die Zumutbarkeit, etwa bei Zuweisung geringerwertiger Tätigkeit[53]. Als weitere Kriterien werden die unzulässige Rechtsausübung und der Rechtsmißbrauch benützt, etwa wenn das geforderte Arbeitstempo nicht gehalten werden kann und ein Meister deswegen die psychische Drucksituation auf einen einzelnen Arbeiter solange verstärkt, bis dieser einen Nervenzusammenbruch erleidet[54]. Neben diesen aus § 242 genommenen Kriterien stelle die Fürsorgepflicht eine Ausprägung des Grundsatzes von Treu und Glauben dar, etwa bezüglich des Schutzes der Gesundheit des Arbeitnehmers oder seiner persönlichen Belange[55], ebenso die Formel vom „Betriebsinteresse“ etwa bezüglich Aufklärungs- und Informationspflichten (auch persönliches Erscheinen)[56]. Zur gerichtlichen Kontrolle ist nochmals auf die faktische Durchsetzungsmacht des Arbeitgebers bei seinen Weisungen hinzuweisen, denn de facto hat der Arbeitnehmer wenig Möglichkeiten, die de jure gegebenen Möglichkeiten (etwa Feststellungsklage nach § 256 ZPO[57]) auch auszuüben. Der Arbeitgeber setzt seine Weisungen nicht rechtlich durch, er nützt seine faktische soziale Machtposition aus, der der Arbeitnehmer unterworfen ist. Üblicherweise wird das Verhalten des Arbeitgebers erst im Rahmen oder gar nach Beendigung des Arbeitsverhältnisses justiziabel[58].

---

[50] So *ArbG Wilhelmshaven* AuR 1969, S. 122.

[51] Etwa *LAG Düsseldorf* DB 1954, S. 847.

[52] Hierzu allgemein *BAG* AP Nr. 17 zu § 611 BGB — Direktionsrecht; *ArbG Mannheim* ARSt 15, Nr. 612.

[53] Diese wird ohnehin weitgehend unzulässig sein, die Unzumutbarkeit ist aber hier sicher zusätzliches Argument, vgl. *BAG* BB 1972, S. 1191.

[54] Vgl. *LAG Düsseldorf* DB 1964, S. 847; zum Rechtsmißbrauch auch *ArbG Aalen* ARSt 1967, Nr. 1175; zur unzulässigen Rechtsausübung etwa *LAG Hamburg* ARSt 9, Nr. 135.

[55] Zur Fürsorgepflicht etwa *LAG Bremen* AP 52 Nr. 110; *ArbG Essen* DB 1970, S. 935 (Gesundheitsvorsorge) und *LAG Bremen* AP 52 Nr. 44 (Versorgung minderjähriger Kinder als persönliche Belange).

[56] Zur Einordnung und Inhaltsbestimmung dieser Formel „Betriebsinteresse“ vgl. *Birk* „Leitungsmacht“ S. 372 ff.; ansonsten etwa *BAG* AP Nr. 1 zu § 56 BetrVG — Ordnung des Betriebs (Auskünfte über Störungen im Arbeitsablauf auf Anfrage durch Arbeitgeber).

[57] *BAG* AP Nr. 8 zu § 611 BGB — Direktionsrecht.

[58] Vgl. dazu oben Abschnitt 1.0.2. und unten Abschnitt 1.4.

1.2.2. Die interne Kontrolle der Ausübung

Dieser zweite Aspekt von Kontrolle war bisher kaum Gegenstand rechtswissenschaftlicher Bemühungen. Neuerdings hat *Birk* diese Problematik im Anschluß an einzelne Hinweise Söllners wieder aufgeworfen. Dahinter verbirgt sich die Frage, „inwieweit die Ausübung der Leitungsmacht Selbstbindungen unterliegt, die sich ohne Bezug auf die externen rechtlichen Gestaltungsfaktoren des Arbeitsverhältnisses ergeben". Voraussetzung ist, daß „die Funktionswidrigkeit von Leitungsakten... ihre Rechtswidrigkeit bedingt"[59]. Weitere Voraussetzung ist die Bejahung der Überprüfbarkeit derartiger Ziel-Zweckbestimmungen und -überlegungen des Arbeitgebers durch das Gericht. Entgegen *Biedenkopf*[60] begründet Birk[61] dies — unter Hinweis auf die völlig zerstrittene Rechtsprechung und Lehre zur Überprüfung der betriebsbedingten Kündigung — mit der These, solange und soweit der Arbeitgeber rechtlich relevant handele, werde im Streitfalle den Gerichten die Frage der Rechtmäßigkeit der jeweiligen Maßnahmen vorgelegt und von diesen entschieden. Inhaltlich soll die Funktionswidrigkeit und damit auch Rechtswidrigkeit eines Ausübungsaktes des Direktionsrechts anhand des zugrundeliegenden Zweckes bestimmt werden; ob dabei die Funktionswidrigkeit gewollt war oder nicht, ist nach Birk[62] rechtlich irrelevant.

Die möglichen Fälle werden in drei Gruppen aufgeteilt. So könne zunächst die Nichtausübung des Direktionsrechts rechtswidrig sein, etwa wenn gegenüber einem Dritten oder aufgrund besonderer Vertragsgestaltung mit dem Arbeitnehmer eine Verpflichtung zur Ausübung bestehe.

Einen zweiten Bereich der inhaltlichen Funktionswidrigkeit sieht Birk im Zusammenhang mit der Formel vom „Betriebsinteresse", die die Funktion einer inhaltlichen Bindung des Direktionsrechts habe. An diesem Maßstab Betriebsinteresse sollen die Akte des Arbeitgebers gemessen werden. Ebenso könne statt mit dem Betriebsinteresse auch mit dem Betriebszweck argumentiert werden. Beide Begriffe bleiben

---

[59] *Birk* „Leitungsmacht" S. 283; die Hinweise bei *Söllner* finden sich in „Leistungsbestimmung" S. 118 ff.; 126 ff. und 132 ff.; der Gedanke wird auch aufgenommen bei *Ostheim* „Weisung" S. 46 ff.; nicht in diesen Zusammenhang gehören die Hinweise bei *Maurer* AuR 1956, S. 139 f. der zwar dunkel von „inneren" Grenzen spricht, deren Bestimmung und Inhalt jedoch verheimlicht.

[60] *Biedenkopf, K. H.* „Das Verhältnis der Wirtschaftswissenschaft zur Rechtswissenschaft im Arbeitsrecht" in: Schriften des Vereins für Socialpolitik Bd. 33 NF (1964), S. 69 der meint, daß sich der Richter unversehens in die Rolle des Betriebsprüfers versetzt habe.

[61] *Birk* „Leitungsmacht" S. 292.

[62] *Birk* „Leitungsmacht" S. 294.

jedoch äußerst unscharf. Gemeint sein kann wohl nur, daß die Ausübung des Direktionsrechts auf Übereinstimmung mit dem jeweils maßgeblichen Unternehmensziel (als dem betriebswirtschaftlichen terminus technicus)[63] zu überprüfen sei. Ähnlich wie bei den „betrieblichen Erfordernissen" im Sinne des § 1 II u. III KSchG soll in dieser inhaltlichen Bindung des Direktionsrechts die relative Sachbezogenheit unternehmerischer Maßnahmen zum Ausdruck kommen; eine inhaltlich unzulässige, weil funktionswidrige Ausübung stellt demgemäß z. B. die Reglementierung außerbetrieblichen Verhaltens dar[64].

Den dritten Bereich dieser inhaltlichen Gebundenheit sieht er im Zuge des — arbeitsrechtlich ja bekannten — Grundsatzes der Verhältnismäßigkeit. Insbesondere bei der Wahl zwischen mehreren möglichen Weisungen kann er sich als „Grundsatz des schonendsten Mittels" ausprägen[65]. Für das Direktionsrecht soll dieser Grundsatz etwa hinsichtlich der Anordnung von Arbeitsbereitschaft, Verlagerung der Arbeitszeit oder bei angeordneten Ortswechseln zum Tragen kommen, wenn diese Weisungen andere Arbeitnehmer nicht so sehr belasten würden. Hier wäre nur diejenige Weisung funktionsgerecht, die sich an den weniger belasteten Arbeitnehmer richtet[66].

1.3. Direktionsrecht und Betriebsverfassung

1.3.1. Grundmodell der betriebsverfassungsrechtlichen Mitbestimmung

In einem Unternehmen lassen sich herkömmlich drei hauptsächliche Entscheidungsebenen trennen, auf denen Mitbestimmung als „institutionalisierte Teilnahme an Willensbildungs- und Entscheidungsprozessen"[67] denkbar erscheint:

— Die Ebene des Arbeitsplatzes oder der Arbeitsgruppe

— die Ebene des Betriebs (Gegenstand dieser Entscheidungen sind Sozialeinrichtungen, Urlaubs-, Lohn- und Lohnfestsetzungsregelungen, allgemeine personelle Angelegenheiten etc.)

[63] Zu diesem Fachterminus vgl. unten Abschnitt 2.4.2.1. Zu den Implikationen einer derartigen Konzeption siehe ausführlich unten Abschnitt 3.3.

[64] Vgl. *Birk* „Leitungsmacht" S. 301 (mit dem Beispielsfall *LAG Bayern* ABl 1955 C 160 f.; Umgang mit bestimmten Personen außerhalb der betrieblichen Sphäre).

[65] Vgl. *BAG* AP Nr. 15 zu § 626 BGB (Kündigung als letztes Mittel); *BAG* AP Nr. 14 zu § 1 KSchG — Betriebsbedingte Kündigung und *LAG Bremen* AP Nr. 56 zu § 626 BGB (Kündigung als ultima ratio).

[66] *Birk* „Leitungsmacht" S. 303 unter Hinweis auf den Katalog bei *Söllner* „Leistungsbestimmung" S. 138 ebenso *ders.* „Arbeitsrecht" 5. Aufl., Stuttgart u. a. 1976, S. 78 ff.

[67] Ähnlich eine Beschreibung von Mitbestimmung in: *Mitbestimmungskommission* (Hrsg.) „Mitbestimmung im Unternehmen" BT-Drucks. Nr. VI, 334, Bonn 1970, S. 8.

— die Ebene des Unternehmens (hier wird entschieden über Produktionsziele, Investitionen und Finanzierung)

Die Bestimmungen des BetrVG gelten für die Ebene des Betriebs, es finden sich jedoch auch (wenige) Regelungen hinsichtlich der Rechtspositionen des einzelnen Arbeitsnehmers: bestimmte Informationsrechte, das Recht zur Einsicht in die Personalakte (§ 83 BetrVG) und das Beschwerderecht (§§ 84, 85 BetrVG). Ohne daß hier den Institutionalisierungen von Betriebsrat, Gesamtbetriebsrat, Wirtschaftsausschuß oder Jugendvertretung im einzelnen nachgegangen werden kann[68], sind als allgemeine Grundlagen der Mitbestimmung und Mitwirkung vor allem zu nennen:

— das Gebot vertrauensvoller Zusammenarbeit (§ 2 I BetrVG — kein konfliktorientiertes Vorgehen; der Betriebsrat ist auch verpflichtet, das Wohl des Betriebes zu verfolgen)

— das Verbot des Arbeitskampfes (§ 74 II 1 BetrVG)

— das Verbot parteipolitischer Betätigung (§ 74 II 3 BetrVG — mit Ausnahme tarif-, sozialpolitischer und wirtschaftlicher Fragen, die den Betrieb direkt betreffen)

— die Unterlassung sonstiger Störungen des Betriebsfriedens (§ 74 II 2 BetrVG)

— die Schweigepflicht (§ 79 BetrVG).

Es handelt sich um das Grundmodell „eines kooperativen, auf rechtsförmige Auseinandersetzungen festgelegten Betriebsrates, der Belegschaftsinteressen nur zu einem gewissen Grad wahrnehmen kann"[69] und der ein von der Belegschaft und den Gewerkschaften getrenntes Vermittlungsorgan ist[70].

Das BetrVG 72 geht — wie vorher auch schon das BetrVG 52 — von Beteiligungsrechten unterschiedlicher Intensität aus:

— bei den *Mitwirkungs*rechten, also Informations-, Anhörungs- und Beratungsrechten: der Arbeitgeber kann die Maßnahmen grundsätzlich auch dann durchführen, wenn der Betriebsrat widerspricht; die alleinige Regelungsbefugnis bleibt beim Arbeitgeber

— bei den *Mitbestimmungs*rechten: hier braucht der Arbeitgeber zur Durchführung der Maßnahme die Zustimmung des Betriebsrats

— bei den wenigen *Selbstverwaltungs*rechten des Betriebsrats: hier hat der Betriebsrat die Kompetenz zur alleinigen Entscheidung (hierzu zählen die Organisation der eigenen Arbeit des Betriebsrats und die einzelne Freistellung von BR-Mitgliedern zu Bildungszwecken)[71].

---

[68] Vgl. hierzu sehr anschaulich *Däubler, W.* „Das Arbeitsrecht" Reinbek b. Hamburg 1976, S. 184 ff.

[69] So *Däubler* „Arbeitsrecht" S. 208.

[70] Ebenso *Möller, G.* „Das neue BetrVG" in: Jacob, H. (Hrsg.) „Mitbestimmung in der Unternehmung" Wiesbaden 1973, S. 10; *Böker* „Weisungsrecht" S. 79 ff.; zur Kritik dieses Modells vgl. insb. *Hoffmann, R.* „Rechtsfortschritt durch gewerkschaftliche Gegenmacht" Frankfurt 1968, S. 7 ff. und *Däubler, W.* „Das Grundrecht auf Mitbestimmung" Frankfurt 1973, S. 78 ff.

Ist eine Einigung bei den Mitbestimmungsrechten nicht zu erzielen, sieht das BetrVG die Entscheidung einer Einigungsstelle (§ 76 BetrVG) und des Arbeitsgerichts vor. Im folgenden werden — anhand der Regelung der Mitbestimmung in sozialen Angelegenheiten, der Mitbestimmung und Mitwirkung über menschengerechte Arbeit im Betrieb und in personellen Angelegenheiten — die jeweiligen Überschneidungen mit dem Direktionsrecht kurz analysiert, ehe die Frage nach der Einschränkung des Direktionsrechts durch diese Regeln gestellt wird.

1.3.2. Überschneidung einzelner Bereiche mit dem Direktionsrecht

1.3.2.1 Die in § 87 I Nr. 1 - 12 BetrVG zusammengefaßten Mitbestimmungsrechte in sozialen Angelegenheiten stellen das Kernstück der Mitbestimmung und den Schwerpunkt der BR-Arbeit[72] dar. In den einzelnen Nummern werden die Tatbestände, deren Regelung unter das Mitbestimmungsrecht des BR fällt, einzeln aufgezählt. Nehmen wir etwa § 87 I Nr. 1 (Fragen der Ordnung des Betriebs und des Verhaltens der Arbeitnehmer im Betrieb), so fallen hierunter die schon beim Direktionsrecht genannten Maßnahmen wie die Einrichtung von Torkontrollen und Leibesvisitationen, Rauchverbote, Singverbote usw. Für das Mitbestimmungsrecht des BR ist es nun unerheblich, in welcher Form der Arbeitgeber derartige Maßnahmen einführt, ob per Klausel in den Arbeitsverträgen oder per einheitliche Weisung an alle Arbeitnehmer, die davon betroffen sein sollen (auch etwa bezüglich einer Werkhalle[73] usw.). Eine gravierende Einschränkung des Mitbestimmungsrechts in all diesen Angelegenheiten liegt jedoch darin, daß der BR immer dann nicht zuständig ist, wenn eine solche Weisung nur einem einzelnen Arbeitnehmer gegenüber getroffen wird[74]. Eingeschränkt wird das Mitbestimmungsrecht auch dadurch, daß die Rechtsprechung alle arbeitsnotwendigen Maßnahmen als in der alleinigen Kompetenz des Arbeitgebers liegend und damit als mitbestimmungsfrei bezeichnet[75]. Liegt ein mitbestimmungspflichtiger Tatbestand vor, kann

---

[71] Hierzu etwa *BAG* DB 1973, S. 672; zur Frage, ob dieser Bereich per (freiwillige) Betriebsvereinbarung ausgedehnt werden kann — etwa auf Sozialeinrichtungen — vgl. Hueck/Nipperdey Bd. II, S. 1373; *Fitting/Auffarth/Kaiser* § 87 Rdn. 39; darüber hinaus bejahend auch für tarifvertragl. Ausdehnung: *Däubler* „Grundrecht" S. 370 m. w. N.

[72] So die allgemeine Darstellung, vgl. z. B. *Möller* „BetrVG" S. 23.

[73] Ganz herrschende Meinung vgl. *Fitting/Auffarth/Kaiser* § 87 Rdn. 4 m. w. N.; aus der Rspr. etwa *BAG* AP Nr. 22 zu § 56 BetrVG 52.

[74] Vgl. *Dietz/Richardi* „Kommentar zum BetrVG" 5. Aufl., München 1973, § 87 Rdn. 23 m. w. N.; zu den Reaktionsmöglichkeiten für Arbeitnehmer und BR in diesen Fällen vgl. *Däubler* „Arbeitsrecht" S. 244 ff.

[75] Vgl. *BAG* AP Nr. 3 zu § 56 BetrVG — Ordnung des Betriebs (bezügl. des Tragens von Schutzkleidung).

auch der BR vom Arbeitgeber eine Regelung verlangen (ein Mitbestimmungsrecht schließt immer auch das Initiativrecht ein).

Wie festzustellen ist, sind die in § 87 I Nr. 1 BetrVG geregelten Fälle solche, die in den Anwendungsbereich des Direktionsrechts fallen; ähnlich ist dies noch bei der Mitbestimmung in sozialen Angelegenheiten nach Nr. 2, 3, 5 und 6, aber sicherlich nicht im Bereich der Nr. 10, 11 (Lohngestaltung usw.).

1.3.2.2. Über den Katalog des § 87 I BetrVG hinaus, der weite Bereiche der Arbeitsorganisation nicht erfaßt, hat der BR in bezug auf die menschengerechtere Gestaltung von Arbeitsplatz und Arbeitsablauf vor allem ein Unterrrichtungs- und Beratungsrecht (§ 90 BetrVG). Die inhaltliche Überschneidung mit dem ersten der drei oben skizzierten Weisungsbereiche (Ausführung der Arbeit selbst) ist evident, sie kann jedoch auch in die anderen Bereiche hineinreichen. Der Kreis der von § 90 BetrVG erfaßten Projekte ist dabei sehr weit gezogen. Im Gegensatz zum BetrVG 52 ist ausdrücklich eine Information schon im Planungsstadium vorgesehen. *Däubler* weist jedoch zu Recht darauf hin, daß eine wirksame Wahrung von Arbeitnehmerinteressen so nicht zu garantieren ist; denn einerseits „liegt es mehr oder weniger im Ermessen des Arbeitgebers was als geplant angesehen wird“[76], dem BR fehlen die näheren Informationen über interne Vorgänge in der Geschäftsleitung[77] und andererseits ist der Arbeitgeber bei der Erörterungspflicht völlig frei, sich auch über schwerwiegende Bedenken des BR hinwegzusetzen und so zu entscheiden, wie er möchte.

In § 91 BetrVG wird allerdings ein die Maßnahmen des Arbeitgebers „korrigierendes“[78] Mitbestimmungsrecht des BR geschaffen. Doch auch hierdurch kann die Interessenwahrung für die Arbeitsnehmer nicht verbessert werden, denn dieses Recht ist an zahlreiche, weitgehende, dabei recht unbestimmte Voraussetzungen geknüpft. Ob es für die Annahme besonderer Belastungen genügt, daß nur *ein* Arbeitnehmer betroffen ist[79], bzw. im Einzelfall festzustellen, was „gesicherten, arbeitswissenschaftlichen Erkenntnissen über die menschengerechte Gestaltung der Arbeit *offensichtlich* widerspricht“[80], diese Unsicherheit

---

[76] *Däubler* „Arbeitsrecht“ S. 251.

[77] Allenfalls über den Wirtschaftsausschuß sind solche Informationen einmal zu bekommen.

[78] Übliche Bezeichnung, vgl. etwa *Däubler* ebenda oder *Dietz/Richardi* § 91 Rdn. 1.

[79] Dies lassen etwa genügen *Fitting/Auffarth/Kaiser* § 91 Rdn. 3; *Dietz/Richardi* § 91 Rdn. 14.

[80] Strittig ist hier vieles: etwa ob „offensichtlich“ sich nach dem Wissen eines Experten bemißt oder nicht, vgl. etwa *Fitting/Auffarth/Kaiser* § 91 Rdn. 3 (die ausreichende Sachkunde verlangen) und *Dietz/Richardi* § 91 Rdn. 6

erlaubt, Hindernisse für den BR aufzubauen, die das Recht aus § 91 BetrVG wenig effizient machen. Däubler empfiehlt angesichts dieser Situation, in der also die Auseinandersetzung um ernstgenommene Vermenschlichung der Arbeitsprozesse und des Arbeitsplatzes „durch die beschränkte Tragweite der §§ 90, 91 BetrVG vermieden wurde"[81], eine offensive Nutzung der Mitbestimmungsrechte der §§ 87 I Nr. 1 u. 7 durch die BRe, um so wenigstens in Teilbereichen die Anliegen der Arbeitnehmer hinsichtlich der Humanisierung der Arbeitsorganisation einmal durchsetzen zu können. Trotz dieses Mitbestimmungsrechts dürfte in den Fällen der §§ 90, 91 die Durchsetzung der Arbeitgebervorstellungen durch Weisung im Rahmen des Direktionsrechts die Regel bleiben.

1.3.2.3. Anders als seit 1952 setzt in § 92 BetrVG 72 die Mitwirkung des BR in personellen Angelegenheiten nicht erst bei konkreten Einzelmaßnahmen ein. Es besteht vielmehr ein Informations- und Beratungsrecht schon bei der Personalplanung. Darunter wird die Gesamtheit der Maßnahmen zur Ermittlung des künftigen Personalbedarfs entsprechend der Gegebenheiten des Betriebs und der Planziele des Unternehmens verstanden[82]. Die Informationen erstrecken sich also auf den gegenwärtigen und künftigen Personalbestand in qualitativer und quantitativer Hinsicht, sowie auf die geplanten Veränderungen. Anzumerken ist auch hier, daß die Entscheidung dem Arbeitgeber letztlich freigestellt bleibt sowie, daß der Arbeitgeber ja keine Planung betreiben muß, somit § 92 BetrVG einfach unterlaufen kann. (Allerdings sollen nur fragmentarische, zeitweilige Planungsmaßnahmen ebenfalls unter das Informationsrecht des § 92 BetrVG fallen[83].) Sehr illustrativ schildert *Möller*, wie das Informationsrecht des BR dahingehend verstanden werden kann, daß der BR immer zu spät kommt: indem einerseits postuliert wird, der BR „kann seinerseits Vorschläge ... machen" und „der Arbeitgeber hat mit dem BR über Art und Umfang der erforderliche Maßnahmen" zu beraten, aber andererseits der Zeitpunkt der Informationspflicht so festgesetzt wird: „Eine Planung liegt erst dann vor, wenn die Überlegungen des Arbeitgebers zu einem *endgültigen* Abschluß gekommen und *durchführungsreif* sind[84]."

(einigermaßen sachkundig, aber ohne besondere arbeitswissenschaftliche Vorbildung); insgesamt kritisch hierzu *Leminsky, G.* „Gewerkschaftliche Ansatzmöglichkeiten zur Humanisierung der Arbeitswelt" WSI-Mitteilungen 1974, S. 56 ff. und *Däubler* „Arbeitsrecht" S. 251 f.

[81] *Däubler* „Arbeitsrecht" S. 253.

[82] *Fitting/Auffarth/Kaiser* § 92 Rdn. 2 m. w. N.

[83] *Fitting/Auffarth/Kaiser* § 92 Rdn. 2.

[84] Vgl. *Möller* „BetrVG" S. 25 f. (Heraushebung von mir); ebenso *Rumpf, K.* „BetrVG und Personalplanung" Mitbestimmungsgespräch 1972, S. 160 ff. (hier S. 162); a. A. ausdrücklich *Däubler* „Arbeitsrecht" S. 254, 251.

Korrigiert wird dies dadurch, daß zumindest standardisierte Personalfragebögen oder Auswahlrichtlinien der Mitbestimmung unterliegen und auch Einzelmaßnahmen wie Einstellung, Versetzung, Umgruppierung und Entlassung jeweils unterschiedlich intensiv nicht ohne den BR getroffen werden können (§§ 99 ff. BetrVG)[85]. Hier liegen denn auch — insbesondere im Vorfeld von Einstellungen und Entlassungen — die wesentlichen Überschneidungen zum Direktionsrecht.

1.3.3. Verhältnis zwischen Direktionsrecht und Betriebsverfassung

Grundsätzlich ist bei all den Anordnungen des Arbeitgebers, die einer Mitbestimmung durch den BR nach dem BetrVG unterliegen, eine Ausübung des Direktionsrechts des Arbeitsgebers nicht möglich. Dies ist unzweifelhaft, soweit mit der ganz h. M. von der Nichtigkeit der vom Arbeitgeber unter Nichtbeachtung der Mitbestimmungspflichtigkeit getroffenen Anordnung ausgegangen wird[86]. Bei Weisungen unter Verstoß gegen die Regelungen des BetrVG kann evtl. auch eine Strafbarkeit gem. § 119 BetrVG (wegen Behinderung der Tätigkeit des BR, § 119 I Nr. 2) oder im Falle der Verletzung von Aufklärungs- und Auskunftspflichten (z. B. bei §§ 90, 91 BetrVG) die Ahndung als Ordnungswidrigkeit gem. § 121 BetrVG in Frage kommen.

Ob dies eine Beschränkung der *inhaltlichen Ausübung* des Direktionsrechts durch den Arbeitgeber darstellt, ob etwa gar der BR am Direktionsrecht beteiligt wird, ein „Mitdirektionsrecht" hat, oder ob der *Anwendungsbereich* des Direktionsrechts dadurch eingeschränkt wird, ist fraglich. In den Betrieben ohne BR jedenfalls besteht für den Arbeitgeber die Möglichkeit, das Direktionsrecht auch im Bereich der ansonsten mitbestimmungs- oder mitwirkungspflichtigen Angelegenheiten auszuüben[87]. Formal gesehen bleibt es existent; durch die Mitbestimmungsregelungen des BetrVG wird grundsätzlich also nicht die jeweilige inhaltliche Ausübung durch den Arbeitgeber festgelegt. Eingeschränkt wird der Anwendungsbereich oder mit einer anderen Formulierung der Tatbestand dieses Rechts. Die Anwendung des arbeit-

[85] Zur den Einzelheiten vgl. übersichtlich *Däubler* „Arbeitsrecht" S. 257 ff. m. w. N.

[86] Zu einzelnen Auswirkungen vgl. *Birk* „Leitungsmacht" S. 116 ff. (beim Problem der Anerkennung der Regelungsabrede im Bereich des § 87 I); aus der Rspr. insbes. *BAG* AP Nr. 2, 22 und 27 zu § 56 BetrVG 1952 und *ArbG Wuppertal* BB 1957, S. 1274; die Rechtsfolge der Nichtigkeit war lange umstritten, zur h. M. vgl. *Hueck/Nipperdey* II 2, S. 1390 f. m. w. N.; dagegen *Dietz, R.* „Kritische Darstellung der Rechtsprechung des BAG zur Mitbestimmung" RdA 1962, S. 394 und *Richardi* „Kollektivgewalt" S. 291 ff.; verwirrend *Nickisch* III, S. 364 f., der die Geltendmachung dieser Unwirksamkeit für die Vergangenheit ausschließen will — dagegen *BAG* AP Nr. 2 zu § 56 BetrVG 1952.

[87] Dazu *Birk* „Leitungsmacht" S. 114, 351 f. m. w. N.

geberischen Direktionsrechts im Bereich der mitbestimmungspflichtigen Anordnungen ist sachlich ganz ausgeschlossen — Regelungen können hier nur durch Betriebsvereinbarungen oder Regelungsabreden getroffen werden. Generell ist damit gleichzeitig festgestellt, daß der BR kein Mitdirektionsrecht hat[88]. Eine Einschränkung oder Ausweitung der Ausübung des Direktionsrechts, zugleich eine Richtlinie zu deren Kontrolle, kann sich allerdings aus dem Inhalt der jeweils getroffenen Vereinbarung zwischen Arbeitgeber und BR ergeben[89].

Im BetrVG finden sich daneben auch wenige Regelungen, in denen das Gesetz selbst inhaltlich die Ausübung des Direktionsrechts einschränkt. Dies geschieht vor allem beim Verbot der Behinderung und Störung der Arbeit des BR (§ 78, 1 BetrVG) und beim Maßregelungsverbot (§ 78, 2 BetrVG). Die beiden Vorschriften sollen das Funktionieren der betriebsverfassungsrechtlichen Institutionen in der Praxis überhaupt erst möglich machen. § 78, 1 BetrVG erstrebt jedoch nicht nur die Beschränkung der möglichen Weisungen des Arbeitgebers gegenüber dem BR und den einzelnen BR-Mitgliedern selbst, sondern es können dadurch genauso Anordnungen an einzelne Arbeitnehmer ohne betriebsverfassungsrechtliche Funktionen betroffen sein. Ein derartiger Fall wäre im Rahmen des § 39 BetrVG denkbar: Ein Arbeitnehmer will die Sprechstunde des BR aufsuchen. Hier ist die Ausübung des Direktionsrechts sicherlich dahingehend beschränkt, daß der Arbeitgeber dies nicht gänzlich untersagen kann. Nicht unbestritten ist, ob dabei schon ein objektiver Verstoß gegen diese Vorschrift zur Unzulässigkeit ausreicht, dürfte aber aus dem Gesichtspunkt des Funktionsschutzes zu bejahen sein[90]. § 78, 2 BetrVG ist vor allem für den Schutz der einzelnen BR-Mitglieder selbst von erheblicher praktischer Bedeutung. Hier hat etwa im Blick auf Weisungen bezüglich Versetzungen und auf Zuweisung geringerwertiger Tätigkeit[91] das BetrVG die Funktion einer Ausübungsbeschränkung.

---

[88] Vgl. hierzu schon die Ergebnisse von *Lange* „Direktionsrecht" S. 46 f. und *Greiser* „Direktionsrecht" S. 184; vgl. heute *Hueck/Nipperdey* II 2, S. 1319; *Nickisch* III, S. 294; *Fitting/Auffarth/Kaiser* § 77 Rdn. 4; *Birk* „Leitungsmacht" S. 112 ff. und die Bemerkungen bei *Stein, E.* „Die Wirtschaftsaufsicht" Tübingen 1967, S. 38.

[89] Dazu allgemein oben Abschnitt 1.1.3.

[90] Zum Meinungsstand vgl. *Fitting/Auffarth/Kaiser* § 78 Rdn. 5.

[91] Dies ist jedoch durch die Entwicklung der Rspr. zur Zulässigkeit von Versetzungen (als Strafe) und Zuweisung geringerwertiger Tätigkeit nicht mehr ganz so relevant; vgl. dazu oben in Fn. 18 Zitierten; aus der Rspr. vgl. *LAG Düsseldorf* DB 1961, 1555 und *LAG Berlin* AP 53 Nr. 167 zum Maßregelungsverbot.

1.4. Konsequenz: Notwendigkeit der interdisziplinären Vertiefung des Problemwissens

Die in der Vorüberlegung aufgestellte These, die juristische Abhandlung des Direktionsproblems sei schon vom Ansatz her stark verkürzt, wird in der Analyse der bisherigen rechtswissenschaftlichen Lösungsvorschläge nur bestätigt:

Diese systematisieren einerseits Einzelfälle in Fallgruppen, andererseits thematisieren sie verschiedenste Normen als externe Kontrollgesichtspunkte etwa mißbräuchlicher Ausübung von arbeitgeberischer Direktionsmacht. Die Frage, wodurch diese Macht zur Rechtsposition gerinnt, wird (wie in der Vorbemerkung zur Methode schon kurz ausgeführt wurde) zwar in der Arbeitsrechtsdogmatik heftig diskutiert[92], für die Entwicklung der vorgestellten Lösungsvorschläge aber werden die dazu gefundenen Ergebnisse nicht herangezogen: Die rechtlichen Ergebnisse zur Ausgestaltung und Kontrolle eines Direktionsrechtes werden völlig unabhängig von der rechtlichen Grundlage dieser Machtposition abgeleitet. Dagegen ist zu erinnern, daß etwa im Bereich des öffentlichen Rechts die finale Kontrolle anhand der jeweiligen Ermächtigungsgrundlage als einer der wichtigsten (auch methodischen) Standards eines Rechtsstaats angesehen wird.

Bei herkömmlicher juristischer Behandlung von Direktionsbefugnissen bleibt auch die Analyse der innerbetrieblichen Situation — d. h. insbesondere aller der Bedingungen, Interessen und Konflikte, die die Ausübung von Direktionsbefugnissen im Einzelfall determinieren — als Problem unerkannt und von der Thematisierung ausgeschlossen. Im (einleitend diskutierten) methodologischen Ansatz des traditionellen Rechtsanwendungsdenkens ist dies nur konsequent. Für die Subsumtion kommt als „relevanter" Sachverhalt nur die strittige Einzelanweisung in den Blick. Voraussetzungen im gerade genannten Sinne und Folgen sind weitgehend irrelevant. Auf den verkürzten Sachverhalt wird Recht „angewendet", d. h. er wird unter rechtlichen Gesichtspunkten „geprüft": Die Weisung muß eine rechtliche Grundlage haben (auf Grund der vermeintlichen Sachzwänge: Frage des Anwendungsbereichs des Direktionsrechts bei inhaltlicher Überschneidung mit anderen Regeln zwingenden Rechts) und darf nicht gegen bestimmte allgemeine Grundsätze verstoßen (Frage der externen Kontrollnormen). In letzteren ist auch schon der ganze arbeitsrechtliche Schutzgedanke enthalten, so wie er in Überwindung der Nachteile des klassischen Wirtschaftsliberalismus verstanden wird. Eine genauere

[92] Die im Text angesprochenen Ausführungen in der Vorbemerkung vgl. oben S. 22. Zur Diskussion um das Begründungsproblem der gesamte Teil II; zu den arbeitsrechtlichen Lösungsvorschlägen der Abschnitt 4.

Summe der Lösung des Direktionsproblems, der Ansätze für eine Weiterentwicklung läßt sich fundiert jedoch erst nach Sichtung und Einbeziehung des relevanten sozialwissenschaftlichen Wissens absehen und angeben.

An dieser Stelle soll nur noch die Notwendigkeit derartiger Vertiefung des juristischen Sachwissens und Problembewußtseins gezeigt werden. Schon eingangs war zu sehen, daß in neueren rechtsmethodologischen Analysen die Kritik der traditionellen „Rechtsanwendung" und ihrer Vorstellung subsumtiv verbürgter Richtigkeit den entscheidenden Stellenwert der Integration sozialwissenschaftlichen Wissens für die Rationalität und Legitimation richterlicher Entscheidungsfindung wie rechtswissenschaftlicher Entscheidungsanleitung nachgewiesen hat. War das traditionelle Methodenkonzept schon bezogen auf die „Anwendung" gesetzlich oder vertraglich fixierter Bestimmungen problematisch, so könnte hier auch für eine an diesem Methodenideal orientierte Arbeitsweise das eigene Dilemma offensichtlich sein. Deswegen nämlich, weil eben nur spärliche gesetzliche Bestimmungen und nur äußerst selten einzelarbeitsvertragliche Regelungen anzutreffen sind, weil vielmehr von vornherein ausschließlich Rechtsfortbildung und deren Kritik zur Diskussion stehen. Bezieht man die empirische Basis aus der Kenntnis von Einzelfällen und nicht aus den Ergebnissen vorliegender Analysen innerbetrieblicher Strukturen, so ist es ein kaum lösbares Unterfangen, den Anwendungsbereich des Direktionsrechts festzulegen oder gar Kriterien für eine interne Kontrolle herauszuarbeiten. Aus der Perspektive des Einzelfalles sind zudem Sachzwänge angesichts der komplexen, hocharbeitsteiligen Produktionsveranstaltung noch am ehesten plausibel. So wird verständlich, daß die juristische Diskussion bis heute von der Vorstellung eines durch Sachgesetzlichkeiten diktierten, umfassenden und einseitigen Direktionsrechts ausgeht. Es scheint nur konsequent, das Direktionsrecht (als Ausfluß des Eigentums oder moderner Arbeitsvertragsdogmatik) zur Regel zu erheben und dann nur noch im Sinne von Ausnahmen darüber zu reden, wann ein Vorgehen des Arbeitsgebers nicht in den Anwendungsbereich fällt. Zusammen mit anderen arbeitsrechtlichen Normen entsteht eine Hierarchie rechtlicher Gestaltungsfaktoren des Arbeitsverhältnisses, als deren unterster, konkretester Faktor das Direktionsrecht im Sinne eines Auffangtatbestandes eingebaut wird — für alle die Leitungsakte, die ihre Grundlage nicht auf einer höherliegenden Ebene finden. Das beliebte Schema von Ausnahme (wenn nichts anderes festgelegt ist, ...) und Regel (..., dann ist immer in letzter Instanz einseitig der Arbeitgeber zur rechtlichen Anordnung befugt) verbürgt, daß für jeden Fall auch eine dann bloß noch „anzuwendende" Norm geben ist. Angelpunkt der ganzen juristischen Problemlösung ist so die Annahme, die innerbetriebliche Struktur sei auf Grund der „Sachzwänge arbeitsteiliger Produktionsweise" notwendig eine hierarchische mit festen, von oben nach unten abnehmenden Befugnissen, einseitig die Leistungen der untergeordneten Bereiche zu bestimmen (in der juristischen Dichotomie Arbeitgeber/Arbeitnehmer gesprochen: mit Befugnissen allein des Arbeitgebers). Die gesamte Betriebsstruktur wird damit von den Interessen der Produktionsmitteleigentümer (dem Arbeitgeber) an der Spitze der Betriebshierarchie her gedacht.

Mit der Argumentation auf der Grundlage der „Sachzwänge" verfallen richterliche Konfliktentscheidung und rechtswissenschaftliche Forschung so aber einem Zirkelschluß[93]. Schon durch die methodische Orientierung — so wurde oben festgestellt — wird dieser Zirkel nahegelegt. Dabei wird gleichzeitig auch noch die Möglichkeit verbaut, ihm

[93] Zur Verdeutlichung sei hier noch einmal angemerkt, daß dieser Rekurs auf ‚Sachzwänge' nicht unbedingt auch juristisch unter dieser Bezeichnung erfolgt. *Scheuerle* hat darauf hingewiesen, daß dieser juristisch oft nicht im jeweiligen ‚terminologischen Gewand' (Sachzwang, Natur der Sache, Struktur einer sozialen Institution etc.), sondern in einer allgemeinen Form als ‚Wesens'argument auftaucht (*Scheuerle, W.* „Das Wesen des Wesens" AcP 163 (1964), S. 429 ff. (hier S. 432). So wird der Sachzwang notwendig einseitiger Direktion der Produktionsmitteleigentümer juristisch vergegenständlicht als ‚Wesen des Eigentums' (der Eigentumsordnung) und die Notwendigkeit einseitiger Arbeitgeberdirektion als ‚Wesen des Arbeitsverhältnisses' begegnen. Unterschiede zur Frage nach dem Wesen (Wesensgehalt, Struktur oder Eigengesetzlichkeit) einer sozialen Institution oder einer Rechtsinstitution (dabei mit dem Unterschied, daß hier eine erste wesentliche Wertungskomponente schon in der Vorstellung liegt, die Rechts‚institution' enthalte überhaupt mehr an Rechtsgedanken als das ihr zugrundeliegende positive Recht, das dann als Wesen erschließbar sei; vgl. die allgemeinen Nachweise zu den Protagonisten und Kritikansätzen unten S. 142 Fn. 34) sind methodologisch nicht vorhanden. Es geht immer darum, subjektive Zwecke (politische Zweckbetrachtungen) zu objektiven oder zu zwingend abgeleiteten Entscheidungsdeterminanten umzuformen. So auch die methodologisch heute geläufige Kritik: *Scheuerle* (ebd., S. 430 f.) spricht von „Kryptoargument", das andere Argumente nur verberge. Im Versuch eines Neuansatzes zur Argumentationstheorie (*Struck, G.* „Zur Theorie juristischer Argumentation" Berlin 1977, S. 23) wird angesichts derartiger Argumente als „inhaltliche Aufgabe von Argumentationstheorie" festgestellt „Kriterien zu erarbeiten", die zeigen, daß „Argumente aus dem ‚Wesen' einer Sache derzeitigen Rationalitätsanforderungen nicht entsprechen". *Topitsch* spricht in Übereinstimmung mit *Degenkolbe* (*Degenkolbe, G.* „Über logische Struktur und gesellschaftliche Funktionen von Leerformeln" KZSS 1965, S. 327 ff.) von „essentialistischen Leerformeln" bei denen „jeweils Kombinationen von definitorischen Festsetzungen und vorausgesetzten Wertungen" vorliegen (*Topitsch, E.* „Sprachlogische Probleme der sozialwissenschaftlichen Theoriebildung" in: ders. (Hrsg.) „Logik der Sozialwisesnschaften" Köln 1965, S. 30 f.). *Esser* bezeichnet „das Reden über den Wesensgehalt einer Institution ... weithin als metaphorische Vergegenständlichung einer jeweils neu zu überlegenden Wertung in eine nur scheinbar dogmatisch gesicherte Wertung" durch die man „die Wertung der Diskussion entzieht" (*Esser* „Vorverständnis" S. 131). *Wiethölter* formuliert „das Wesen enthüllt, was jeweils vorher in ihm verhüllt wird, es führt nicht zu Erkenntnis und Verständnis, sondern umschreibt nur die Ergebnisse" (*Wiethölter* „Rechtswissenschaft" S. 211 f. am Beispiel des Wesens der Ehe; allgemein vgl. ebenda S. 32 ff.) usf.

— von der Problematisierung der zur Begründung genannten „Sachzwänge“ her — zu überwinden. Die Erforschung und die Lieferung von Problemwissen dazu ist schon lange Zeit ein Anliegen sozialwissenschaftlicher Forschung. Die Möglichkeit, durch Integration dieses Wissens solche Verkürzungen und Zirkelschlüsse zu überwinden, die Annahmen zu thematisieren und so die Rationalität juristischer Lösungsstrategien zu erhöhen, ist verbaut, solange man — dem traditionellen Methodenideal verpflichtet — unter dem Banner einer besonderen Rationalität juristischer Entscheidung oder -sanleitung sich (gerade unter Abweisung dieser Integration) einen „unpolitischen“ Denk- und Arbeitsansatz erhalten möchte. Dies kann schon deshalb nicht überzeugen, weil grundsätzliche Orientierungen (wie hier an vermeintlichen Sachzwängen) auch für so abgeleitete Lösungsstrategien unverzichtbar sind. Man trifft eine ebenso eindeutige politische Wertung — nur mit der fatalen Konsequenz, daß diese nicht ausgewiesen, sondern so gegen Kritik immunisiert wird und dabei zugleich die Chance zur Überwindung unzureichender Konzeptionen verloren geht[93]. Zu dem Versuch, diesen Zirkel aufzubrechen und dadurch verschüttete Chancen zur Weiterentwicklung erneut zu thematisieren, soll durch die interdisziplinäre Frage nach Ergebnissen und Problemwissen zum Bereich des Direktionsrechts (und dabei dem als Diskussionsgrundlage generell vorausgesetzten Sachzwang) nun ein Beitrag geleistet werden.

2. Das Direktionsproblem in umfassenderer Sicht: Beiträge von Soziologie und Wirtschaftswissenschaften

In der Analyse der juristischen Meinungen wurden die negativen Folgen eines ausschließlich rechtlichen Zugangs zum Direktionsproblem — zumal angesichts der Erhebung postulierter Sachzwänge zur normativen Grundlage — kritisiert und als Lösungsweg die Notwendigkeit aufgezeigt, interdisziplinär vorhandenes und relevantes Problemwissen zur umfassenden Thematisierung aller Determinanten der Direktion arbeitsteiliger Produktionsveranstaltungen einzubeziehen.

2.0. Systematisierende Vorbemerkung

Festhalten läßt sich zunächst, daß der Übergang von der „Eigentümerdirektion" zur „Managerherrschaft" vor allem bei größeren Unternehmen in die juristische Diskussion Eingang gefunden hat. Dieser Übergang war eine in der Mitbestimmungsdebatte häufig beklagte Entwicklung, die nicht zuletzt dank der oben (S. 15 f.) schon angesprochenen betriebssoziologischen Arbeiten hinreichend bekannt geworden ist — diesem Aspekt braucht im folgenden nicht noch einmal gesonderte Beachtung geschenkt werden. Die folgenden Ausführungen können sich damit auf die organisatorischen und inhaltlichen Determinanten der Direktion arbeitsteiliger Produktionsveranstaltung in unserer Gesellschaft konzentrieren.

Zentrales Interesse ist dabei die Beantwortung der Frage, ob sich das — für die juristische Erörterung insgesamt entscheidende — Postulat des Sachzwangs einseitiger arbeitgeberischer Direktion auch als sachnotwendig nachweisen und plausibel begründen läßt. Unter dem *organisatorischen* Gesichtspunkt ist die Debatte um den Sachzwang einer monokratischen Unternehmensverfassung zu führen, d. h. einer Organisationspyramide mit von oben nach unten abnehmenden Weisungsbefugnissen *(Autoritätshierarchie);* unter dem *inhaltlichen* Aspekt geht es um die Sachnotwendigkeit einseitiger Zieldefinition, d. h. Festlegung der jeweiligen Arbeitsinhalte, der Arbeitsbedingungen, des allgemeinen organisatorischen und sozialen Gesamtzusammenhangs *(Unternehmensleitung).* Zur Verdeutlichung soll noch gesagt sein, daß durch diese beiden Aspekte im Sinne der eingangs (oben S. 12 f.) vorgenommenen Begriffsauffächerung nicht etwa verkürzend nur der Bereich einer

Direktion im engeren Sinne, sondern umfassend alle Aspekte des weiten Begriffs von Direktion abgedeckt sind. Dabei ist die Diskussion in Überwindung der nicht realitätsangemessenen juristischen Dichotomie Arbeitgeber/Arbeitnehmer konkreter zu fassen und dadurch erst handhabbar zu machen. Verengend wäre es, etwa in der Folge der Dichotomie Arbeitgeber/Arbeitnehmer nur an das Verhältnis Meister oder Vorarbeiter/Arbeitnehmer zu denken. Relevante Bedingungen für das, was als Weisung auf dieser untersten Ebene letztlich angeordnet wird, werden auf allen Ebenen des Unternehmens gesetzt. Dies beginnt bei den unternehmerischen Grundentscheidungen im „Top-Management" und reicht über diverse Zwischenschritte (des Middle- und Lower-Managements) bis auf die angesprochene unterste Ebene. Auch Weisungskompetenzen bestehen auf allen diesen Ebenen. Daher gilt es, sich die realen Strukturen in diesem ganzen Bereich genauer zu vergegenwärtigen.

Auf der Suche nach empirischen Analysen bieten sich in der Industrie- und Betriebssoziologie zunächst die klassischen Arbeiten aus dem ersten Drittel des 20. Jahrhunderts an. Neuere Arbeiten haben sich vor allem mit einzelnen Aspekten beschäftigt und können durchaus auch für unseren Zusammenhang relevante Ergebnisse vorlegen. Als Grund dafür, daß durchgängige Untersuchungen zur Arbeitsweise der Betriebsleitung bisher nicht versucht worden sind, wird einerseits angeführt, daß sich die Arbeitsprozesse im Management nur sehr schwer empirisch untersuchen lassen und andererseits, daß man sich bei den abgeschlossenen Forschungsprojekten auf die Untersuchung der Möglichkeiten zu Leistungssteigerungen durch Veränderung der vorhandenen betrieblichen Strukturen festgelegt hat.

Als weitere Informationsmöglichkeit bietet sich jener Teil der Betriebswirtschaftslehre an, der versucht, Handlungsanleitungen für die Direktionspraxis anzubieten oder vorhandene Anleitungen auf Verbesserungsmöglichkeiten zu untersuchen. Die daraus resultierenden Strukturierungsvorschläge sollen für unsere Zwecke in vier große Gruppen eingeteilt werden:

- die Empfehlung von Einzelprinzipien für das Management
- umfassende Führungsmodelle
- die in der arbeitsorientierten Einzelwirtschaftslehre (AOEWL) enthaltene Führungskonzeption
- und zuletzt die nicht systematisch einzuordnenden Diskussionen um organisatorische Prinzipien und verschiedene Führungsstile.

Für die hier interessierenden Fragen der Notwendigkeit einer Autoritätshierarchie und einer bestimmten Orientierung der Unternehmensleitung sind wichtige Gesichtspunkte in der Diskussion um Methode und Ansatz einer Betriebswirtschaftslehre aufgetaucht. Im letzten

Jahrzehnt hat diese Debatte mit sehr kontroversen Beiträgen wieder verstärkt stattgefunden, nachdem die sog. klassische oder traditionelle Betriebswirtschaftslehre ins Kreuzfeuer der Kritik geraten und zunehmend obsolet geworden ist[1]. Die Grenzen der traditionellen BWL wurden überschritten, weil diese einerseits „nicht das Aushandeln von ‚befriedigenden' Lösungen erklären, sondern ‚objektive' Lösungen anbieten" wollte, und andererseits die „Interessenlage der Organisationsmitglieder dabei nicht hinreichend ins Kalkül gezogen" wurde[2]. Ausgehend von dieser Kritik entwickelte Edmund Heinen eine „entscheidungsorientierte Betriebswirtschaftslehre" und deren Wissenschaftsprogramm[3]. Aus gewerkschaftlicher Sicht wurde die traditionelle Betriebswirtschaftslehre als „kapitalorierentiert"[4] kritisiert, und es wurden „arbeitsorientierte" Alternativen entwickelt. Weitere kritische Stimmen meldeten sich vom Standpunkt der kritischen Theorie[5];

[1] Zur historischen Einordnung finden sich interessante Stichworte wie etwa ‚weltweite Ideologisierung', ‚Auswirkungen der Studentenbewegung' etc. mit entsprechenden Literaturhinweisen bei: *Loitlsberger, E.* „Metaökonomische Wertvorstellungen und Rechtsordnungen als Determinanten betriebswirtschaftlicher Theorie" in: Kortzfleisch, G. v. (Hrsg.) „Wissenschaftsprogramm und Ausbildungsziele der BWL" Tagungsbericht des Verbandes der Hochschullehrer für BWL e. V. in St. Gallen 2. - 5. 6. 1971, Bd. I, Berlin 1971, S. 79 ff. (hier S. 79, 80 u. 99); vgl. dazu auch die Hinweise bei *Wild, J.* „Management-Konzeption und Unternehmensverfassung" in: Schmidt, R.-B. (Hrsg.) „Probleme der Unternehmensverfassung" Festschrift für M. Lohmann, Tübingen 1971, S. 57 ff. (hier Fn. 1 u. 2) und *ders.* „Management-Prozesse" Datascope 1971 (Heft 4), S. 1 ff.

[2] *Heinen, E.* „Neue Denkansätze in der BWL" in: Molitor, R. (Hrsg.) „Kontaktstudium Ökonomie-Gesellschaft" Frankfurt 1972, S. 45 ff. (hier S. 46); gerade Heinen war es auch, der schon Anfang der 60er Jahre die Aufgabe einer empirischen und theoretischen Zielforschung eindringlich ins Bewußtsein rückte; vgl. *Heinen, E.* „Die Zielfunktion der Unternehmung" in: Koch, H. (Hrsg.) „Zur Theorie der Unternehmung" Festschrift für E. Gutenberg, Wiesbaden 1962, S. 9 ff.

[3] Vgl. etwa *Heinen, E.* „Der entscheidungsorientierte Ansatz in der BWL" ZfB 1971, S. 429 ff.; *ders.* „Zum Wissenschaftsprogramm der entscheidungsorientierten BWL" ZfB 1969, S. 207 ff.

[4] So schon der Titel „Arbeitsorientierte Einzelwirtschaftslehre kontra kapitalorientierte BWL" des Forums des Wirtschafts- und sozialwissenschaftlichen Instituts (WSI-Forum) des DGB am 6. u. 7. Juni 1973; vgl. hierzu die Sammlung der Referate und Diskussionsbeiträge in: *WSI-Studien* Nr. 24, Köln 1973 u. die einzelnen Beiträge in dem Reader: *Koubek, N./Küller, H. D./Scheibe-Lange, I.* (Hrsg.) „Betriebswirtschaftliche Probleme der Mitbestimmung" Frankfurt 1974. Dabei wird jedoch der entscheidungsorientierte Ansatz nicht völlig verworfen, auch die vom WSI entwickelte AOEWL basiert nach dem Selbstverständnis der Autoren noch auf dem entscheidungsorientierten Ansatz, vgl. etwa *WSI-Projektgruppe* (Hrsg.). „Grundelemente einer arbeitsorientierten Einzelwirtschaftslehre" *WSI-Studien* Nr. 23, Köln 1974, S. 34 ff.

[5] *Habermas, J.* „Zur Logik der Sozialwissenschaften" Frankfurt 1970, S. 134 - 137; *ders.* „Dogmatismus, Vernunft und Entscheidung — zur Theorie und Praxis in der verwissenschaftlichten Zivilisation" in: Habermas „Theorie und Praxis — sozialphilosophische Studien" Frankfurt 1963, S. 307 ff.; *Kappler, E.* „Brauchen wir eine neue BWL" in: Koubek „Mitbestimmung" S. 16 ff.

hinzu kamen Autoren mit marxistischem Selbstverständnis, die die traditionelle Betriebswirtschaftslehre als reine Unternehmerwissenschaft, als Instrumentenkasten für die Profitmaximierung brandmarkten[6].

Die einzelnen Strukturierungskonzeptionen sollen, jeweils mit Hinweisen auf ihre praktische Relevanz, im folgenden dargestellt und, unter Identifizierung des jeweils zugrundeliegenden Verständnisses von Betriebswirtschaftslehre, auf ihren Beitrag zur die Gestaltung des gesamten Produktionsprozesses untersucht werden.

2.1. „Scientific management" und „Human relations" — Ausgangspunkte der Betriebssoziologie

Historischer Anknüpfungspunkt für die Beschäftigung mit der Struktur von Industriebetrieben sind sowohl für die Betriebssoziologie (Frage nach der tatsächlichen) als auch für die Betriebswirtschaftslehre (Frage nach der optimalen Ausgestaltung, dem optimalen Management) die Überlegungen *Frederik Winslow Taylors* zum scientific management (wissenschaftliche Betriebsführung) und die Ergebnisse des *Hawthorne-Experiments* (1927 - 1932 in den Hawthorne-Werken der Western Electric Company) — also der später sog. „human relations"-Bewegung[7].

2.1.1. Zum Begriff: Management

Vorab jedoch kurz zum Begriff „Management": Dies ist heute ein vielschichtiger Begriff. Einen klar umrissenen Bedeutungsgehalt hat er

---

und die Dissertation von *Reichwald, R.* „Die menschliche Arbeit in der betriebswirtschaftlichen Produktionstheorie — Eine methodologische Betrachtung" Diss. München 1973.

[6] Vgl. *Hundt, S./Liebau, E.* „Zum Verhältnis von Theorie und Praxis, gegen ein beschränktes Selbstverständnis der BWL als ‚Unternehmerwissenschaft' " in: Dlugos, G. u. a. (Hrsg.) „Wissenschaftstheorie u. BWL — Eine methodische Kontroverse" Düsseldorf 1972, S. 221 ff.; die Arbeiten von *Schwiering, D.*: Referat mit *Zerdick, A.* auf dem *WSI-Forum* „Einzelwirtschaftliche Investitionsentscheidung u. gesellschaftliche Interessen" WSI-Studien Nr. 24, S. 147 ff. und der Beitrag mit *Kaminski, U.* „Brauchen wir eine neue BWL" in: Koubek „Mitbestimmung" S. 204 ff. sowie die Beiträge in der Zeitschrift „mehrwert" von: *Heiligenstadt, L. u. a.* „Einzelwirtschaftliche Grundbegriffe und -beziehungen — Zur Kritik der BWL" Teil I: Die Produktion, mehrwert 3 (1973), S. 1 - 280, *Ortmann, G.* „Zum Theoriestatus der BWL" mehrwert 9 (1975), S. 41 ff.; *Arndt, H./Famulla, G.* „Die Leitung des kapitalistischen Produktionsprozesses" mehrwert 9 (1975), S. 63 ff.; *Ortmann, G.* „Unternehmensziele als Ideologie — zur Kritik betriebswirtschaftlicher und organisationstheoretischer Entwürfe einer Theorie der Unternehmensziele" Köln 1976.

[7] Zu vereinzelten früheren Ansätzen (etwa ab 1675, dann ab dem 18. Jh. der Physiokraten) vgl. die Hinweise bei *Kemmetmüller, W.* „Führungsmodelle und Betriebsgrößen" Berlin 1974, S. 16.

trotz vieler Versuche zu seiner präzisen Ausfüllung nicht gewonnen[8]. Es bietet sich an, einige Schwerpunkte einfach nebeneinanderzustellen, um so das Spektrum dieses schillernden Begriffs etwas aufzuhellen.

Zwei große Linien lassen sich zunächst unterscheiden: einerseits eine eher „personalistische" Auffassung von Management, andererseits die Betrachtung unter sach- oder aufgabenbezogenen Gesichtspunkten. Differenziert man noch einen Schritt weiter, so gehört zur ersten Auffassung die Beschreibung jener Stellen innerhalb der Organisation Unternehmung, die Führungsaufgaben wahrnehmen[9], die Frage der „Geeignetheit" der Personen selbst, die diese Stellen besetzen, sowie ihrer Arbeitsvoraussetzungen und -bedingungen[10]. Bei der oben als eher sachbezogenen bezeichneten Akzentuierung läßt sich wiederum unterscheiden zwischen einer Richtung, die unter „Management" mehr die Beschreibung der Aufgabenstellung erfaßt[11] und eine andere, die sich stärker auf die Beschreibung der eingesetzten Mittel, die sog. Management-Techniken, konzentriert. Dies ist auch genau der Aspekt, der im Rahmen unseres Themas weiterzuverfolgen sein wird. Wie wir sehen werden, war dies auch das besondere Anliegen Taylors.

2.1.2. Taylors scientific management

Taylor selbst war als Ingenieur in verschiedenen Unternehmen tätig. Daraus erklärt sich wohl die mechanistische Komponente seiner „wissenschaftlichen Betriebsführung". Er hat bei seiner Tätigkeit verschiedenste Experimente angestellt und daraus die Grundsätze seines Konzepts entwickelt und laufend verfeinert. Taylors „Doktrin"[12] war,

[8] Vgl. neuerdings statt aller die präzisen und klaren Ausführungen von *Bessai, B.* „Eine Analyse des Begriffs Management in der deutschsprachigen betriebswirtschaftlichen Literatur" ZfbF 1974, S. 363 ff., der diesem Ziel wohl ein ganzes Stück nähergekommen ist.

[9] Vgl. etwa *Grochla, E.* „Unternehmensorganisation" Reinbek b. Hamburg 1972, S. 178 ff.; *Illetschko, L. L.* Stichwort „Management" HdO, Sp. 951 ff. (hier Sp. 951) und am weitestgehenden wohl *Kosiol, E.* „Die Unternehmung als wirtschaftliches Aktionszentrum" Reinbek b. Hamb. 1966 S. 159 f.

[10] Diesem Aspekt wird vor allem von den Unternehmungsberatungsinstituten sehr ausführliche Beachtung zuteil, vgl. bes. prägnant *Chorafos, N.* „Führungskräfte im Betrieb — Planung, Einsatz, Entwicklung" Berlin/New York 1974 (mit dem Schwerpunkt Management-Nachwuchs in Kap. 4, S. 83 ff.); die Literatur ufert aus bis zur Behandlung von Themen wie „Aufgaben- und Berufsbild des Unternehmers im Wandel der Zeit" *Schmidt, E.*, IO 1971, S. 92 ff. und *Gubser, F.* „Sind Führungseigenschaften graphologisch faßbar?" IO 1972, S. 147 ff.

[11] Typisch ist die Herausbildung von Aufgabenkatalogen, etwa Setzen von Zielen, Organisieren, Motivieren, Maßstäbe Setzen und Fördern von Mitarbeitern; vgl. bei *Drucker, P. F.* „Die Praxis des Managements" München/Zürich 1970, S. 359 f. Zu dieser Richtung gehört auch *Beer, St.* „Kybernetik und Management" Hamburg 1963.

[12] So die Bezeichnung von *André Héron* „Der Taylorismus — Grundsätze,

daß das Ziel des Menschen materieller Wohlstand sei, leider aber viele die Eigenschaft hätten, im Betrieb zu bummeln, „sich zu drücken“[13]. Da nun nach Taylors Ansicht Wohlstand nur als Folge von hoher Produktivität zu erreichen ist, ergibt sich als Aufgabe der Betriebsführung, in enger Zusammenarbeit mit dem Arbeiter eine maximale Produktivität zu erreichen. Dies soll durch eine strikte Trennung zwischen der Betriebsführung, die plant, organisiert und anweist, und dem Arbeiter, der gehorcht, geschehen[14]. Hierfür wird zuerst jeder einzelne Arbeitsschritt detailliert analysiert und eine „wissenschaftliche“ Verrichtungsart unter Weglassung aller überflüssigen Handgriffe festgelegt. Taylor gibt genaue Empfehlungen für die Konstruktion von Arbeitsplätzen (Höhe, Platz des Werkzeugs etc.). Dann sind die fähigsten Arbeiter für die Arbeit herauszusuchen und weiter auszubilden; Taylor unterscheidet hier zwischen Arbeitern der (gegeignetsten) ersten Kategorie und solchen der zweiten (Faulenzer und Schwächlinge)[15]. Erst dann, in einem dritten Schritt, wird die optimale Arbeitsgeschwindigkeit mit Hilfe einer Stoppuhr festgelegt. Die Resultate dieser Vorbereitung durch die Betriebsführung konkretisieren sich in der Anweisung an den Arbeiter, der ihr unbedingt zu gehorchen hat. Taylor legt Wert auf ein herzliches Einvernehmen zwischen Betriebsführung und Arbeiter: die Abnahme dieser strikten Anweisungen wird durch ein Stücklohnsystem erkauft, das im Niveau merklich höher liegen soll als das übliche Lohnniveau, sodaß — die Taylorsche Doktrin unterstellt — ein derartiges Einvernehmen dann auch konsequent zu vermuten ist.

Die Grundgedanken Taylors haben später weite Verbreitung gefunden. Seine Überlegungen zur Trennung von Planung, Organisation und ausführender Arbeit, zur Anweisungsbefugnis bzw. zum strikten Befolgungszwang sowie zur Konstruktion der einzelnen Arbeitsplätze waren die entscheidende Voraussetzung für die „Erfindung“ des Fließbands durch Ford (1912) als höchste Stufe der Arbeitsteilung. Die Fortführung seiner Bewegungsstudien durch Gilbreth[16] und sein Stück-

Methoden, Doktrin“ in: „Arbeitsorganisation, Ende des Taylorismus“ Kursbuch Nr. 43 (1976), S. 6.

[13] *Taylor, F. W.* „Grundsätze wissenschaftlicher Betriebsführung“ München/Berlin 1913, S. 18; seine mechanistische Auffassung sah den Arbeiter als reinen „homo oeconomicus“, dies wurde später Gegenstand heftiger Kritik am Taylorismus (etwa in der Human-relations-Bewegung). Zur Frage der Arbeitsmotivation in einer modernen Darstellung vgl. etwa *Rosenstiel, L. v.* „Motivation im Betrieb“ 3. Aufl., München 1974, S. 41 ff. und 44 f. bzw. die wohl in der BWL weithin verarbeiteten Ausführungen von *Maslow, A. H.* „Motivation and personality“ New York 1954.

[14] Vgl. zu den Auswirkungen *Friedmann* „Arbeitsteilung“ S. 6 ff.

[15] Vgl. *Taylor* „Grundsätze“ S. 64.

[16] *Gilbreth, F. B.* „Bewegungsstudien“ Berlin 1927; weitere Hinweise bei *Kemmetmüller* „Führungsmodelle“ S. 18.

lohnsystem waren Voraussetzung für spätere Entlohnungssysteme wie das Bedaux-System und die gesamte REFA-Bewegung. Gehalten hat sich bis heute auch das Bekenntnis zur individuellen Arbeit unter weitestgehender Ablehnung von Teams, das sich schon bei Taylor findet[17]. Verstärkt wurde die Wirkung Taylors durch die Ergebnisse und Konsequenzen der Studien Henri Fayols. Dabei ist hier nicht so sehr das — mit diesem Namen vor allem verbundene — Fayolsche Gesetz[18] angesprochen, sondern die Entwicklung einer funktionellen Betriebsführungslehre mit der Unterscheidung einzelner Grundfunktionen (technische, finanzwirtschaftliche, kommerzielle etc. Vorgänge) und der Aufstellung von 14 Verwaltungsgrundsätzen[19], von denen Arbeitsteilung, Disziplin, Einheit der Auftragserteilung und Einheit der Leitung heute wieder Gegenstand der Diskussion sind, nachdem sie lange Zeit unumstritten waren und nun in Konzepten wie dem project- oder matrix-Management erstmals teilweise durchbrochen werden.

2.1.3. Die Human-relations-Bewegung

Der zweite historische Ausgangspunkt dieser Wissenschaftszweige ist verbunden mit dem Stichwort „Hawthorne-Experiment". Diese Experimente wurden von *Elton Mayo*[20] durchgeführt und wiesen als wesentlichstes Ergebnis im Gegensatz zur „wissenschaftlichen Betriebsführung" mit der Auffassung, daß Arbeiter nur materiell-egoistisch motiviert seien, nach, daß soziale Motive und informelle Gruppenstrukturen wesentliche Antriebsfaktoren für die Leistung der jeweiligen Arbeitskräfte darstellen. Die Ergebnisse und die Methoden dieses Experiments blieben nicht unwidersprochen: Gerügt wurde insbeson-

---

[17] Begründet ist dies aus seiner Doktrin des „Sich-Drückenwollens"; zu den weiteren Ausweitungen des Taylorismus vgl. die einzelnen Beiträge in Kursbuch Nr. 43, insbesondere *Héron* „Taylorismus" S. 9 ff.; die Darstellung in *Burisch, W.* „Industrie- und Betriebssoziologie" 6. Aufl., Berlin 1971, S. 34 ff. und *Peter, G.* „Modernes Management" Teil I, Blätter für deutsche und internationale Politik 1971, S. 816 ff.

[18] Fayol wandte sich gegen die Auffassung, die Befähigung zur Betriebsführung sei nur durch Praxis zu erwerben und betonte die Erlernbarkeit durch Schulung. Dieses sog. Fayolsche Gesetz wurde damit erster Ausgangspunkt der Rechtfertigung aller modernen Management-Schulung; vgl. *Fayol, H.* „Allgemeine und industrielle Verwaltung" München/Berlin 1929, S. 15; den heutigen Stand der Management-Schulung zeigt nur etwa das Buch von *Chorafas* „Führungskräfte" a. a. O. (Ch. ist Leiter eines international renommierten Unternehmensberatungsinstituts).

[19] *Fayol* „Verwaltung" S. 18 ff.

[20] *Mayo* hat die Ergebnisse seiner Untersuchungen später ausführlich dokumentiert, vgl. *Mayo, E.* „The Human Problems of an Industrial Civilization" Boston 1933 (2. Aufl. 1946) und *ders.* „The Social Problems of an Industrial Civilization" London 1946 (dtsch: Probleme industrieller Arbeitsbedingungen, Frankfurt am Main 1950); daneben *Roethlisberger, F. J.* und *Dickson, W. J.* „Management and the Worker" Cambridge/Mass. 1939 (2. Aufl. 1950).

dere die Theorielosigkeit, das unsystematische massenhafte Sammeln von Beobachtungen, die Nichtberücksichtigung der konjunkturellen Situation (obwohl dann sogar die Wirtschaftskrise in den USA zum Abbruch der Experimente führte) etc.[21]. Die rein soziologische Betrachtungsweise der human-relations-Bewegung sowie die Bemühung um die Erforschung der sozialen Probleme von Industriebetrieben (im Gegensatz zur Betrachtung des Menschen als Produktionsfaktor) hat jedoch einen für fast jede Beschäftigung mit Fragen der Betriebsführung und einen besonders für die Entwicklung von Managementlehren und -einzelprinzipien wichtigen Bereich aufgezeigt[22] — dadurch erheblich zur Relativierung der rigiden Doktrin Taylors beigetragen.

2.1.4. Relevante Ergebnisse der Betriebssoziologie

Die Betriebssoziologie hat sich im Anschluß an die human-relations-Bewegung stark mit dem Begriffspaar formale/informelle Struktur (Organisation) beschäftigt. Als Ergebnis läßt sich dazu zusammenfassen: Die *informelle* Struktur kann geplant zur Erreichung möglichst hoher Leistungsbereitschaft eingesetzt, sie kann beeinflußt und gesteuert werden; auftretende Konflikte können ohne formale Regelungen beigelegt oder zumindest bearbeitet werden[23]. Im übrigen wurde der Erkenntniswert dieser Unterscheidung für die Betriebssoziologie sehr stark angezweifelt: Im informellen Bereich überlagerten sich psychologische und soziologische Dimensionen[24]; es handle sich dabei um Strukturen, die entstehen, „weil die Mitglieder des Betriebs typisch soziale Wesen sind“ und sich als solche durch ihre Herkunft, Sitte Wünsche und Erwartungen mitbestimmt verhalten[25]. Daneben werden mit der Kategorie der informellen Organisation vielfach Probleme der objektiven Betriebsstruktur, Mißstände der Organisation und ihrer technischen Entwicklung, die aus dem betrieblichen Interessengegensatz zu begreifen wären, personalisiert, d. h. als subjektives Unbehagen auf die Ebene zwischenmenschlicher Beziehungen abgeschoben und damit faktisch legitimiert[26]. In der *formalen* Organisation unter-

[21] Eine Übersicht über die Einwände gibt *Landsberger, A. H.* „Hawthorne Revisited“ London 1958.

[22] Ausführlich dazu *Kolbinger, J.* Stichwort „Human Relations“ HdO, Sp. 697 ff. und *Burisch* „Betriebssoziologie“ S. 44 ff.

[23] *Barnard, Ch. I.* „The Functions of the Executive“ 17. Auflage dtsch.: „Die Führung großer Organisationen“ Essen 1970, S. 67 ff.; *Blau, P. M./Scott, W. R.* „Formal Organizations“ San Francisco 1962, S. 1, 6 ff.; zur Kritik des Begriffs der formalen Organisation (Menschen seien weder in der Lage noch wollten sie sich ausschließlich rational verhalten) vgl. *Luhmann, N.* „Funktionen und Folgen formaler Organisation“ Berlin 1964, S. 29, 33 ff.

[24] So vor allem *Irle, M.* „Soziale Systeme“ Göttingen 1963, S. 79 ff.

[25] Vgl. *Mayntz, R.* „Die soziale Organisation des Industriebetriebs“ Stuttgart 1958, S. 43.

scheiden die Betriebssoziologen herkömmlich die (funktional gedachte) Arbeitsteilung und den Aspekt der innerbetrieblichen Hierarchie, die Über- und Unterordnung. Dabei haben die einzelnen Mitglieder der Autoritätshierarchie unterschiedliche Kompetenzen. Die Entscheidungen über Zielsetzung, Leistungsanforderung und Kontrollmechanismus fallen durch die Mitglieder der Spitze dieser Hierarchie. Die Machtmittel sind variabel (materielle wie symbolische Belohnungen bzw. Bestrafung durch deren Nichtgewährung oder Entzug) und werden von den Inhabern der jeweiligen Machtpositionen manipuliert. Das Herrschaftssystem wird im allgemeinen von den Mitgliedern der Organisationen akzeptiert und respektiert[27]. Gegen die Kennzeichnung als Herrschaftssystem haben sich einige Betriebssoziologen gewandt[28], denen es dabei jedoch vorwiegend um den Begriff der Herrschaft geht; auch bei ihnen finden sich Aussagen wie: Alle wirtschaftlichen Unternehmen kennen eine grundsätzliche, soziale Beziehung zwischen Unternehmern, die Herrschaft ausüben und den Arbeitern, die gehorchen[29]. Die faktischen Abhängigkeitsverhältnisse hat Etzioni besonders betont. Er zeigt, daß die Organisation die Verwendung von Mittel nur bei Übereinstimmung der Normen mit der Organisation selbst zuläßt und den Mitgliedern so die Alternative bleibt, diese Normen anzuerkennen (und somit die Herrschaftsstruktur) oder ganz auszuscheiden[30].

Die für unseren Zusammenhang wichtigen Fragen, wie nun jeweils die Entscheidungen durch das Management getroffen werden und ihre Realisierung gesichert wird, ist der empirischen Forschung durch Betriebssoziologen kaum zugänglich gewesen[31]. Schon aus diesem Grund sollen dazu unten gleich die Vorstellungen der Betriebswirtschaftslehre zur optimalen Gestaltung dieser Arbeitsbereiche herangezogen werden. Ergebnisse liegen am ehesten zur Effektivität des Führungsstils im mittleren und lower management (Meister etc.) vor. So wurde

---

26 So auch *Schumm-Garling, U.* „Herrschaft in der industriellen Arbeitsorganisation“ Frankfurt 1972, S. 59 f.

27 Vgl. *Blau, P. M.* „Bureaucracy in Modern Society“ New York 1956, S. 71; zum ganzen vgl. *Dahrendorf, R.* „Soziale Klassen und Klassenkonflikt in der industriellen Gesellschaft“ Stuttgart 1957, S. 215 ff.

28 So vor allem *Müller, F. H.* „Soziale Theorie des Betriebs“ Berlin 1952, S. 171.

29 *Bendix, R.* „Work and Authority in Industry“ S. 13; ebenso *Müller* „Soziale Theorie“ S. 173; ähnlich auch *Schelsky, H.* „Auf der Suche nach der Wirklichkeit“ Düsseldorf/Köln 1965, S. 457 ff. (der jedoch diese Herrschaft zunehmend von der Sachdisziplin, der ratio der Apparate und Maschinen zurückgedrängt sieht; die faktische Abhängigkeit bleibt auch für ihn nicht zweifelhaft, lediglich personale Herrschaft scheint ihm obsolet geworden).

30 Vgl. *Etzioni, A.* „Modern Organizations“ Englewood Cliffs/New Jersey 1965.

31 Zu den Gründen vgl. etwa bei *Pross, H.* „Mitbestimmung und Privateigentum“ in: dies. „Kapitalismus“ S. 48.

festgestellt, daß mit der Betonung von Macht und Herrschaft, also der Abhängigkeit der Arbeiter, die Effizienz der Organisation sinkt[32]. Einen Stilwandel im Anschluß an die Vorschläge, die informelle Autorität stärker zur Steuerung einzusetzen und die jeweiligen Führungsstile entsprechend anzupassen, dokumentieren auch die Untersuchungen über die Arbeitszufriedenheit[33]. Dabei ist jedoch der Hinweis *von Friedeburgs* zu berücksichtigen, daß technischer oder organisatorischer Fortschritt ebenfalls zunehmend personalen Druck überflüssig machen kann[34]. Empirische Befunde haben weiter gezeigt, daß Arbeiter kaum Kenntnisse über Organisationsstruktur, Kompetenzverteilung und Vorgesetztenfunktionen der Hierarchie oberhalb ihrer unmittelbaren Vorgesetzten haben; der Arbeiter „ist nicht Teil, sondern Objekt dieser Hierarchie“[35].

Zusammenfassend wird als Ergebnis der einzelnen Studien durchgängig betont, daß die realen Bedingungen des Arbeitsprozesses und der betrieblichen Herrschaftsstrukturen sich auf die Arbeitsbereitschaft auswirken. Die Beteiligung am Entscheidungsprozeß, Kenntnis des gesamten Produktionsablaufs, Autonomie am Arbeitsplatz und die Aktivierung vorhandener Fähigkeiten tragen wesentlich zur Arbeitsbereitschaft und damit zur Produktionssteigerung bei. Die Betonung von Herrschaft und Weisungsabhängigkeit sowie Unkenntnis des gesamten Arbeitszusammenhangs hingegen führen zu deren Absinken. Als generelles Manko der betriebssoziologischen Forschung fällt auf, daß sie ihren Gegenstand allein aus der Perspektive des Funktionszusammenhangs des Betriebes — und damit der Produktivitätserhöhung — begreift, ohne die objektiven Herrschaftsdeterminanten (Arbeiter verfügen weder über Produktionsmittel, -ziele, Arbeitsorganisation noch über die Produkte etc.) oder die subjektiven Bedürfnisdispositionen und das Verhalten der Arbeitnehmer angemessen zu berücksichtigen[36]. Solange aber die konkreten historischen Bedingungen der Industrie-

---

[32] *Blau/Scott* „Organization“ S. 143; *Kern, H./Schumann, M.* „Industriearbeit und Arbeiterbewußtsein“ 3. Aufl. Frankfurt 1974; eingehend *Hondrich, K. O.* „Demokratisierung und Leistungsgesellschaft“ Stuttgart 1972 m. w. N.

[33] Zu den Führungsstilen ausführlich unten Abschnitt 2.6.2.; die im Text angesprochenen Ergebnisse finden sich bei *Pirker, Th./Braun, S./Lutz, B./Hammelrath, F.* „Arbeiter, Management, Mitbestimmung“ Stuttgart und Düsseldorf 1955, S. 320; ähnlich *Steiner, H.* „Soziale Strukturveränderung im modernen Kapitalismus“ Berlin 1966.

[34] Vgl. *Friedeburg, L. von* „Soziologie des Betriebsklimas — Studien zur Bedeutung empirischer Untersuchungen im industriellen Großbetrieb“ Frankfurt 1963.

[35] Vgl. *Popitz, H./Bahrdt, H./Jüres, E./Kesting, H.* „Das Gesellschaftsbild des Arbeiters — soziologische Untersuchungen in der Hüttenindustrie“ Tübingen 1956, S. 243.

[36] Zu den negativen Auswirkungen insbesondere auf die Konstruktion von Techniken des Managements vgl. unten Abschn. 2.2.3.2.

arbeit vernachlässigt werden, bleiben die Ergebnisse der einzelnen Studien nur mangelhaft interpretierbar. Es wird lediglich „der repressive Charakter der Arbeit unter dem Aspekt der Leistungssteigerung reproduziert“[37].

2.2. Autoritätshierarchie und Unternehmensleitung aus der Sicht der betriebswirtschaftlichen Management-Techniken

Gerade zu dem hier interessierenden Bereich der Mittel der Unternehmensführung — eine der oben beschriebenen Dimensionen von Management — haben sich in der weiteren historischen Entwicklung einzelne Prinzipien herausgeschält. Insbesondere seit der Wiederaufbauphase nach dem Zweiten Weltkrieg wurden immer stärker sog. „management-by“-Prinzipien diskutiert. Im Lauf dieser Debatte erschienen immer mehr so firmierende Regeln zur optimalen Betriebssteuerung, so daß etwa Koontz 1971 von „Management Theory Jungle“[38] sprach. Alle diese Prinzipien hier kritisch darzustellen, wäre unfruchtbar. Hier sollen Aspekte der am häufigsten praktizierten Prinzipien MbE (Management by Exception), MbD (Delegation), MbO (Objectives) und MbM (Motivation) mit ihren Überschneidungen in der Praxis kurz behandelt werden[39], um dann — gemeinsam mit der Kritik des dabei gewählten betriebswirtschaftlichen Theorieansatzes — die Einschätzung von Leitung und Autoritätshierarchie zu verdeutlichen.

2.2.1. Einzelne Managementprinzipien

2.2.1.1. Management by Exception (MbE)

MbE umschreibt das Prinzip der Führung durch Kontrolle von Abweichungen bzw. durch steuernden Eingriff bei Ausnahmefällen[40].

---

[37] *Schumm-Garling* „Herrschaft“ S. 96; Ansätze zu einem alternativen Konzept bei *Gülden, K./Vilmar, F.* „Industrielle Arbeitswelt — Grundriß einer kritischen Betriebssoziologie“ Nürnberg 1974; *Littek, W.* „Industriearbeit und Gesellschaftsstruktur“ Frankfurt 1973.

[38] Vgl. *Koontz, H.* „The Management Theory Jungle“ in: Hutchinson, J. G. (Hrsg.) „Readings in Management-Strategy and Tactics“ New York 1971, S. 3 ff. und *ders./O'Connel, C.* „Principles of Management“ New York/London/Toronto 1972; ähnlich die Kritik von *Wild, J.* „Unterentwickeltes Management by ... — Management-Wissen“ Manager-Magazin 1972 (Heft 10), S. 60 ff.

[39] Fast zu allen diesen Einzelprinzipien existieren umfangreiche Monographien. Einen guten Überblick zur Orientierung verschaffen vor allem *Schinnerer, K.* „Grundsätze der Führung industrieller Unternehmen, deren Entwicklung und Darstellung in Management-Techniken und Führungsmodellen“ Diss. HS für Welthandel, Wien 1970, S. 85 - 135 und (allerdings sehr knapp) *Wild, J.* „Unterentwickeltes Management“ Manager-Magazin 1972 (Heft 10), S. 60 ff.

[40] Vertreter ist etwa *Bittel, L. R.* „Management by Exception — Systemazing and Simplifying the Managerial Job“ New York/San Francisco 1964.

Ausgangspunkt dieses Prinzips ist der Gedanke, daß Führungskräfte nicht mit Routineangelegenheiten überlastet werden sollen und daß die Erhöhung des Selbständigkeitsgrades eine stärkere Integration der Ausführenden bewirkt. Da in Unternehmen immer Störungsfälle und Situationen auftauchen, die einer individuellen Lösung bedürfen, soll MbE als Richtschnur der Delegation dafür sorgen, daß diese nicht vorher festlegbaren Aufgaben von einer Führungskraft erledigt, die Routineangelegenheiten aber, die nicht unbedingt dem Manager überlassen bleiben müssen, delegiert und durch den Ausführenden selbst entschieden werden.

Schwierigkeiten bei der Anwendung von MbE ergeben sich für die Festlegung der Toleranzen, also des Ermessensspielraums, innerhalb dessen selbständig entschieden wird und bei dessen Überschreitung die nächsthöhere Leitungsinstanz einzuschalten ist. MbE und seine Wirksamkeit ist direkt abhängig von der Definition dieser Parameter sowie der Kontrolle ihrer Einhaltungen durch die ausführenden Organe.

Auf eine Auswirkung von MbE, die nicht nur ein Problem, sondern einen „regelrechten Nachteil" darstelle, weist insbesondere *Grochla*[41] hin: Die Informationsbeziehungen in der Hierarchie der Unternehmung werden bei Anwendung von MbE so gestaltet, daß eine spezielle Auswahl unter den an übergeordnete Stellen zu meldenden Ergebnissen getroffen wird. Ihr zufolge sollen nur noch diejenigen Situationen gemeldet werden, die eine Überschreitung der Toleranzschranken bedeuteten. Dies beinhaltet, daß im wesentlichen Mißerfolge zu berichten sind und in der Folge eine Konzentration der Unternehmensleitung auf Anpassung oder Behebung der Störgrößen erfolgt. Problematisch ist dies einerseits im Hinblick auf die Meldung von Innovationsmöglichkeiten[42] wie ebenso in bezug auf die Verschlechterung der Motivation der Mitarbeiter[43]. MbE ist also als einzig angewandtes Prinzip nicht immer effektiv, es wird daher meist im Zusammenhang mit anderen Strukturierungskonzeptionen angewandt (MbO). Jedoch zeigt sich schnell, daß allgemein Verbindungsmöglichkeiten recht eindeutige Grenzen gezogen sind, denn von der Organisationsstruktur her verlangt MbE eine stark hierarchisch gegliederte Organisationsstruktur

---

[41] *Grochla* „Unternehmensorganisation" S. 230; ähnlich *Frese, E.* Stichwort „Management by Exception" HdO, Sp. 956 ff.

[42] Zur immensen Bedeutung dieses Aspekts vgl. neuerdings *Hinterhuber, H.* „Innovationsdynamik und Unternehmensführung" Wien/New York 1975, S. 104 ff. und S. 192 ff. (hier insbesondere der Abschnitt S. 201 f. zu den Grundsätzen eines innovationsorientierten Berichtssystems).

[43] *Grochla* ebenda; *Grochla* bezieht sich hier auf die Ergebnisse einer bekannten Studie zur Steuerung durch Budgets von *Abraham Charnes* und *Andrew Sterdy*, veröffentlicht in „New Perspectives in Organization Research" hrsg. von Cooper/Leavitt und Stully, New York/London 1964, S. 212 ff.

mit genau festgelegten Kompetenzbereichen und ist bei eher teamorientierter Struktur von geringer Anwendbarkeit und Bedeutung.

2.2.1.2. Management by Delegation (MbD)

Ziel ist die Delegation abgegrenzter Aufgabenbereiche unter Verbot der Rückgabe oder Rücknahme der Delegation, um den autoritären Führungsstil abzubauen und Leistungsmotivation und Eigeninitiative zu fördern[44]. Statt eines Einzelauftrags sollen vor allem Rahmenaufträge erteilt werden. Nicht zu verkennen ist eine teilweise Verwandtschaft zu MbE, jedoch werden bei MbD auch Weisungs- und Kontrollbefugnisse delegiert.

Als Einwand gegen MbD bleibt vor allem, daß ein Abbau hierarchischer Struktur nicht möglich ist. Wild[45] spricht sogar von einer Verfestigung der Hierarchie. Weiter berücksichtigt MbD die Querbeziehungen innerhalb der einzelnen Leitungsebenen nicht und vernachlässigt die notwendigen übergreifenden Zielabstimmungen völlig. Am ausgeprägtesten findet sich MbD in der Bundesrepublik bei der „Führung im Mitarbeiterverhältnis“[46] des Harzburger Modells. Auch dort wird es trotz Ergänzung durch die Instrumente Stellenbeschreibung und Führungsanweisung[47] kaum leistungsfähiger[48].

2.2.1.3. Management by Objectives (MbO)

„Führen durch Zielvereinbarung“ bedeutet einen Prozeß, in dem Angehörige aller Ebenen des Managements gemeinsam Zielgrößen für bestimmte Zeiträume als Ausgangsdaten und Orientierungsgrößen ihrer Aktivitäten fixieren[49]. Der Zusammenhang zur neu belebten Zielforschung in der BWL ist unverkennbar. Wichtig ist für MbO, daß der Zwang besteht, die betriebliche Zielsetzung nicht nur global anzugeben, sondern für die einzelnen Funktionsbereiche Einzelziele hinreichend konkret abzuleiten, sodaß sie als Orientierungshilfen dienen können. Genauso fundamental ist, daß dann die einmal vorhandene Zielsetzung nicht

---

[44] *Fischer, G.* „Führungsdelegation und Führungskontrolle“ Personal 1968, S. 134 ff. u. *Rosner, L.* „Techniken der Kompetenzdelegation“ IO 1968, S. 52 ff.

[45] *Wild* „Unterentwickeltes Management“ Manager-Magazin 1972 (Heft 10), S. 63.

[46] *Höhn, R./Böhme, G.* „Führungsbrevier der Wirtschaft“ 8. Aufl., Bad Harzburg 1973.

[47] *Höhn, R./Böhme, G.* „Stellenbeschreibung und Führungsanweisung — die organisatorische Aufgabe moderner Unternehmensführung“ 4. Aufl., Bad Harzburg 1970.

[48] Vgl. ausführlich unten Abschnitt 2.3.1.

[49] Vgl. *Odiorne, G. S.* „Management by Objectives — a System of Managerial Leadership“ New York/Toronto 1966 (dtsch.: „Führung durch Vorgabe von Zielen“ München 1967) S. 76.

starr fixiert bleibt, sondern in einem regelmäßigen Kontroll- und Neufestsetzungsprozeß veränderten Bedingungen angepaßt wird[50].

MbO gibt — einmal eingeführt — die Möglichkeit, eine genaue Kontrolle durchzuführen. Nach Ablauf einer Periode[51] können die Erfolge der individuellen Leistung oder der Abteilung am Erreichungsgrad der gesteckten Ziele überprüft werden. Ist der Erfolg nicht zufriedenstellend, können die Ursachen analysiert werden, und — neben den dann obligatorischen Kürzungen von Gehaltszulagen — Maßnahmen wie z. B. Pläne zur Weiterbildung und Entwicklung der jeweils Betroffenen durchgeführt werden. Für den Durchsetzungsaspekt betrieblicher Entscheidungen soll nach MbO im Idealfall also der Befehl zugunsten anderer Mechanismen, so wie sie etwa in dem (im Anschluß behandelten) MbM in Auswertung bestimmter Ergebnisse verhaltenstheoretischer Forschungen beschrieben werden, zurückgedrängt werden.

Zweifelhaft bleibt der Erfolg dieser Absicht aus zweierlei Gründen: Einerseits verlangt die Anwendung von MbO eine klare Organisationsstruktur des Unternehmens und dabei insbesondere die Aufteilung der Entscheidungsprozesse — gerade auch über die Ziele. Basis ist letztendlich die weitgehende Trennung zwischen Entscheidungs- und Realisationsvorgang. Weiterhin wird gerade der Grundgedanke von MbO, der diese Trennung wenigstens auflockern könnte, nämlich die genaue Zielfestsetzung und die gemeinsame Kontrolle, weitgehend als nicht zwingend angesehen. Obwohl sich gerade daraus die motivationale Komponente ergeben soll[52], wird die Verstärkung der Motivation durch die größere Verantwortung im Rahmen der Realisation der Ziele als durchaus ausreichend angesehen — alles weitere sei zwar wünschenswert, aber keinesfalls zwingendes Gebot[53]. In Berichten über die

---

[50] Ausführlich *Brightford, E. G.* „Warum Management by Objectives" IO 1971, S. 503 ff. und *ders.* „Vorgehen bei der Einführung von MbO" IO 1971, S. 547; ähnlich *Grochla* „Unternehmensorganisation" S. 231 ff.

[51] Die durchschnittliche Dauer einer derartigen Periode liegt zwischen ein bis zwei Jahren. Brightford empfiehlt als noch vorteilhafter eine dreijährige Planung als Basis für MbO, vgl. *Brightford* „Vorgehen" IO 1971, S. 547 f. Bei IBM finden die Mitarbeiterbeurteilungen alljährlich statt zusammen mit einem sog. B- und F-Gespräch (Beratungs- und Förderungsgespräch), in dem die Beurteilung erklärt und Veränderungen ‚diskutiert' werden sollen, vgl. die ausführliche Beschreibung von *Ludwig, R.* „Die abgeschirmte Innenwelt des Fortschritts" in Alberts u. a. „Mit IBM in die Zukunft" Berlin 1975, S. 17 ff. (und sogleich im Text).

[52] Basis dieser Einschätzung von Motivation sind im Rahmen der Managementprinzipien und -lehren immer wieder die Ergebnisse von *Maslow* „Motivations" mit seiner Hierarchie der menschlichen Antriebe sowie die Literatur, die sich später um die praktische Anwendung seiner Ergebnisse herausgebildet hat, vgl. etwa *McGregor, D.* „The human side of enterprise" New York 1960 (dtsch.: „Der Mensch im Unternehmen" Düsseldorf 1970).

[53] Vgl. *Grochla* „Unternehmensorganisation" S. 233; anderer Ansicht wohl *Kemmetmüller* „Führungsmodelle" S. 124, der jedoch zumindest Probleme bei

praktische Anwendung wird dann deutlich, daß sog. Beratungs- und Förderungsgespräche sowie eine Diskussion der Zielfestsetzung zwar stattfinden — wohl gerade aus motivationalen Gründen —, die Entscheidung letztlich davon jedoch unberührt bleibt und meist von vornherein festgelegt war. Diese Diskrepanz und das Gefühl der Einflußlosigkeit, das dadurch entsehen könnte, wird durch Berufung auf Sachzwänge wie Termindruck, hart umkämpften Markt, die Produktivität anderer (meist Tochter-) Gesellschaften etc. austariert[54]. In einer Kurzcharakteristik[55] erscheint dies zusammengefaßt so: Die Schwierigkeiten bei Zielabhängigkeiten über Abteilungsgrenzen hinweg seien nicht immer lösbar, die partizipativen Abstimmungsprozesse sehr zeitaufwendig und es bestehe die Gefahr überhöhten Leistungsdrucks.

2.2.1.4. Management by Motivation (MbM)

Das MbM ist gedacht als grundlegendes Prinzip, das auch in den anderen Techniken meist berücksichtigt wird. Angesprochen sind hierbei die Methoden zur besseren Leistungsmotivierung der Untergebenen durch verstärkte Integration und durch Vergrößerung der Identifikation mit der Gesamtunternehmung wie mit den einzelnen Unternehmenszielen. MbM ist auf der Grundlage des Taylorismus und dessen Fortentwicklung durch die Human-Relations-Bewegung entstanden. Taylors Doktrin, der Arbeiter sei nur am Lohn interessiert, wurde durch Erkenntnisse über die Relevanz der sozialen Faktoren innerhalb der Unternehmung modifiziert. In der Folge wurden dann die Bedürfnisse auf verhaltenstheoretischer Grundlage vor allem von *Maslow*[56]

---

der Durchführung der Mitarbeiterinterviews anspricht, im übrigen wohl zu wenig die Anwendung von MbO in der Praxis und die Sicht der Praxis einbezieht.

[54] Sehr anschaulich für die Praxis der IBM die Berichte von *Ludwig* „Innenwelt" S. 9 ff. und *Alberts, I.* „Ideologie und Illusionen im fortgeschrittenen Kapitalismus — am Beispiel IBM" in: Alberts u. a. „IBM" S. 29 ff. Für Siemens läßt sich eine ähnliche Argumentation herauslesen aus der satirischen Zusammenstellung: *Delius, F. C.* „Unsere Siemens-Welt. Eine Festschrift zum 124jährigen Bestehen des Hauses Siemens" Berlin 1972. Weitere Beispiele lassen sich z. T. in den einzelnen Beiträgen in *Vilmar* „Industrielle Demokratie" etwa S. 196, 112 etc. finden.

[55] *Wild* „Unterentwickeltes Management" Manager-Magazin 1972 (Heft 10), S. 63.

[56] *Maslow* „Motivation"; hierzu gehört als erste grundlegende empirische Studie: *Herzberg, F./Mansner, B./Syndermann, B.* „The motivation to work" 2. Aufl., New York 1959. Popularisiert wurden diese Grundlagen von der später sog. ‚Behavioristischen Managementschule' in den USA, etwa von *McGregor* „Human side"; *Argyris, Ch.* „Personality and Organization—The Conflict between system and the Individual" Evanston/New York 1957; *Drucker, P. F.* „Managing for Results" London 1966 und *ders.* „The Practise of Management" New York 1965; der im deutschen Sprachraum wohl prominenteste Motivationspsychologe geht ebenfalls von der Vorstellung einer

systematisch erforscht und für die Management-Techniken nutzbar gemacht. Maslow entwickelte eine Bedürfnispyramide (Grundbedürfnisse, Sicherheitsbedürfnisse, soziale Bedürfnisse, Geltungsbedürfnisse und auf Selbstverwirklichung bezogene Bedürfnisse) mit der Maßgabe, daß ein Bedürfnis dann in den Vordergrund tritt, wenn das in der Hierarchie vorrangige weitgehend befriedigt ist. *McGregor* schiebt zwischen die zwei oberen Motivklassen noch das Bedürfnis nach Selbstentfaltung ein und entwickelt zwei Auffassungen, die Theorie X: Menschen haben ein angeborenes Mißvergnügen an der Arbeit, sie arbeiten unter Druck und Strafandrohung und ziehen es vor, gelenkt zu werden, sowie im Gegensatz dazu die Theorie Y: Der Mensch ist leistungswillig und bereit, Selbstkontrolle bei Zielen zu üben, mit denen er sich identifiziert. Der Einsatz richte sich nach Belohnungen, die die Bedürfnisse absättigen (etwa Anerkennung persönlicher Unabhängigkeit und gerechte Entlohnung[57]). Diese zweite Theorie ist Ausgangsbasis von MbM.

Was sich durch die Anwendung von MbM in einem Betrieb konkret ändern kann, soll ganz kurz am Beispiel der Entlohnung verdeutlicht werden. Zunächst gibt es keine Akkordentlohnung mehr. Die gesamte Entlohnungsstruktur wird an Branchenstruktur und Vergleich mit anderen Unternehmen angepaßt — und zwar so, daß die allgemeine Tendenz immer ‚um ein geringfügiges überboten'[58] wird. Es folgt die Leistungsbeurteilung (mit den zugehörigen B+F-Gesprächen, d. h. Beratungs- und Förderungs-Gesprächen) und die Zuweisung von Rängen (relative Leistung) innerhalb zusammengefaßter Gruppen. Als konsequente Ergänzung ergibt sich aus MbM die Einführung einer Besitzstandsklausel, d. h. ein einmal erreichtes Gehalt wird nicht mehr gekürzt. Um so interessanter sind natürlich Gehalts- und Leistungszulagen und Beförderungen. Bei Nichterreichen der geforderten Leistung werden keine zusätzlichen derartigen Leistungen mehr gewährt. Als Konsequenz ergibt sich, daß jeder möglichst schnell und zu Zeiten seiner größten Leistungsfähigkeit (d. h. etwa in jungen Jahren, möglichst sofort) so weit wie irgend möglich kommen will, um später einen

---

Motive-Hierarchie aus: vgl. *Thomae, H.* „Zur allgemeinen Charakteristik des Motivationsgeschehens" in: Thomae, H. (Hrsg.) Handbuch der Psychologie 1965, Bd. 2 IX, S. 83 ff.

[57] Vgl. *McGregor* „Human Side"; ein kurzer Überblick findet sich in *Rosenstiel, L. v./Molt, W./Rüttiger, B.* „Organisationspsychologie", Stuttgart u. a. 1972, S. 24 ff. und *Berthel, J.* „Determinanten menschl. Leistungseffizienz" ZfbF 1973, S. 393 ff.; sehr interessante Einblicke vermittelt *Korff, E.* „Betriebspsychologisches Taschenbuch für Vorgesetzte" 5. Aufl., Heidelberg 1975 und *ders.* „Menschen beurteilen und führen — Ein Praktikum der Vorgesetztenkunst" 4 Aufl., Heidelberg 1974.

[58] Am ausgeprägtesten findet sich dies wohl bei der IBM (ca. 50 DM). Zu den Einzelheiten, insbes. zu der äußerst ausführlichen Branchenanalyse der IBM gerade zu diesen Zwecken vgl. bei *Ludwig* „Innenwelt" S. 17.

möglichst hohen „Besitzstand" wahren zu können, und daß so jeder laufend an seiner Höchstleistungsgrenze bleibt. Deutlich ist, daß durch MbM — ob man nun von ‚schleichendem' Akkord spricht oder nicht — eine Humanisierung, ein Abbau der Entmenschlichung und der Objektstellung des Arbeiters in der Autoritätshierarchie eines Unternehmens nicht erreicht wird[59]. Wird es — wie häufig — mit MbO zusammen praktiziert, so haben dies schon die Berichte[54] aus der praktischen Anwendung gezeigt; es kann hier nur wiederholt werden, was schon bei der Interpretation betriebssoziologischer Studien als Manko auffiel: Es geht nicht um die subjektive Bedürfnisposition der Arbeitnehmer, um den Abbau objektiver Herrschaftsstrukturen durch neue Führungstechniken, sondern um die Reproduktion der Herschaftsunterworfenheit unter dem Aspekt der Leistungssteigerung.

2.2.2. Verhältnis der Einzelprinzipien

Was bei MbM schon kurz angedeutet wurde, gilt mehr oder weniger für alle diese Management-Prinzipien: Sie sind als einzelne Prinzipien konzipiert worden, die sich jedoch nicht gegenseitig ausschließen müssen und die jeweils als einzelne angewandt nicht schon die gesamte Betriebsführung in einem Betrieb determinieren. Meist werden mehrere Prinzipien nebeneinander angewandt, oder es werden einzelne davon in ein umfassendes Führungsmodell eingebaut[60].

Am radikalsten befaßt sich damit wohl *Bayliss* unter der Zielsetzung, den ‚Dschungel der Managementprinzipien' zu entwirren (oder völlig zu verwirren) und gleichzeitig die Vernachlässigung des Gesamtzusammenhangs oder der gegenseitigen Interdependenzen zu kritisieren. Er schlägt ein „Mangement by CSROEPM" (by Control, Systems, Result, Objectives, Exception, Participation, Motivation) vor[61]. Diesen — wohl eher ironisch-kritischen — Vorschlag doch einmal ernst zu nehmen, kann jedoch auch nicht helfen, denn darin sind so widersprüchliche Elemente enthalten, daß bestimmte Prinzipien fast bis zur Wirkungslosigkeit angepaßt werden müßten. Wie wir oben gesehen haben, lassen sich ja nicht einmal MbE und MbO konsequent mit-

---

[59] Zur Kritik vgl. auch *Peter, G.* „Modernes Management" Teil II, Blätter für deutsche und internationale Politik 1971, S. 940 ff. insbes. 941, 942; *Alberts, J.* „Ideologie" S. 34 ff. und *Peter, G.* „Im Mittelpunkt steht das Budget" in: Alberts u. a. „IBM" S. 58 f. u. 84 ff.

[60] Einzelne Gesichtspunkte einer derartigen Koordination für die jeweils unterschiedlichen Zwecke von einzelnen Abteilungen einer Unternehmung finden sich bei *Killer, W. HP.* „Das K-(Koordinations-)System, eine flexible Organisationsform für wachsende Betriebe" IO 1971, S. 551 ff.

[61] *Bayliss, W. H.* „Management by CSROEPM" Harward Business Review Vol. 47 (1969), S. 85 ff.; deutsch findet sich dies bei *Rosner, L.* „Moderne Management-Techniken" DB 1969, S. 1469 f.

einander vereinbaren, jeder Versuch in dieser Richtung würde MbE fast überflüssig machen.

Eine andere Lösungsmöglichkeit hat *Wild*[62] versucht aufzuzeigen, in dem er die zeitliche Entwicklung der Einzelprinzipien untersucht. Er meint, in den neueren Prinzipien seien die Grundgedanken der früheren enthalten oder fortentwickelt worden (so etwa die Entwicklung von MbE zu MbO). Als künftiges Prinzip arbeitet er das MbS (Führung durch Systemsteuerung) heraus. Ziel ist eine weitestgehende Selbststeuerung auf der Grundlage computergestützter Informationssysteme. Insbesondere Verwaltungstätigkeiten sollen künftig durch Aufstellung von Verfahrensordnungen weitestgehend systematisiert und durch entsprechende Informationssysteme laufend kontrolliert werden[63]. Als Vorteile nennt er vor allem die systematische Erfassung von Verbesserungsmöglichkeiten, bessere Planung und Informationsversorgung, Entlastung der Führungsspitze und Beschleunigung aller Leitungsprozesse[64]. Das Modell zielt also auf eine Schaffung oder Verbesserung der Formalorganisation ab, ohne für einzelne Führungsfunktionen ein Handlungsprinzip anzugeben. Wild[65] bezeichnet MbS sogar als „reale Utopie", als Beschreibung einer zukünftigen Unternehmensführung, deren Anwendbarkeit auf Großunternehmen beschränkt sein wird, da die Errichtung leistungsfähiger Management-Informations-Systeme (MIS) sehr kostspielig ist. Mir scheint zweifelhaft, ob dies einen Fortschritt in der Sache darstellen kann, vielleicht läßt sich damit aber zur Entwirrung und Beschneidung des wuchernden Prinzipiendschungels beitragen.

2.2.3. Theoretischer Ansatz und Wirkung der Management-Techniken für die Leitung des Unternehmens

Die Einschätzung betrieblicher Leitungs- und Herrschaftsmechanismen, die zwischen den Zeilen der Entwicklung von Management-Techniken steckt, läßt sich am besten am Verständnis von Theoriestatus und Ansatz einer so praktizierten Betriebswirtschaftslehre herausarbeiten.

2.2.3.1. Für die hier insbesondere behandelten Instrumente als einer Hauptdimension von Management fällt die enge Verwandtschaft zum „dispositiven" Faktor in Gutenbergs System der produktiven Faktoren[66],

---

[62] Vgl. *Wild* „Unterentwickeltes Management" Manager-Magazin 1972 (Heft 10), S. 61, 63 und *ders.* „Management-Konzeption" S. 75 ff. mit Ergebnisformulierung S. 90 f.

[63] *Neuschel, R. F.* „Management by Systems" New York/Toronto/London 1970, S. 18 ff.

[64] Vgl. *Wild* „Unterentwickeltes Management" Manager-Magazin 1972 (Heft 10), S. 60; so auch *Kemmetmüller* „Führungsmodelle" S. 133.

[65] *Wild* ebenda, S. 63.

also zum Ansatz der faktoriellen oder auch traditionellen BWL auf. Bessai[67] kommt in einer Analyse auch anderer Aspekte zu dem Ergebnis, daß in bezug auf den einzelnen Betrieb „beide Begriffe (Management und dispositiver Faktor, U. H.) als inhaltsgleich angesehen“ und somit „synonym benutzt werden“ können[68]. *Gutenberg* selbst schreibt in einer Untersuchung zur Unternehmensführung, daß sich für die dispositiven Aufgaben „im wissenschaftlichen Sprachgebrauch der Ausdruck ‚dispositiver Faktor‘ (Produktionsfaktor) findet. Er trifft genau den Inhalt dessen, was unter Management zu verstehen ist, sofern Management institutionell begriffen wird“[69]. Neben dieser grundsätzlichen Orientierung am faktoriellen Ansatz der traditionellen Betriebswirtschaftslehre finden sich dann einige Anlehnungen an Systemtheorie und Kybernetik, etwa in dem in neuerer Zeit entwickelten MbS.

Bei der traditionellen BWL handelt es sich um den Versuch, den Produktionsprozeß von der Notwendigkeit der „Kombination von Elementarfaktoren“[70], d. h. von Arbeitsleistungen, Betriebsmitteln und Werkstoffen, her zu bestimmen. Dabei wird von der gegenseitigen Substitutionsmöglichkeit der Faktoren ausgegangen und unterstellt, daß sie alle einheitlich nach den gleichen Regeln eingesetzt werden[71]. Gutenberg gliedert nun den Elementarfaktor menschliche Arbeit in „zwei grundsätzlich verschiedene Arbeitsleistungen“ auf, und zwar einmal in die objektbezogene (ausführende) und zum anderen in die dispositive Arbeitsleistung[72], den Faktor Geschäfts- bzw. Betriebsleitung. Diese wird beim faktoriellen Ansatz demnach als Produktionsfaktor verstanden. Fragt man nach dem Grund dieser Auffassung insgesamt oder wenigstens der Aufteilung des Elementarfaktors Arbeit in einen objektbezogenen und einen dispositiven Faktor, so findet sich zunächst nur der lapidare Hinweis, „weil es sich später als notwendig erweisen wird“[73]; sieht man weiter nach, so findet sich: „Irgendeine Instanz ... muß diese Kombination der Elementarfaktoren ja doch wohl

---

[66] *Gutenberg, E.* „Grundlagen der BWL“ Bd. 1, Die Produktion, 20. Aufl., Berlin/Heidelberg/New York 1973; so schon entwickelt in der 1. Aufl. 1951, S. 14 - 196.

[67] *Bessai* „Die Analyse“ ZfbF 1974, S. 369 ff.

[68] *Bessai* ebenda, S. 371.

[69] *Gutenberg, E.* „Unternehmensführung“ Berlin 1962, S. 20; ähnliche Äußerungen dort auch S. 24 f.

[70] *Gutenberg* „Grundlagen“ S. 5.

[71] Welche Regel dabei benützt wird, ist hier unwesentlich (also ob etwa nach der neoklassischen Minimalkostenkombination oder nach einer anderen Regel verfahren wird), entscheidend ist die Einheitlichkeit; vgl. etwa *Gutenberg* „Grundlagen“ S. 5 f., 9, 133 f. und 298 ff.

[72] *Gutenberg* „Grundlagen“ S. 3.

[73] Ebenda.

vollziehen. Wie immer die Dinge im einzelnen liegen mögen, die Notwendigkeit, die Elementarfaktoren zu produktiven Einheiten, zu ‚Betrieben' zu verbinden, besteht für jedes Wirtschaftssystem". Diese Instanz, die die produktiven Kombinationen vollzieht, „wird hier als Geschäfts- oder Betriebsleitung bezeichnet. Dieser ganz besonderen dispositiven Funktion wegen sollen daher die(se) Arbeitsleistungen ... ausgegliedert und dem vierten Faktor Geschäfts- und Betriebsleitung zugewiesen werden"[74]. Das ist alles, auch ein weiterer Vertreter des faktoriellen Ansatzes führt nur aus: „Da die gesamte Kombination der Produktionsfaktoren eine dispositive Arbeitsleistung darstellt, also ohne die leitende Tätigkeit die übrigen Faktoren nicht zu sinnvollem wirtschaftlichen Einsatz gelangen können, ist es zweckmäßig, aus dem Faktor menschliche Arbeitskraft die dispositive Arbeit als selbständigen Faktor auszugliedern[75]." Mit der pauschalen Behauptung der Notwendigkeit durch besondere, von den übrigen Faktoren getrennte Instanzen produktive Kombinationen, einen sinnvollen wirtschaftlichen Einsatz der Produktionsfaktoren herzustellen, ist offensichtlich alles erklärt.

Abgesehen von der offensichtlichen Unbegründetheit und den Brocken ideologischen Schutts ist immanent zunächst zu kritisieren die Hypothese der Substituierbarkeit der Faktoren und ihres Einsatzes nach einer einheitlichen Regel. Zu unterscheiden ist unbedingt zwischen Sachgütern und anderen, für deren Einsatz — mit einem Wort *Erich Loitlsbergers* — besondere „metaökonomische Wertvorstellungen" bestehen und zu beachten sind[76]. Zu diesen anderen Gütern gehört nun sicherlich die menschliche Arbeitskraft[77] — und zwar sowohl die objektbezogene Ausführende als auch diejenige, die die Vertreter des faktoriellen Ansatzes als dispositive bezeichnen. Die Schwächen des faktoriellen Ansatzes werden deutlich: Entweder man behauptet einerseits einfach eine Gleichartigkeit der Faktoren und ihres Einsatzes nach ein und derselben Regel, oder man nimmt andererseits bewußt in Kauf, daß unterschiedliche Auswirkungen im System nicht erfaßt und beschrieben werden. Eine derartige Hypothese ‚unvollständiger Auswirkungsbeschreibung' wäre nun ausführlich zu diskutieren, ehe man

[74] Ebenda, S. 6.

[75] *Wöhe, G.* „Einführung in die allgemeine BWL" 11. Aufl., Berlin/Frankfurt 1973, S. 61.

[76] *Loitlsberger, E.* „Faktor und Prozeß als Grundbegriff der BWL" in: „Beiträge zur Begriffsbildung und Methode der BWL" Festschrift für W. Bouffier, Wien 1965, S. 115 ff. und *ders.* „Wertvorstellungen" S. 79 ff.

[77] Zumindest innerhalb unserer Rechtsordnung ist dies nicht zu bestreiten, man denke nur an den Grundrechtskatalog des GG und das Arbeitsrecht. Man qualifiziert ja heute den Arbeitsvertrag dogmatisch nicht als Kaufvertrag, wie dies in der Sklavenhaltergesellschaft (etwa im Römischen Recht) der Fall war.

sich entschlösse, sie der gesamten Betriebswirtschaftslehre voranzustellen. In einer Analyse anhand der entsprechenden Literatur zeigt Loitlsberger jedoch, daß „diese Hypothese von keinem Autor zugrunde gelegt wird“, sondern allgemein „von der Gleichartigkeitshypothese ausgegangen wird“[78] — wie dabei ebenfalls deutlich wird: bezeichnenderweise stillschweigend ohne jegliche Diskussion.

Das Verständnis von Unternehmens- oder Betriebsleitung als Produktionsfaktor auf der Grundlage der Trennung von ausführender und dispositiver Arbeit mit der dafür gegebenen Begründung ist darüber hinaus wenig geeignet, speziell Probleme der Leitung in den Griff zu bekommen. Zunächst ist der dispositive Faktor als Beschreibung von Arbeitseinsatz ja ganz besonderen metaökonomischen Regeln unterworfen, dann ist er als Betriebsführung selbst eine „Werte setzende Institution“ im Wirtschaftssystem, das wiederum stark von den Folgen des Einsatzes des unternehmerischen Instrumentariums abhängt. Begreift man die Betriebsführung als Produktionsfaktor, so muß man schon ersteres vernachlässigen und die unrealistische Gleichartigkeitshypothese treffen; die zweite Determinante nun kann man überhaupt nicht in den Blick bekommen, sondern muß sie (insofern konsequent) als Datum ansehen[79] und aus der Betrachtung ausklammern — mit genau den Folgen, die die traditionelle BWL allgemein ins Feuer der Kritik gebracht haben[80]: Es sind so ziemlich alle ‚brisanten‘ Punkte in den Prämissen des theoretischen Ansatzes verschwunden. Sie bleiben als solche schon dort undiskutiert, können also um so weniger bei der Behandlung konkreter Sachfragen auf der Grundlage dieses Ansatzes als problematisch erkannt werden. BWL degeneriert als Wissenschaft zum Instrumentenkasten.

Zu guter Letzt impliziert nun die Trennung ausführende/dispositive Arbeit, soweit der faktorielle Ansatz sie zu begründen versucht, nicht etwa eine allgemeine Kooperation, sondern von vornherein eine Überordnung des dispositiven Faktors. Daß dies keine Überinterpretation ist, läßt sich schon daraus erkennen, daß etwa Gutenberg unmittelbar im Anschluß an die bloße Einführung dieser Unterteilung

---

[78] *Loitlsberger* „Wertvorstellung“ S. 86 f.

[79] *Gutenberg* „Grundlagen“ S. 9 f.

[80] Zur Illustration vgl. *Loitlsberger* „Wertvorstellungen“ S. 88 f.; insbesondere S. 93 f. mit dem Beispiel, daß man — entgegen den Erfahrungen der Wirklichkeit — stillschweigend immer Knappheitsüberwindungsmodelle unterstellt, ohne diese Unterstellung offenzulegen und der Problematik ihres Vorgehens offenbar zu werden. „Denn wenn durch den Einsatz des betriebswirtschaftlichen Instrumentariums die Knappheit nicht überwunden, sondern immer mehr vergrößert wird, weil dies den Intentionen der Betriebe am zweckmäßigsten ist, ist nach aller menschlichen Erfahrung damit zu rechnen, daß ein solches System ab einem gewissen Punkt der Entwicklung als ausbeuterisch qualifiziert“ wird.

mit der gleichen Selbstverständlichkeit auf die „Befugnis, Betriebsangehörigen Anweisungen zu geben, ..., (die) der Geschäftsleitung zusteht“ und „den Stufenbau der betrieblichen Hierarchie“ zu sprechen kommt, der dem „Gesetz abnehmender Weisungsbefugnisse deutlich Ausdruck“[81] gebe. Da dies bei der Aufteilung des Elementarfaktors Arbeit schon mitgedacht war, vermißt man hier auch die gesonderte Begründung nicht mehr so sehr. Man weiß ja, es besteht die Notwendigkeit, daß irgendeine Instanz produktive Kombinationen vollzieht — die gleiche Notwendigkeit besteht natürlich, diese dann auch durchzusetzen. Eine Problematisierung und Behandlung des Leitungsproblems, seiner Bedingungen und Legitimation ist dadurch reduziert auf die ideologische Einsicht in „die allgemeine Natur“ des Menschen, es müsse immer einige geben, die anweisen und andere, die ausführen[82].

2.2.3.2. Zur Wirkung der Management-Konzeption in der Folge dieses Ansatzes gilt in viel größerem Maß die Kritik, die schon an der verengten Fragestellung der Betriebssoziologie angemerkt wurde. Es handelt sich um das Zukleistern und Vermeiden der mit dem Direktionsproblem angeschnittenen Fragen der innerbetrieblichen Herrschaft und deren Legitimation sowie der Frage nach der menschenwürdigen Ausgestaltung der Struktur des gesamten Produktionsablaufs. Nach der schlichten Postulierung einer durch sachliche Notwendigkeiten verbürgten ‚Richtigkeit‘ umfassender innerbetrieblicher Herrschaft in der Folge der Trennung dispositiv/ausführend (evtl. noch verbrämt mit dem Hinweis auf die Struktur der Marktwirtschaft oder die Zuständigkeit der Rechtsordnung für die Behandlung potentiellen Mißbrauchs[83]) wird nur noch über die optimale Ausgestaltung dieser Herrschaft nachgedacht, wird versucht, bessere Instrumente oder „Management by“-Techniken zur Erreichung von Leistungssteigerungen zu erforschen.

Stellt man sich hier schon einmal die Frage nach ersten Auswirkungen auf die Ausführungen zu Anwendungsbereich, Fällen und Kontrolle des Direktionsrechts im vorhergehenden Kapital so ergibt sich aus der Analyse der einzelnen Management-Konzeptionen etwa die erste Bestätigung der These, es sei notwendig, alle Ebenen des Unternehmens oder Betriebs in die Betrachtung einzubeziehen und sich nicht

[81] *Gutenberg* „Grundlagen“ S. 3.

[82] Zu einem ähnlichen Ergebnis gelangen *Arndt/Famulla* „Leitung“ S. 84 aus dem Kontext der Wöheschen Ausführungen; vgl. auch *Kemmetmüller* „Führungsmodelle“ S. 48.

[83] Arbeits- und Mitbestimmungsrecht also gedacht als (notwendiges) Schutzrecht der Arbeitnehmer. Ebenso die juristische h. M., vgl. *Hueck/Nipperdey* Bd. I, S. 25 f. und *Zöllner, W.* „Arbeitsrecht“ München 1977, S. 4 ff. (beide m. w. N.); zur Kritik siehe oben Abschnitt 1.0.2. mit Fn. 3.

isoliert mit der untersten Stufe der Hierarchie, dem Verhältnis direkter Vorgesetzter/Arbeitnehmer zu beschäftigen. Hier läßt sich auch schon hinweisen auf die Auswirkungen für ein Einzelproblem, nämlich den Vorschlag, das Direktionsrecht „intern" zu kontrollieren, also Weisungen gemessen an ihrer Funktionswidrigkeit für zulässig oder unzulässig zu halten[84]. Gerade die Kritik an Ansatz und Thematisierung des gesamten unternehmerischen Leitungsprozesses durch die betriebswirtschaftlichen Management-Techniken und den faktoriellen Ansatz kann wertvolle Hinweise für die Stoßrichtung, die möglichen Grenzen derartiger Vorschläge geben.

2.3. Autoritätshierarchie und Unternehmensleitung aus der Sicht umfassender Führungsmodelle

Die Führungsmodelle, die für sich in Anspruch nehmen, möglichst umfassend für die einzelnen Aspekte der Unternehmensführung Anleitungen zu geben, sind zumeist von Unternehmensberatungsinstituten entwickelt worden. Erörtert werden sollen hier exemplarisch zwei Beispiele: als im deutschsprachigen Raum wohl bekanntestes zunächst das sog. „Harzburger Modell" und als neueres das sog. DIB/MAM-Modell, das entsprechend modernsten Gepflogenheiten aus mehreren Einzelmodellen (Baukastenprinzip) besteht[85].

2.3.1. Das Harzburger Modell (HM)

Entwickelt wurde das HM von *R. Höhn*, dem Leiter der seit 1956 bestehenden Akademie für Führungskräfte der Wirtschaft, Bad Harzburg. Dort wird das HM als Grundlage für umfassende Schulungen und Seminare benutzt und fand so — zusätzlich zu den umfangreichen Publikationen von Höhn selbst[86] — weite Verbreitung[87]. Nach Ansicht von Höhn stellt es die Verwirklichung der „Führung im Mitarbeiter-

---

[84] Dazu vgl. oben Abschnitt 1.2.2.

[85] Hinweise auf andere Führungsmodelle finden sich in der ausführlichen tabellarischen Übersicht bei *Guserl, R./Hofmann, M.* „Das Harzburger Modell — Idee und Wirklichkeit und Alternative zum Harzburger Modell" 2. Aufl., Wiesbaden 1976, S. 30 ff. m. w. N.

[86] Als wichtigste etwa: *Höhn/Böhme* „Führungsbrevier"; *Höhn/Böhme* „Stellenbeschreibung"; *Höhn, R.* „Harzburger Modell in der Praxis" 3. Aufl. Bad Harzburg 1970; *Höhn, R.* (Hrsg.) „Führung in der Wirtschaft" Festschrift zum zehnjährigen Bestehen der Akademie für Führungskräfte der Wirtschaft (1956 - 1966), Bad Harzburg 1966; *Höhn, R.* „Die Führung mit Stäben in der Wirtschaft" 2. Aufl., Bad Harzburg 1970; *Höhn, R.* „Verwaltung heute — Autoritäre Führung und modernes Management" Bad Harzburg 1970 sowie die laufenden Beiträge Höhns in den „Harzburger Heften", den periodischen Berichten der Harzburger Akademie.

[87] Zahlen über die jährliche Teilnahme etc. finden sich in *Guserl, R./Hofmann, M.* „Idee und Wirklichkeit" S. 37 ff. und passim (einzelne Angaben unten Fn. 139).

verhältnis" im Gegensatz zum autoritär-patriarchalischen Führungsdenken dar[88]. Die Leitungsfunktion im Unternehmen soll in eine funktionell-sachliche Führungshierarchie aufgegliedert werden, und innerhalb abgegrenzter Bereiche soll beim einzelnen Mitarbeiter Arbeitsintensivierung und stärkerer Intelligenzeinsatz durch die Delegation von Verantwortung[89] bewirkt werden. Hauptmittel zur Verwirklichung dieser Führung nach dem HM sind die „Stellenbeschreibung" und die „Allgemeine Führungsanweisung".

Zweck der Stellenbeschreibung im HM ist die Abgrenzung der Delegationsbereiche nach oben, soweit erforderlich auch nach unten und gegenüber Stellen der gleichen Hierarchiestufe. Erst diese sachliche Abgrenzung der Handlungsbereiche ist nach dem HM Grundlage der Delegation[90]. Die Kräfte im Unternehmen selbst haben Organisationsverbot; sie finden ihre Stellen vor. Genau „in diesem festgelegten Rahmen"[91] muß sich ihr selbständiges Denken und Handeln, ihre Initiative entwickeln.

Die allgemeine Führungsanweisung ist die Grundlage für das Verhalten der Organisationsteilnehmer. Sie liegt verbindlich (Dienstanweisung) fest und ist auch die Grundlage für Kontrolle und Beurteilung des Verhaltens aller Betriebsmitglieder[92]. Für einzelne, die ihr Verhalten trotzdem nicht entsprechend dieser allgemeinen Führungsanweisung ausrichten, sieht das HM schlicht die Entlassung vor[93]. Die allgemeine Führungsanweisung besteht aus 315 Regeln über Pflichten der Mitarbeiter und der Vorgesetzten, über Verantwortung, Gesprächsführung (Einzel- und Rundgespräche), Informationsgrundsätze, Stellvertretung, Beschwerde, Disziplinar- und Fachvorgesetzte etc[94]. Begleitet werden all diese Regeln durch das Prinzip der Aktenmäßigkeit, um die Transparenz zu erhöhen, sowie einen umfangreichen Katalog nicht delegierbarer Aufgaben mit den Schwerpunkten der Entscheidung über die:

— Gesamtziele und deren Anpassung
— kurz-, mittel- und langfristige Unternehmensplanung und die jeweilige Strategie
— Festlegung der Organisationsstruktur
— Richtlinien der Produktionspolitik
— Richtlinien der Forschungs- und Entwicklungspolitik

---

88 Vgl. Vorwort in *Höhn/Böhme* „Führungsbrevier" S. 27 f.

89 Ebenda, S. 28.

90 Ebenda, S. 27 f.

91 Ebenda, S. 32; vgl. auch *Höhn/Böhme* „Stellenbeschreibung" S. 271 ff.

92 *Höhn/Böhme* „Führungsbrevier" S. 320 ff.

93 Ebenda, S. 322.

94 Vgl. die Inhaltsbeschreibung in *Höhn/Böhme* „Führungsbrevier" S. 323 ff.

— Marketingkonzeption, Einkaufs- und Finanzpolitik
— Richtlinien für Personal- und Sozialpolitik
— Organisations- und Verwaltungsrichtlinien, Koordination der verschiedenen ihnen unterworfenen Bereiche
— Auswahl der Mitarbeiter auf der nächsten betrieblichen Ebene bzw. in den Stäben der Unternehmensführung[95].

Eine erste heftige Kritik am HM formulierte man bei Vergleichen mit dem MbO. Es wurde vor allem die statische Konzeption — ohne integriertes oder fest eingebautes Entwicklungskonzept — und die fehlende Berücksichtigung partizipativer Zielbildung sowie der Selbstkontrolle bemängelt. Da MbO ja die Verbindung von Planungssystem und Zielbildungsprozeß wie auch die Entwicklungsfunktion berücksichtigt, wurde das HM wegen des Fehlens dieser — doch bestimmt nicht nebensächlichen — Bestandteile als durch MbO überholt kritisiert[96]. Höhns Auseinandersetzung mit dieser Kritik in dem Tenor, die Führung durch Zielvorgabe sei schon immer notwendiger Bestandteil seiner Führungskonzeption gewesen[97], hilft aber weder in der Sache weiter noch kann sie die Ansatzpunkte der Kritik ausräumen. Sie erweckt stark den Eindruck, Höhn sei sehr beunruhigt über das Auftreten konkurrierender Führungsmodelle[98].

Die weitere Hauptlinie immanenter Kritik formuliert nach umfassender Analyse des HM insoweit zutreffend als Ergebnis: Das HM führt zu Bürokratie und Überorganisation statt zu Kooperation[99]. Als Einzelpunkte werden angeführt:

— Der autoritäre Führungsstil wird grob vereinfacht; dies ist eine Simplifizierung, die der betrieblichen Realität nicht gerecht wird.
— Durch die rein verstandesmäßige Orientierung läßt sich eine Umorientierung nicht verwirklichen oder Vertrauen der Organisationsmitglieder gewinnen[100], auch wenn die analysierte Ausgangssituation richtig beschrieben wäre.

---

[95] Vgl. *Höhn/Böhme* „Führungsbrevier" S. 325.

[96] Vgl. statt aller die Argumentation bei *Wild* „Management-Konzeption" S. 77 ff., der als Ergebnis diesen Sachverhalt als „wesentliche Weiterentwicklung der Führung im Mitarbeiterverhältnis" anspricht und damit das HM als „günstige Ausgangsbasis für die Einführung des MbO" einschätzt.

[97] *Höhn, R.* „Die Führung mit Zielsetzung bei Delegation von Verantwortung" Harzburger Hefte 1969, S. 131 f.

[98] So auch *Wild* „Management-Konzeption" S. 77.

[99] So schon der Titel eines Vorabdrucks der Untersuchungen von *Guserl, R./Hofmann, M.* „Harzburger Modell — Bürokratie statt Kooperation" Manager-Magazin 1972 (Heft 2), S. 60 ff.; umfassend in der Monographie *Guserl/Hoffmann* „Idee und Wirklichkeit".

[100] *Guserl/Hoffmann* „Idee und Wirklichkeit" S. 245 berufen sich hier von allem auf Erkenntnisse der Sozialpsychologie (Egbert Babst). Aufgrund ihrer Ergebnisse bei der Befragung von verschiedenen Unternehmen zeigen sie, daß sich dieser Sachverhalt auch in der Praxis bestätigt.

— Die innerbetrieblichen Beziehungen werden durch den umfangreichen Regelkatalog, die Kontrolle mit Kontrollakten, die Förderung eines ausgeprägten Ressortdenkens und durch die Dogmatik der Stellenbeschreibung stark bürokratisiert.

— Der horizontale Kontakt (Querinformation, Kooperation) wird durch die Überbetonung des Dienstweges und andere Formalisierungen in den Hintergrund gedrängt; der Formalismus führt zur Starrheit des Modells.

— Selbstorganisation ist im Modell ausgeschlossen, die Möglichkeiten zur Selbstkontrolle bleiben ohne wichtigen Stellenwert.

— Höhns Prinzip der Delegation bleibt ein „gut gemeinter Gemeinplatz"[101]. Die Geschäftsleitung definiert — wie in Modellen der traditionellen BWL — das Wesen einer Entscheidung und bestimmt die zugehörigen Ebenen; der Umfang der Delegation hängt von der Unternehmensführung ab.

— Die behauptete Allgemeingültigkeit des HM trügt, die Meinung, das HM sei der optimale Führungsstil, ist nicht zutreffend. Firmenspezifische Probleme und die Bedeutung menschlichen Fehlverhaltens sind in der Praxis so wichtig, daß in der behaupteten Allgemeingültigkeit für jeden Betrieb primär die eindeutige Ursache für das Versagen des Modells gesehen wird[102].

2.3.2. Das DIB/MAM-Modell

Das DIB/MAM-Modell[103] ist ein Baukasten-System, das flexibel je nach Notwendigkeit ganz oder teilweise übernommen und schrittweise eingeführt werden kann[104]. Es ist ein „vermarktetes"[105] Führungsmodell, das vor allem in Zusammenarbeit mit der IBM Deutschland entwickelt wurde und dort auch schon länger praktisch erprobt wird[106]. Es weist strukturelle Ähnlichkeiten bis Identitäten zu anderen modernen Baukastensystemen auf[107].

---

101 Vgl. *Guserl/Hoffmann* „HM" Manager-Magazin 1972 (Heft 2), S. 62.

102 Vgl. *Guserl/Hoffmann* „Idee und Wirklichkeit" S. 251 ff. Hier entwickeln sie die Alternative „dynamische Organisationsentwicklung", in der gerade kein Universalitätsanspruch besteht, die kein Modell ist, „sondern ein bewußt gestalteter offener Veränderungsprozeß" (S. 254), der von den Organisationsmitgliedern selbst getragen wird. Ähnlich die Feststellung der Versagensursachen schon 1972 in „HM" Manager-Magazin 1972 (Heft 2), S. 64.

103 DIB = Deutsches Institut für Betriebswirtschaft e. V., Frankfurt; MAM = Management-Akademie-München, München.

104 Vgl. FAZ-Bericht „Management aus dem Baukasten" in: Blick durch die Wirtschaft, Frankfurter Allgemeine Zeitung v. 28. 4. 1969; außerdem FAZ-Bericht „Management-System für Profis" Frankfurter Allgemeine Zeitung v. 24. 4. 1969.

105 Daher gibt es nur wenig Literatur, neben den FAZ-Artikeln waren aufzufinden: ein Aufsatz von *Deyhle, A.* „Die Konzeption des DIB/MAM-Management-Systems" IO 1971, S. 508 ff. und *Deyhle, A.* „Die Konzeption des DIB-Management-Systems oder ‚Münchner Führungsmodell'" Broschüre von DIB und MAM, Gauting bei München 1970; *Schirmerer* „Grundsätze" S. 172 ff. und einige Anmerkungen in *Bieding, R./Scholz, K.* „Personalführungssysteme, Methoden und Auswirkungen" Köln 1971.

106 Vgl. *Peter, G.* „Budget" S. 59.

107 Insbes. das *SIB*-Modell (Schweizer Institut für höhere kaufmännische

Aufgebaut ist das System ähnlich einer Brücke. Es besteht aus einer Führungssäule und einer Leitungssäule. Zur ersteren zählen die fünf Komplexe: Führungsgrundsätze, Führungsorganisation, Führungsbeschreibung, Führungsinformation und Mitarbeiterbeurteilung bzw. -förderung; zur Leitungssäule gehören die Unternehmenszielsetzung, die Analyse der Leitungsorganisation, die Planung und Budgetierung, das Management-Informationssystem (MIS) sowie Controlling und Steuerung[108]. Der Brückenpfeiler „Führung" beschreibt also das ‚Wie' der Personalführung, während der Pfeiler „Leitung" das, ‚Was von der Unternehmung in den Einzelbereichen erreicht werden soll' beschreibt. Grundsatz ist, daß möglichst viele Teilprozesse mittels Regelkreisen zu selbsttätig lernfähigen Systemen entwickelt werden[109]. Als wichtigster Punkt des gesamten Systems ist hervorzuheben, daß als Brücke über den beiden Pfeilern des ‚Wie' der Personalführung hin zum ‚Was' der Leitungsfunktion, als zentrale Technik und oberster Grundsatz MbM zur Beschreibung des Managerverhaltens steht, gleichzeitig mit allen seinen typischen Stimulierungsgrundsätzen[110]. Es bildet sozusagen die ‚Seele' des Systems zur Erreichung des ‚magischen' Leitbildes W-E-G (Wachstum-Entwicklung-Gewinn), das über dem ganzen System steht[111].

In einer gewerkschaftlichen Beurteilung des DIB-Systems[112] wird die Hoffnung vertreten: „Es schafft die Voraussetzung für eine weitgehende Versachlichung der Personalwirtschaft ... Es verstärkt die Sicherheit gegen Willkür und verbreitert den Bewegungsspielraum der beteiligten Mitarbeiter. Es ist durchaus vorstellbar, daß sich aus solchen Strategien einmal praktikable Instrumente zur Verwirklichung der von den Gewerkschaften seit langem geforderten Mitbestimmung in der Betriebs- und Arbeitsorganisation entwickeln lassen[113]." Wie wir oben bei der Besprechung von MbM schon sehen konnten, bleibt diese Hoffnung wohl Illusion[114].

Bildung) und das ÖPZ-Modell (Österreichisches Produktivitätszentrum Wien). Diese werden daher nicht besprochen, Informationen zu diesen Modellen lassen sich finden bei *Kemmetmüller* „Führungsmodelle" S. 145 ff. und „Das ÖPZ-Führungsmodell" *ÖPZ* (Hrsg.), Der Schlüssel 1968 (Heft 10), S. 13 ff. sowie „Starkes Interesse am ÖPZ-Modell" *ÖPZ* (Hrsg.), Der Schlüssel 1969 (Heft 5/6), S. 50 ff.; beide Modelle sind ebenfalls vermarktet.

108 Vgl. *Deyhle* „Konzeption" S. 509.

109 Vgl. die Stellungnahme von *Britt, A.* „Übersicht über marktgängige Führungsmodelle" IO 1971, S. 489 ff. (hier S. 494).

110 *Deyhle* „Konzeption" S. 509.

111 Typisch auch die Terminologie sowie die Bildung geheimnisvoller Kürzel.

112 Es handelt sich um die genannte Arbeit von *Bieding/Scholz* „Personalführungssysteme".

113 Ebenda, S. 143.

114 Vgl. neben oben Abschnitt 2.2.1.4. auch die harte Kritik in anderen Stellungsnahmen von Gewerkschaftlern, etwa *Schumm-Garling, U.* „Leitung und ‚Führungsstile'" GMH 1974, S. 549 ff. (hier S. 556 f.).

2.3.3. Theoretischer Ansatz und Wirkung umfassender Führungsmodelle

Die dargestellten Modelle sind beide durch Unternehmensberatungsinstitute entwickelt worden. Ihrer Entwicklung lag dabei — so die übliche Alltagstheorie[115] — nicht hauptsächlich eine umfassende wissenschaftliche Führungslehre zugrunde, sondern entsprechend der Zielsetzungen dieser Institute die Orientierung an der Entwicklung und Systematisierung instrumentalen Wissens für die Zweckbestimmungen ihrer Adressaten und Schulungsteilnehmer. Nach dem, was sich bei der Besprechung des Ansatzes der traditionellen Betriebswirtschaftslehre gezeigt hat — in dem ja diese Thematisierung von Direktion als wissenschaftliche Führungslehre hypostasiert werden sollte — läßt sich hier nur weiter schließen, daß es sich wirklich um keine wissenschaftliche Behandlung der Unternehmensführung handelt[116]. Für unsere Zwecke sollen — ohne die sicherlich wichtige wissenschaftstheoretische Kontroverse weiterzuverfolgen — die vorgebrachten kritischen Einwände zum faktoriellen Ansatz der traditionellen BWL genügen, die die wichtigsten inhaltlichen Streitpunkte bezeichnen, an denen sich die Debatte um die Wissenschaftlichkeit bzw. um das unterschiedliche Verständnis der Aufgabe von Wissenschaft im Bereich der Betriebswirtschaftslehre[117] entzündet hat[118].

Durch derartige Beurteilung nicht erfaßt wird nun aber die Wirkung, die die von Unternehmensberatungsinstituten entwickelten Konzepte auf die reale Praxis im Unternehmen haben und die offensichtlich von den Leitern derartiger Institute auch sehr hoch angesetzt wird. Sie erkannten — wie vor allem am Beispiel des HM als verbreitetstem dieser Modelle gleich gezeigt werden soll — diese Chance sehr deutlich und haben in der Folge ihren Vorstellungen ein breites Wirkungsfeld geschaffen. Blickt man jedoch nur auf die Mixtur verschiedener Einzelprinzipien und begnügt sich dann mit der Bemängelung des Fehlens einer ‚wissenschaftlichen' Führungslehre, so begibt man sich der Möglichkeit, gerade die in die Praxis umgesetzten Modelle auf ihre konzeptionellen Elemente, auf die Rationalität des Zusammensetzens gerade dieser Einzeltechniken zu untersuchen.

---

115 Vgl. statt aller nur *Rühli, E.* „Unternehmensführung und Unternehmenspolitik" Bd. I, Bern 1973, S. 46.

116 Und so ja auch massiv die Kritik, vgl. die Nachweise oben Abschn. 2.0, Fn. 2 - 6.

117 Ähnliche Einwände haben meiner Ansicht nach zuvor in der Soziologie zu einer umfassenden derartigen Kontroverse, dem „Positivismusstreit" geführt; vgl. dazu die gleichnamige Schrift von *Adorno, Th. W. u. a.* Darmstadt und Neuwied 1972 (hierzu insbes. aus der Einleitung Adornos, S. 11 ff.).

118 Sicherlich zusammen mit anderen Faktoren; als Beispiel sei hier nur die ungenügende Effizienz der empfohlenen Instrumente genannt, die zu immer umfassenderer Thematisierung der Bedingungen von Unternehmensleitung führte (z. B. der technologischen Entwicklung oder auch nur der einzelnen Faktoren der Leistungsmotivation etc.).

2.3.3.1. Eine in diesem Sinn umfassende Kritik am HM formulierte bis jetzt wohl ausschließlich *Rudolf Hickel*. Ihm gebührt das Verdienst, das HM nicht nur im Verhältnis von Anspruch und dessen Einlösung oder unter dem Aspekt der Praktikabilitätschancen analysiert zu haben, sondern auch den gesellschaftspolitischen Dimensionen und der Führungsideologie des Höhnschen HM nachgegangen zu sein[119].

Insbesondere in einem Abschnitt über „Führer/Gefolgschafts-Ideologie im Nationalsozialismus — von der Rechtfertigung faschistischer Führung zur Konstruktion des Harzburger Modells" versucht Hickel in eindrucksvoller Weise, die Genese der Höhnschen Führungsideologie von der Rechtfertigung des Führerbefehls im Dritten Reich[120] bis hin zur Führung im Mitarbeiterverhältnis nachzuzeichnen. Hickel findet eine „ideologische strukturelle Analogie". Über „das Funktionieren entscheidet die Integration der Arbeiterklasse"[121] und andererseits „die faschistische Integration vollzieht sich über dem Führer: ‚Adolf Hitler ... ist derjenige, der richtungsgebend vorausschreitet mit der Aufgabe, das ganze Volk zur Volksgemeinschaft zu führen'. Dementsprechend ist das Volk nicht mehr die Summe von Untertanen, das widerspricht dem Führerprinzip, sondern Volk ist Gefolgschaft des Führers auf dem Weg zur Volksgemeinschaft"[122].

Daß es heute bei Höhn „Integration in unsere moderne Leistungsgesellschaft" heißt, daran „zeigt sich ideologisch nur allzu deutlich die Analogie zur ‚Eingliederung des Arbeiters in die Leistungsbereitschaft des ganzen Volkes', mit dem zentralen Unterschied, daß er (Höhn, U. H.) den gesellschaftlichen Kräften des entwickelten Kapitalismus zutraut, Harmonisierungsstrategien und Formierungsmittel zu finden, um die gesellschaftlichen Gruppen scheinbar gewaltlos in das kapitalistische System zu integrieren"[123]. Hickel erscheint „faschistische Führungsideologie auf dem Hintergrund verfälschender Geschichtsinterpretation der Harzburger[124] lediglich als terroristischer Grenzwert sozialer Integration". Er zeigt, daß sich in der Metarmorphose faschistischer Volks-

[119] *Hickel, R.* „Eine Kaderschmiede bundesdeutscher Restauration — Ideologie u. Praxis der Harzburger Akademie für Führungskräfte der Wirtschaft" in: Greiffenhagen, M. (Hrsg.) „Der neue Konservatismus der 70er Jahre" Reinbek b. Hamburg 1974, S. 108 ff.

[120] Vgl. im einzelnen die Analyse des Höhnschen Werkes der Jahre 1934 - 45 u. seiner z. T. späteren Schriften zur Armee und Armeeführung durch *Hickel* „Kaderschmiede" S. 136 ff. und insbes. Fn. 73 und 74 zur „Karriere" Höhns während dieser Zeit (im folgenden m. w. N. zu Höhns Repliken).

[121] *Hickel* „Kaderschmiede" S. 139.

[122] *Hickel* „Kaderschmiede" S. 139 (die Zitate stammen aus *Höhn, R.* „Reich — Großraum — Großmacht" Darmstadt 1942, S. 134).

[123] *Hickel* ebenda (Zitat wiederum aus *Höhn* „Reich" S. 85).

[124] Hierzu Abschnitt 6. bei *Hickel* „Kaderschmiede" S. 144 ff., 148 f.

gemeinschaftsideologie in Neoführungs-Ideologie eine Anpassung an bundesrepublikanische Verhältnisse vollzieht, innerhalb derer etwa „Demokratisierungsforderungen in einen neokonservativen Verschnitt zu Effektivierungsinstrumenten unter Aufrechterhaltung der gesellschaftlichen Verhältnisse verkommen"[125]. Aufgrund der Höhnschen Geschichtsinterpretation der (heute) gelungenen Sozialpartnerschaft[126] „läßt sich eine Führungsstruktur über diese ‚soziale Gemeinschaft' stülpen, ..., bestimmt sich die Beurteilung von Gewerkschaft, Demokratie und Mitbestimmung. Sie wurden allesamt zu Instrumenten innerhalb eines sozial konfliktfrei gehaltenen nicht angetasteten Herrschaftszusammenhangs". „Ist einmal sozialer Konflikt verklittert, dann kann das HM auch seine Wertneutralität[127] behaupten[128]." Aus der Ideologie, im „‚Allgemeininteresse' lösten sich ökonomische Klasseninteressen auf", entspringe der instrumentelle Charakter der Demokratie; bei einer derartigen „gesamtgesellschaftlichen Identifikation gilt es nur noch profit-orientierte Produktionsziele effizient durchzusetzen. Demokratiebegriff und Führungsmodell verschlingen sich in einer ideologischen Gesamtstruktur"[129].

Hickel findet als Ergebnis: „Das HM entpuppt sich auf dem Hintergrund seiner gesellschaftspolitischen Implikationen als Instrument der Mobilisierung von Initiative bei Aufrechterhaltung der in Führungstechniken gegossenen restaurativen Herrschaftsverhältnisse" und „die ‚Wertneutralität' des HM entlarvt sich als ideologische Parteilichkeit für kapitalistische Produktionsgüter"[130].

2.3.3.2. Für das DIB/MAM-Modell läßt sich feststellen, daß es ohne geschlossene, logische Konzeption im großen und ganzen Erkenntnisse der traditionellen Betriebswirtschaftslehre zu einem Führungsmodell zusammensetzt. Dies zeigt sich einerseits in der herkömmlich vieldiskutierten[131] Unterscheidung eines instrumentalen Aspekts (hier mit

---

[125] *Hickel* „Kaderschmiede" S. 141; dies wird an Einzelbeispielen aus den Schriften Höhns weiter illustriert, etwa der Interpretation Höhns zur preußischen Armeereform, vgl. die Nachweise S. 141 ff. (insbes. Fn. 96, 99, 104).

[126] Vgl. die Nachweise bei *Hickel* „Kaderschmiede" S. 147/148, hier Fn. 128/129 aus *Höhn* „Verwaltung heute" S. 109.

[127] So ausdrücklich *Höhn* „Verwaltung heute" S. 65.

[128] *Hickel* „Kaderschmiede" S. 148.

[129] Ebenda, S. 149 f.

[130] Ebenda und S. 152.

[131] Vgl. dazu *Neumann, K. H.* „Optimal führen" 3. Aufl. Heidelberg 1973, S. 17 ff. und *Beyer, H. T.* „Die Lehre der Unternehmensführung — Entwurf eines Forschungsprogramms" Berlin 1970, S. 46 ff. (beide m. w. N.); andere Abgrenzungen Führung/Leitung früher bei *Meyer, A.* „Rationelle Führung und Leitung in der Unternehmung" Stuttgart 1957, S. 22 f. und *Pöhlmann, G.* „Der Prozeß der Unternehmensführung" Berlin 1964, S. 15 ff. (in beiden wird Leitung institutionell untergeordnet als Ausführung dessen, was durch die Führung angeordnet wird).

Führung bezeichnet) und des institutionellen bzw. prozessualen Aspekts (hier Leitung). Dabei wurde seit je der (i. S. von Gutenberg) dispositive Charakter beider Aspekte betont[132]. Die gleiche Tendenz bestätigt für das DIB/MAM-Modell die Integration beider Aspekte durch MbM, einer im Abschluß an die behavioristische Schule rein instrumentalen Erklärung und Orientierung von Führungsverhalten aufgrund der Bedürfnisse der Individuen als Objekt dieser Führung.

Die Vertreter eines sog. „integrierten Ansatzes" der Unternehmensführung haben neuerdings gezeigt, wie eine konzeptionell über Ansatz und Techniken der traditionellen Betriebswirtschaftslehre hinausreichende Behandlung der verschiedenen — u. a. auch der beiden hier angesprochenen — Aspekte der Unternehmensführung aussehen kann. Als Untersuchungsgegenstand werden dabei bezeichnet „Problemlösungsgemeinschaften, welche die unternehmenspolitischen Probleme im sozialen System Unternehmung, so wie es in verschiedenen Rechtsformen in der marktwirtschaftlichen Ordnung vorkommt, bearbeiten"[133]. Als Kernpunkte ergeben sich damit der gesellschaftlich-rechtliche Rahmen, die multipersonale Problemlösung und die Berücksichtigung der sich daraus ergebenden zwischenmenschlichen Beziehungen. Dabei wird nicht nur aus der Kritik anderer Darstellungen als einseitig führungstechnisch oder einseitig personenbezogen (antropozentrisch) heraus versucht, beide Betrachtungsweisen beim Entwurf des Forschungsprogramms gleichwertig zu berücksichtigen, sondern es soll darüber hinaus explizit auch der Inhalt der Unternehmenspolitik[134] miteinbezogen und problematisiert werden[135].

---

[132] Vgl. etwa *Meyer* „Führung" S. 22; *Pöhlmann* „Prozeß" S. 17 f.

[133] So *Rühli* „Unternehmensführung" Bd. I, S. 47; einen integrierten Ansatz konzipierte schon *Beyer* „Unternehmensführung".

[134] Entsprechend der jeweiligen wissenschaftstheoretischen Stellungnahme gehen die Ansichten über den Inhalt wissenschaftlicher Behandlung der „Unternehmenspolitik" weit auseinander: Einerseits wird darunter verstanden die Lehre von den (tatsächlichen und möglichen) Zielsetzungen und Entscheidungen, die von der Führung eines Betriebs oder Unternehmens getroffen werden, so *Sandig, C.* „Betriebswirtschaftspolitik" Stuttgart 1966, S. 2 (Neuauflage von „Die Führung des Betriebs — Betriebswirtschaftspolitik" Stuttgart 1953); mit der Kritik, Zielsetzungen seien normativ und daher nicht wissenschaftlich zu begründen, wird andererseits die Untersuchung nur der inhaltlichen Maßnahmen des Mitteleinsatzes zur Erreichung bestimmter — aus der Betrachtung völlig ausgeklammerter — Ziele verstanden, so insbes. *Mellerowicz, K.* „Unternehmenspolitik" Bd. I, Freiburg 1963; für den entscheidungsorientierten Ansatz wurde vorgeschlagen, darunter umfassender als beide vorherigen sämtlichen grundsätzlichen Entscheidungen, die die Grundlinien des Verhaltens der Gesamtunternehmung bestimmen zu verstehen, so *Rühli* „Unternehmensführung" Bd. I, S. 33.

[135] Im einzelnen *Rühli, E.* „Der Ansatz zu einem integrierten, kooperativen Führungskonzept" in: Kirsch, W. (Hrsg.) „Unternehmensführung und Organisation" Wiesbaden 1973, S. 71 ff. (insbes. S. 77 - 89); *ders.* „Unternehmensführung" Bd. I, S. 106 ff.

In einem Punkt weist das DIB/MAM-Modell im Rekurs auf entsprechende neuere Konzeptionen über die traditionelle BWL hinaus: Als Perspektive sollen im Grundsatz die Teilprozesse zu selbständig lernfähigen Regelsystemen ausgebaut werden. Es handelt sich dabei um die Einbeziehung von Ergebnissen und Gedanken des betriebswirtschaftlichen Systemansatzes. Er beruht auf der Systemtheorie als formaler Metatheorie, die ihrerseits wieder eng mit der Kybernetik und ihren Modellen (etwa entsprechender Regelkreise) verbunden ist[136]. Die Unternehmung wird dabei als ‚offenes' System aufgefaßt und gedanklich in operationelle Vollzugs- und Versorgungsbereiche mit einem sie überlagernden Führungsbereich aufgegliedert; die erstgenannten beiden Funktionsbereiche werden als inputverarbeitende und outputorientierte Subsysteme beschrieben. Betriebsführung ist dann ebenfalls ein Subsystem, das aber die anderen Subsysteme überlagert. Sie wird funktionell verstanden und ihrerseits wieder weit aufgefächert, etwa in Wirkungsbereichen (Gesamtführung/Bereichsführung)[137].

In einer Untersuchung zur Leistungsfähigkeit dieses — weit über das besprochene Modell hinausreichenden — Ansatzes hat Meffert die realiter dann doch zu wenig erfolgende Problematisierung der Interdependenzen mit der Systemumwelt (Offenheit) kritisiert. Als positives Ergebnis hat er vor allem die Erfüllung deskriptiver Funktionen, heuristische Vorteile gegenüber klassischen Organisationsanalysen und die grundsätzliche Eignung zur Zusammenarbeit mit Nachbardisziplinen hervorgehoben[138].

2.3.3.3. Die Unternehmensführungsmodelle wirken im Zusammenhang unseres Themas nicht anders als die schon beprochenen Einzeltechniken: Sie kommen über die starken Verkürzungen und Vereinfachungen in der Folge der traditionellen BWL nicht hinaus. Die Reflexion der ‚Naturgegebenheit' innerbetrieblicher Hierarchie bleibt ausgeblendet — insofern gelten die dagegen formulierten kritischen Hinweise auch für diese Modellkonzeptionen. Hervorzuheben ist aber ihre sehr große Verbreitung. Sie sind in diversen Unternehmen eingeführt[139], beschreiben also einen respektablen Ausschnitt praktizierter, innerbetrieblicher Verwaltung und organisatorischer Struktur.

---

[136] Im Anschluß vor allen an *Wiener, N.* „Kybernetik" 2. Aufl., Düsseldorf/Wien 1963; zum Systemansatz vor allem *Ulrich, H.* „Der systemorientierte Ansatz in der BWL" in: Kortzfleisch (Hrsg.) „Wissenschaftsprogramm" S. 43 ff. und *ders.* „Die Unternehmung als produktives soziales System, Grundlagen der allgemeinen Unternehmenslehre" 2. Aufl., Bern und Stuttgart 1970, S. 100 ff.

[137] Vgl. ausführlich *Ulrich* „System" S. 324 ff.

[138] *Meffert, H.* „Systemtheorie aus betriebswirtschaftlicher Sicht" in: Schenk, K. E. (Hrsg.) „Systemanalyse in den Wirtschafts- und Sozialwissenschaften" Berlin 1971, S. 206.

2.4. Autoritätshierarchie und Unternehmensleitung aus der Sicht der arbeitsorientierten Einzelwirtschaftslehre (AOEWL)

2.4.1. Die Konzeption der AOEWL

Die AOEWL wurde von einer Projektgruppe am WSI des DGB entwickelt. Unter *Einzelwirtschaftslehre* wird (ähnlich wie in der BWL) die „Lehre von wirtschaftlichen Entscheidungseinheiten zur Produktion und Verteilung von Gütern und Dienstleistungen verstanden, die im Rahmen der gesellschaftlichen Planung autonom bleiben“[140].

Unter *arbeitsorientiert* wird zunächst in umfassendem Sinn die Prägung von Handlungen verstanden, deren Rationalität sich auf den Einsatz von Arbeit bezieht. Über diese allgemeine sozialökonomische Definition hinaus wird nach den Gruppen gefragt, die aufgrund ihrer gesellschaftlichen Stellung ein Interesse an einer solchen Rationalität besitzen: dies führt zu den abhängig Beschäftigten und den Gewerkschaften[141]. Analoger Gegenbegriff ist *kapitalorientiert.* Derartige Rationalität bezieht sich nur auf das eingesetzte Kapital. Von ihm hängt dabei die gesellschaftliche Stellung der Kapitaleigentümer sowie ihrer Vertreter ab, woraus sich das — so eindimensional bestimmte, nicht emanzipatorische — kapitalorientierte Interesse bestimmt[142].

Die herkömmliche BWL wird nach umfangreicher Auseinandersetzung[143] als kapitalorientiert, als kapitalorientierte Entscheidungslehre, kritisiert. Es wird der Versuch gestartet, aus arbeitsorientierter Sicht Alternativen zu entwickeln. Dabei wird analytisch getrennt zwischen der einzelwirtschaftlichen Ebene, bei der die Interessenumsetzung durch

---

139 Für das HM teilen *Guserl/Hoffmann* „HM“ S. 37 f. folgende Zahlen für die Jahre 1969/70 mit: Besuch der Veranstaltungen in Bad Harzburg 26 044 (1969) und 34 740 Teilnehmer (1970). Sonderkurse bis 1969 mit 370 Unternehmen (mit Firmen, die mit der Akademie geschlossene Kurse nur für ihre Mitarbeiter vereinbaren, zumeist also das HM eingeführt haben oder es einzuführen beabsichtigen); als Beispiel für Unternehmen, die nach dem HM arbeiten, nennen sie u. a. Kaufhof/Köln, Agfa-Gaevert/Leverkusen, Seidensticker/Bielefeld.

140 *Koubek, N.* „Brauchen wir eine neue BWL?“ in Koubek „Mitbestimmung“ S. 185 ff. (hier s. 187) und *ders.* „Sechs Stufen auf drei Ebenen, die AOEWL“ Wirtschaftswoche 1973 (Heft 29), S. 35 ff.

141 In der Folge bereitete dann die Analyse und Ausformulierung der arbeitsorientierten Interessen aus vielen Gründen Schwierigkeiten, vgl. *WSI* Nr. 23, S. 25 ff. und die Abschnitte S. 100 ff. sowie S. 130 ff.; sehr instruktiv die Zusammenfassung von *Koubek* „Neue BWL?“ S. 188, 194 ff.

142 Ausführlich zu dieser Abgrenzung WSI Nr. 23, S. 98 f.

143 Vgl. *WSI* Nr. 23, S. 42 ff.; hierzu auch die Referate von *Müller* und *Chmielewicz* in: WSI Nr. 24, S. 121 ff. bzw. S. 4 ff. und einige Beiträge in der abschließenden Podiumsdiskussion (insbes. in der Auseinandersetzung mit Wolfram Engels' Beitrag) WSI Nr. 24, S. 237 ff.; Chmielewicz hat seinen Ansatz inzwischen ausführlicher dargelegt in *Chmielewicz, K.* „Arbeitnehmerinteressen und Kapitalismuskritik in der BWL“ Reinbek b. Hamburg 1975.

direkten Mitteleinsatz in den Einzelwirtschaften möglich erscheint, und der gesamtwirtschaftlichen Ebene. Auf ersterer werden das Interesse an Arbeitsplatzsicherung, an Sicherung und Steigerung des Einkommens und an optimaler Gestaltung der Arbeit formuliert, auf gesamtwirtschaftlicher Ebene das Interesse an rationaler Steuerung der Produktion (Probleme der gesamtwirtschaftlichen Kosten, des Einsatzes von Arbeit sowie Kapital) und das Interesse an bedürfnisgerechter Versorgung und Verteilung (gerechte Einkommens- und Vermögensverteilung)[144].

Als Strategieansatz für die Durchsetzung dieser Interessen wird der Einsatz gesellschaftspolitisch wirksamer Instrumente als erforderlich erachtet, so insbesondere die Vermögenspolitik, die Tarifpolitik und die Mitbestimmung. Die Vermögenspolitik soll dabei durch Beteiligung der abhängig Arbeitenden am Produktivvermögen Möglichkeiten schaffen, sozio-ökonomische Macht anders zu verteilen und den abhängig Arbeitenden Einfluß auf die Entscheidungs- und Kontrollprozesse ermöglichen. Die Tarifpolitik soll neben der reinen Lohnpolitik auch Möglichkeiten eröffnen, Arbeitsbedingungen (Manteltarifverträge) oder Lohn- und Gehaltsgruppen (Gehaltsrahmenabkommen) zu beeinflussen. Mitbestimmung stellt ein siebenstufiges System von Beteiligungsrechten auf möglichst allen Ebenen (Betrieb, Unternehmen, Region etc.) dar und soll die abhängig Beschäftigten über demokratische Prinzipien an Entscheidungs- und Willensbildungsprozessen beteiligen[145].

Dargestellt werden Alternativen für die 9 wichtigsten Bereiche des Betriebs. Hier soll der Bereich *Organisation*[146] kurz exemplarisch skizziert werden. Nach der Analyse und Wertung des vorhandenen organisatorischen Instrumentariums wird eine Umgestaltung der organisatorischen Verhältnisse hin zu einer höheren Rationalität in bezug auf arbeitsorientierter Interessen durch:

— neue Konzeption der Arbeitsteilung

— Umstrukturierung der Entscheidungs- und Steuerungsprozesse

— Standardisierung und Offenlegung der Informationsprozesse

empfohlen[147]. Zum ersten Punkt sollen die neuen Ansätze zur Arbeitszerlegung und -synthese aufgearbeitet werden. Diese seien teilweise weiterzuentwickeln, um die Gefahr der Entfremdung vom Arbeitsobjekt und der übermäßigen Belastung zu reduzieren (etwa die analytische

---

[144] Vgl. *Koubek* „Neue BWL?" S. 196.

[145] Vgl. *WSI* Nr. 23, S. 243 ff. (dort finden sich auch weitere denkbare Durchsetzungsmittel auf einzel- wie auf gesamtwirtschaftlicher Ebene) sowie *Koubek* „Neue BWL?" S. 199 ff.

[146] Vgl. hierzu *WSI* Nr. 23, S. 211 ff.

[147] *WSI* Nr. 23, S. 215.

Arbeitsplatzbewertung)[148]. Zu Punkt zwei werden Umstrukturierungen hin zur stärkeren Teilhabe der Beschäftigten auf allen Ebenen empfohlen, flankiert durch eine Verstärkung und Institutionalisierung des Informationsflusses von oben nach unten als Ergänzung des umgekehrten Informations(und Anweisungs-)flusses herkömmlicher Unternehmensorganisationen.

Danach werden mögliche Zielkonflikte analysiert und institutionelle Grundlagen (besonders hinsichtlich der Institutionalisierung von vollständiger und besser strukturierter Information — in Abhängigkeit von Zielen etc.) diskutiert. Die notwendige Integration in ein Gesamtkonzept wird deutlich am Hinweis auf die Notwendigkeit der Beeinflussung der langfristigen strategischen Planung der Unternehmung, als Voraussetzung auch der Organisationsstruktur (Gedanke aus dem bekannten Prinzip: structur follows strategy)[149].

Kritik an der Konzeption der AOEWL wurde inzwischen von mehreren Seiten laut. *Balduin*[150] kritisiert es unter dem Gesichtspunkt „freischwebender Modelle", die immer die Gefahr ihrer Nicht-Umsetzbarkeit unter den gegebenen gegenwärtigen Bedingungen beinhalten und der strategischen Gefahr unterliegen, am Entwicklungsstand der Wirklichkeit vorbeizuoperieren. Trotzdem zieht er das Fazit, das Konzept habe wichtige zusätzliche Impulse (z. B. für die Einbeziehung des gesamtwirtschaftlichen Aspekts) gegeben[151]. Ein zweite Linie der Kritik[152] geht davon aus, die heutige BWL sei im Rahmen der kapitalistischen Gesellschaftssysteme die adäquate Theorie für die Unternehmungen. Aus diesem Ansatz wird die Konzeption einer AOEWL strategisch kritisiert, da so gesehen eine Veränderung der BWL nur dann gelingen kann, wenn der Kapitalismus insgesamt überwunden wird[153].

---

[148] Vgl. hierzu *WSI* Nr. 23, S. 109 ff. m. w. N.; zur allgemeinen Tendenz (Politisierung und Abstellen auf den menschlichen Input) werden als Kriterien angegeben (S. 116): Vereinfachung und stärkere demokratische Beteiligung der Betroffenen (nicht als Rückkehr zum individuellen Aushandeln von Löhnen gedacht), Lösung von der Ausrichtung der auf Erfassung der Individualleistung zielenden Entlohnungssysteme, Ausweitung dieser gesellschaftlichen Bewertung auf alle Fähigkeiten.

[149] Vgl. *WSI* Nr. 23, S. 218; die Schlußthese wird gestützt durch die Ergebnisse von *Chandler Jr., D.* „Strategy and structur" Cambridge/Mass. 1962, S. 383 ff.

[150] *Balduin, S.* „Gewerkschaften und Geselschaftsreform — Zur Auseinandersetzung mit der Konzeption der AOEWL" GMH 1973, S. 698 ff.

[151] *Balduin* ebenda, S. 703.

[152] Vor allem das auf die AOEWL (Stichpunkt Investition) bezogene Referat „Investitionsentscheidung", von *Schwiering/Zerdick* in: WSI Nr. 24, S. 147 ff. u. die Diskussionsbeiträge ebenda S. 253 ff. sowie *Schwiering/Kaminsky* „neue BWL?" S. 204 ff.

[153] Vgl. *Schwiering/Zerdick* „Investitionsentscheidung" S. 181 ff. (214).

2.4.2. Theoretischer Ansatz und Wirkung

2.4.2.1. Die AOEWL steht in der Folge des entscheidungsorientierten Ansatzes. Dieser wird häufig (z. T. zusammen mit dem systemorientierten Ansatz) als Betrachtungsweise der „modernen BWL“ apostrophiert. Seine Entwicklung ist vor allem mit dem Namen *Edmund Heinen* verbunden[154]. In deutlicher Abgrenzung zum traditionellen Ansatz formulierte er seinen Ausgangspunkt: „Betriebswirtschaften sind nicht ‚Veranstaltungen‘ irgendwelcher abstrakter Produktionsfaktoren, sondern Sozialsysteme, in denen Menschen unter Verwendung technischer Hilfsmittel arbeitsteilig und kooperativ zur Erreichung des Organisationsziels und eigener Ziele zusammenarbeiten[155].“ Im Rahmen dieser Zusammenarbeit fällen nun die Organisationsmitglieder immer wieder Entscheidungen aufgrund vielfältigster Entscheidungskriterien. Die Analyse dieser Entscheidungssituation, des dabei ablaufenden Entscheidungsprozesses mit seinen Determinanten wird als Programm entwickelt, um darauf aufbauend Verhaltensnormen für das Entscheidungssubjekt abzuleiten.

Dazu wird das Aussagesystem der Entscheidungstheorie einbezogen, deren Gegenstand ja Modelle sind, bei denen die Ausgangslage eines Aktors und — soweit relevant — dessen Umgebung durch Anwendung einer (rationalen) Entscheidungsmaxime und des Wertsystems des Aktors (Bewertungsmaßstäbe für alternative Akte) zu einer bestimmten Handlung führt[156]. Da nun beim entscheidungsorientierten Ansatz gänzlich die pragmatische Zielsetzung bestehen bleibt, Entscheidungsträger in der Praxis zu beraten, Handlungsanleitungen zu geben, mit denen bestimmte Ziele möglichst vollkommen zu erreichen sind[157], so wird klar, daß die empirisch-analytische Entscheidungstheorie — also eine formallogische Grundlage — nicht allein, sondern erst in Verbindung mit Aussagen über tatsächlich existierende Entscheidungssituationen fruchtbar sein kann. So ist gerade die Beschäftigung mit

---

[154] Beide Ansätze der ‚modernen BWL‘ sind jeweils entsprechenden Lehrmeinungen im angelsächsischen Raum, insb. den USA, verwandt. Für den entscheidungsorientierten Ansatz sind Quellen *Ansoff, H. I.* „Corporative Strategy—An Analytic Approach to Business Policy for Growth and Expension“ New York/San Francisco 1965 (dtsch.: „Management-Strategie“ München 1966) und *Simon, H.* „The New Science of Management Decisions“ New York 1960.

[155] *Heinen* „Denkansätze“ S. 45.

[156] Vgl. etwa *Gäfgen, G.* „Theorie der wirtschaftlichen Entscheidung — Untersuchungen zur Logik u. ökonomischen Bedeutung des rationalen Handelns“ Tübingen 1963, S. 26 ff.

[157] So *Heinen* „Denkansätze“ S. 46; *ders.* „BWL heute — Die Bedeutung der Entscheidungstheorie für Forschung und Praxis“ Wiesbaden 1966, S. 5; *ders.* „Der entscheidungsorientierte Ansatz“ ZfB 1971, S. 429 ff. (sowie in *Kortzfleisch* „Wissenschaftsprogramm“ S. 21 ff.).

den sog. offenen Modellen von Bedeutung, die im Gegensatz zu den geschlossenen nicht von gegebenen Zielvorstellungen ausgehen und nicht von Umwelteinflüssen absehen[158]. Zunächst gewann so die Diskussion über Unternehmensziele zunehmend an Bedeutung, insbesondere nachdem man erkannt hatte, daß der Entscheidungsprozeß durch Zielvorgaben gesteuert wird (werden kann), und daß auch gerade die Zielentscheidungen selbst in solchen Prozessen ablaufen. In der Folge wurde „Unternehmensplanung" ein zentrales Stichwort. Planung ist dabei zu verstehen als Steuerung von Verhaltensweisen auf der Grundlage lang-, mittel- bzw. kurzfristiger Ziele (im Grunde geht es hier um eine „verlängerte" Zieldiskussion), d. h. als Ableitung spezifischer Zielbündel für die Untersysteme in der Unternehmung aus den allgemeinen Unternehmenszielen[159].

Der zweite wichtige Fortschritt gegenüber der traditionellen BWL ist die Berücksichtigung von Faktoren der Umwelt der Unternehmung, oder wie Heinen es ausdrückt, die „Ergänzung durch das Grundmodell ‚Gesellschaft'"[160]. Es soll dabei nicht die Gesamtgesellschaft zum Erkenntnisobjekt der BWL erklärt, sondern der Tatsache Rechnung getragen werden, daß Unternehmungen gesellschaftlich betroffene Objekte darstellen, denn „ihre Mitglieder werden von der Gesellschaft beispielsweise über die Sozialisation wirtschaftsordnungs- und kulturbedingter Wertvorstellungen sowie durch institutionelle Einflüsse in ihrem Entscheidungsverhalten beeinflußt"[161]. Zwar geht dieser Fortschritt nicht so weit, dem Gedanken der Beeinflussung des institutionellen Rahmens gerade durch das betriebswirtschaftliche Handeln selbst[162] noch Rechnung zu tragen, jedoch wird ausdrücklich der Weg zur Einbeziehung der Erkenntnisse anderer Sozialwissenschaften beschritten und erstmals die Unternehmung als Beziehungsgefüge von

---

158 *Heinen* „BWL heute" S. 8; zu den dabei verursachten Schwierigkeiten innerhalb der Entscheidungstheorie vgl. etwa *Kaufmann, A.* „The science of Decision-Making" London 1968 sowie *Kirsch, W.* „Entscheidungsprozesse" insbes. Bd. 3 „Entscheidungen in Organisationen" Wiesbaden 1971.

159 Zu den Komplexen: Unternehmensziele, Zielbildung und Planung gibt es daher eine fast unübersehbare Literatur. Hier sei nur verwiesen auf *Bidlingmaier, J.* „Zur Zielbildung in Unternehmensorganisationen" ZfbF 1967, S. 246 ff.; und den übersichtlichen Abschnitt in *Raffée, H.* „Grundlagen der BWL" Göttingen 1974, S. 121 ff.; zu Planung *Wild, J.* „Grundlagen der Unternehmensplanung" Reinbek bei Hamburg 1974; *ders.* (Hrsg.) „Unternehmensplanung" Reinbek b. Hamburg 1975; zum organisatorischen Aspekt vgl. *Kloidt/Dubberke/Göldner* „Zur Problematik des Entscheidungsprozesses" in: Kosiol, E. (Hrsg.) „Organisation des Entscheidungsprozesses" 2. Aufl., Berlin 1975, S. 9 ff.

160 *Heinen* „Entscheidungsorientierter Ansatz" ZfbF 1971, S. 433; vgl. auch *ders.* „Denkansätze" S. 46 ff.

161 *Heinen* „Denkansätze" S. 46.

162 Vgl. etwa *Loitlsberger* „Wertvorstellungen" S. 94.

Organisationsmitgliedern mit unterschiedlicher Interessenlage und differierenden Machtpositionen interpretiert[163].

Konsequent hat daher auch die Projektgruppe des WSI einen entscheidungsorientierten Ansatz zugrundegelegt, ist dabei aber ausdrücklich über die formale Entscheidungsorientierung hinausgegangen und hat auf die hinter den Entscheidungen liegenden Interessen abgestellt. Die Relevanz der Zielbildungsprozesse und der Zielsysteme für das Verhalten der Unternehmung zur Umwelt wird zwar betont, als notwendig wird aber gleichermaßen die Berücksichtigung der politischen Aspekte der Bildung von Unternehmenszielen angesehen (Interessenlage der abhängig Arbeitenden, gesamtwirtschaftliche Entwicklungstendenzen etc.). Beides kann eine rein formale Behandlung der Ziele durch die Entscheidungstheorie nicht leisten kann[164]. Soll die AOEWL klar „Ansatzpunkte für die Umstrukturierung der Entscheidungen über den Aufbau der Einzelwirtschaft und den Ablauf der einzelwirtschaftlichen Tätigkeiten unter veränderten gesellschaftlichen Bedingungen geben“[165], so bietet die Entscheidungsorientierung mit dem Ansatz an Zielbildungsprozessen und Unternehmensplanung (deren Beherrschung und Kontrolle) einen hervorragenden Ausgangspunkt dafür, strukturelle Veränderungen im Unternehmensgeschehen selbst sowie im Verhalten zur Umwelt auch durchzusetzen.

2.4.2.2. Das Konzept der AOEWL ist ein umfassendes betriebswirtschaftliches Konzept, das die Behandlung der Probleme der abhängig Arbeitenden erstmals in den Mittelpunkt stellt. Die noch unzureichende Beschäftigung mit den Bedürfnissen und Interessen der Arbeiter in der traditionellen BWL[166] — diese werden lediglich betrachtet als Randbedingungen der Gewinnerzielung des Kapitalinteresses — wird ersetzt durch die analytische Kategorie der emanzipatorischen Rationalität der AOEWL. Einbezogen sind sowohl ökonomische als auch darüber hinausgehende Interessen, etwa die Verbesserung der Lebensqualität und eine kollektiv-solidarisch verstandene Selbstverwirklichung[167]. Die schon oben öfters kritisierte rein instrumentale und praxeologische Ausrichtung der herkömmlichen BWL wird überwunden,

[163] *Heinen* „Denkansätze“ S. 48 f. Hier zeigt sich wiederum deutlich die Verwandtschaft des entscheidungsorientierten Ansatzes mit angloamerikanischen Managementlehrmeinungen, ähnlich *March, J. G./Simon, H. A.* „Organizations“ 7th Printing, New York 1966; *Cyert, R. M./March, J.* „A Behavioral Theory of the Firm“ Englewood Cliffs/N. J. 1963; vgl. hierzu auch *Rühli* „Unternehmensführung“ Bd. I, S. 42 ff., insbes. S. 46.

[164] *WSI* Nr. 23, S. 54 ff.

[165] So ebenda, S. 34.

[166] Diese Einsicht setzt sich zunehmend durch; so ausdrücklich auch *Raffée, H.* „Grundlagen“ S. 56, 58 f.

[167] *WSI* Nr. 23, S. 27, 153.

genauso wie die ideologisch-harmonistische (oder in undiskutierten, ja teilweise sogar unausgewiesenen Prämissen verschwundene) Thematisierung der Legitimation innerbetrieblicher Herrschaftsstrukturen. Die Dimension und die Bedingungen des Direktionsproblems werden deutlich in der Formulierung der arbeitsorientierten Interessen und der Analyse der verschiedenen Entscheidungsbereiche, in denen über diese Interessen jeweils verhandelt wird. Entgegen der kapitalorientierten Strategie der Sicherung ökonomischer und politischer Machtpositionen bestimmter privilegierter Gruppen[168] durch Profitorientierung und durch weitgehenden Verzicht auf staatliche Planung und Intervention, wird hier durch die aufgezeigten Strategieansätze der Bereich deutlich, in dem relevante Rahmenbedingungen des Direktionsproblems festgelegt (und beeinflußt) werden können: der Produktionsvollzug, die Unternehmensebene, der Bereich gesamtwirtschaftlicher Steuerung sowie der Bereich regionaler und überregionaler staatlicher Aktivitäten in seiner Relevanz für die Produktionspläne bis hin zur Rolle der abhängig Beschäftigten als Konsumenten[169].

2.5. Zur marxistischen Einschätzung von Autoritätshierarchie und Produktionsleitung

Die Behandlung von speziellen Problemen geschieht im marxistischen Ansatz immer in Relation zum Begriff der Gesellschaft, enthält also eine Vorstellung des Ganzen, der Totalität[170]. Es handelt sich immer um das Zusammentragen von Bestimmungen zu einem Einzelsachverhalt im Zusammenhang der gesamten Marxschen Analyse, d. h. um eine Untersuchung der logischen Struktur des Kapitals in besonderem Hinblick auf ein besonderes Problem. Ohne hier das ganze Spektrum marxistischer Analyse des Produktionsprozesses und der spätkapitalistischen Gesellschaft aufzunehmen, sollen doch — in Anlehnung an die Darstellung von *Arndt* und *Famulla*[171] — einige Gesichtspunkte der

[168] *WSI* Nr. 23, S. 99.

[169] Vgl. *WSI* Nr. 23, S. 147 ff.; dabei ging die Projektgruppe bei der Entwicklung der AOEWL davon aus, daß von Konflikten zwischen Arbeitnehmer- und Konsumentenrolle zumindest langfristig abgesehen werden könne, da sie kaum ins Gewicht fallen (S. 148).

[170] Dabei ist freilich nicht gesagt, daß dies nur bei der Behandlung von Einzelproblemen aus marxistischer Sicht der Fall ist (vgl. als anderes Beispiel nur die AOEWL). Innerhalb der marxistischen Theorie wird das jedenfalls expliziert und die Notwendigkeit eines derartigen Vorgehens begründet, während bei vielen anderen Ansätzen diese Dimension meist entweder nicht klar offengelegt und diskutiert wird, sondern im Hintergrund der Anführungen bleibt (etwa als sog. „Offenheit") oder im Anschluß an das Wertfreiheitspostulat, beispielsweise im Neopositivismus, ganz abgestritten wird. Vgl. etwa die Einleitung in *Adorno* (Hrsg.) „Positivismusstreit" und *Korsch*, K. „Marxismus u. Philosophie" 5. Aufl., Frankfurt 1972, S. 133 ff.

[171] *Arndt/Famulla* „Leitung" S. 63 - 143.

begrifflichen Bestimmung von Produktionsleitung aus der Sicht von Autoren mit marxistischem Selbstverständnis dargestellt werden.

2.5.1. Ausgangspunkte sind die Analyse der kapitalistischen Warenproduktion mit der Trennung von Eigentum an Produktionsmitteln und Arbeit und die Theorie des Mehrwerts. Waren werden grundsätzlich für den Tausch produziert, unmittelbares Ziel ist also nicht die Herstellung von Gebrauchswerten. Das Gemeinsame, das den Austausch der Waren ermöglicht und das sie repräsentieren, ist die Abstraktion vom Gebrauchswert, der selbst nur als notwendige Voraussetzung dafür erscheint, daß überhaupt getauscht wird. Diese Abstraktion führt zum Wert als bestimmtem Quantum vergegenständlichter menschlicher Arbeit und als Teil der gesellschaftlichen Gesamtarbeitszeit. Dieser Wert einer Ware ist ein Durchschnittswert und läßt sich nicht unmittelbar aus dem für die jeweilige Produktion gerade verbrauchten Quantum Arbeitszeit errechnen. Dieser Durchschnitt und die Aufteilung der gesellschaftlichen Gesamtarbeitszeit auf die einzelnen Waren existieren immer schon vorher. Erst nachhinein, im Tausch am Markt wird der Tauschwert festgestellt, also das Maß, das eine einzelne Ware in Beziehung zu einer anderen setzt, und damit in Beziehung zur Gesamtarbeitszeit. Dieser Tauschwert ist in einer dritten Ware, dem Geld, ausgedrückt und erscheint als Preis[172]. Die wirkliche Gewichtung der Waren kann also nicht vor ihrer Produktion festgestellt werden, da diese Gewichtung erst am Markt erfolgt. Hier liegt nach dem marxistischen Ansatz schon eine äußerst weitgehende Beschränkung von Planungs- und Leitungsmöglichkeiten innerhalb der kapitalistischen Warenproduktion. „Werte sind gedanklich nicht antizipierbar, planbar oder dergleichen, sie sind erst im Akt des Produzierens eine Möglichkeit. Zur Wirklichkeit werden sie erst durch den Austausch, aber dann ist auch schon alles vorbei, was hätte geplant werden können, was man hätte wissen müssen vor der Produktion. Man vergegenwärtige sich schon an diesem Punkt die Qualität einer Planung und Leitung der privaten Produktion, ...“[173].

In die Betrachtung einbezogen werden nun der Übergang von Geld zum Kapital[174], damit dessen spezifische Qualität, sich quantitativ zu vermehren und die Marxsche Theorie des Mehrwerts — also, daß diese Vermehrung sich nur durch den Kauf der Ware Arbeitskraft und dann der Konsumtion ihres höheren Gebrauchswerts im Produk-

[172] Vgl. *Marx, K.* „Grundrisse der Kritik der politischen Ökonomie“ S. 56 ff., 76; ausführlich die Darstellung bei *Mandel, E.* „Marxistische Wirtschaftstheorie“ 2 Bde., Ffm. 1972 (hier Bd. 1, Kap. I + II, S. 19 ff., 51 ff.).

[173] So *Arndt/Famulla* „Leitung“ S. 88.

[174] Vgl. *Marx, K.* „Das Kapitel“ Bd. I, MEW 23, Kap. 4, S. 161 ff.; ausführlich dargestellt bei *Mandel* „Marxistische Wirtschaftstheorie“ Bd. 1, S. 109 ff.

tionsprozeß, d.h. unter Aneignung des Mehrwerts bewerkstelligen läßt. Die Konkurrenz von Einzelkapitalen wird nun aufgefaßt als das, was den Zwang des „Kapitals im allgemeinen" sich quantitativ zu vermehren, nur noch als einen Zwang erscheinen läßt, der von anderen Einzelkapitalien aufgezwungen wird. „Die inneren Gesetze sind für die Produktionsagenten (als Vollzugs- und Leitungsorgane, U.H.) nicht unmittelbar wahrnehmbar[175]." Die Handlungen der Leitenden bewegen sich in Auseinandersetzungen auf der sachlich-stofflichen Ebene, die wertmäßige Ebene bleibt unbegriffen, der Zusammenhang zu ihr wird durch die Konkurrenz der Einzelkapitale hergestellt. Dabei kann sich die Produktionsleitung einerseits diesen Zwängen der Konkurrenz nicht entziehen, andererseits existieren diese Zwänge nur aufgrund der durch die Leitung in Bewegung gehaltenen Einzelkapitale.

Nach dem marxistischen Ansatz stellt sich so der Leitungsprozeß im Kapitalismus nicht wie in früheren Gesellschaftsformen (etwa im Feudalismus) als persönlich-fachliche Abhängigkeit dar, sondern als Subsumtion der Arbeit unter das Kapital, also als sächliches Verhalten in der Folge zwangshafter Beziehungen zwischen Lohnarbeiter und Kapitalist, die einander als Verkäufer bzw. Käufer der Ware Arbeitskraft begegnen. Beide finden den Sinn ihrer Beziehungen nicht in sich selbst, sondern sie sind beide bloß Elemente des sie determinierenden Kapitals. Hinzu kommt nun als weiterer Schritt die Veränderung der Arbeitsweise selbst mit dem Ziel, die Produktivität der Arbeit zu steigern, denn für die einfachste Art der Steigerung, die rein zeitliche Ausdehnung des Arbeitstages ohne Minderung der Arbeitsintensität, sind Grenzen gesetzt. Hier ist ein Punkt erreicht, wo nach marxistischer Analyse die Leitung als unabdingbar notwendige Produktionsvoraussetzung im Kapitalismus in den Blick kommt, denn diese Produktivitätssteigerung geschieht notwendigerweise durch Arbeitsteilung, durch kombinierte Anwendung früher selbständiger Einzelarbeiten und zugehöriger Produktionsmittel[176]. Ein Teil der Leitung wird durch die Maschinerie selbst determiniert. Die Konstruktion, Aufstellung und Geschwindigkeit von Maschinen werden wissenschaftlich erforscht und strukturieren den Arbeitsprozeß. Auch die Arbeitskraft wird durch wissenschaftliche Analyse ökonomisiert (Refa, MTM, analytische Arbeitsplatzbewertung etc.), die Leitungsfunktion wird auf allen Ebenen des Produktionsgeschehens sichtbar.

An diese Analyse der Leitungsfunktion im entwickelten Kapitalismus schließt sich direkt die Marxsche Beschreibung der Trennung

---

[175] *Arndt/Famulla* „Leitung" S. 90.

[176] Vgl. die Darstellung bei *Marx* „Kapital I" Kap. 11, S. 341 ff. (S. 356) und *Arndt/Famulla* „Leitung" S. 99 ff.

von Kapitaleigner und „fungierendem Kapitalisten" am Beispiel der Aktiengesellschaft an[177]. Die Leitungsfunktion wird losgelöst von der „zufälligen Person des Eigentümers", es wird die Möglichkeit der Delegation an Spezialisten, an eigentumslose Leitungspersonen geschaffen. Die Schranke, die das Eigentumsverhältnis für den Drang des Kapitals nach Ausdehnung darstellt, wird weggeschoben, ohne jedoch das Eigentum selbst abzuschaffen. Die Leitung wird an eine Leitungsperson delegiert, die dann die Leitungsfunktion weiter differenzieren kann. Es wird ermöglicht, „Leitende" je nach ihren speziellen Fähigkeiten einzusetzen und bei Bedarf auszuwechseln. Die einzelne Leitungsperson selbst ist nicht mehr so wichtig, während vorher ein Ausscheiden des Eigentümerkapitalisten zwangsläufig die Aufhebung dieses Einzelkapitals zur Folge gehabt hätte. Dem fungierenden Kapitalisten, der mit geborgtem Kapital arbeitet, stellt sich dann sein „Unternehmergewinn" (abzüglich des Zinsanteils infolge des Kapitalbesitzes, den er an den Eigentümer abführt) dar „als unabhängig vom Kapitaleigentümer, als Resultat seiner Funktion als Nichteigentümer, als — Arbeiter"[178].

2.5.2. Auf dem Hintergrund dieser kurzen Skizze der marxistischen Analyse des Kapitalismus, der historischen Bedingungen von kapitalistischer Produktionsleitung sowie des Zwangs für die Lohnarbeiter, ihre Arbeitskraft als Ware an die Produktionseigentümer zu verkaufen, wird zunächst die Einschätzung der traditionellen Betriebswirtschaftslehre als Unternehmerwissenschaft[179] — aber auch die Kritik an der AOEWL mit dem Tenor, die faktorielle BWL sei als Instrumentenkasten die adäquate Unternehmensführungslehre im Kapitalismus — in ihrer strategischen Bedeutung klar: Weil in der kapitalistischen Warenproduktion die Logik des Kapitals die Ausbeutung der lohnabhängigen Arbeiter bedinge, deshalb setze etwa das Konzept der AOEWL mit seiner emanzipatorischen Rationalität nicht richtig an. Nicht richtig — d. h. nicht „auf das oberste, objektive Interesse der Arbeitskraft bezogen, eine Gesellschaftsform zu verwirklichen, in der die selbstbestimmte, gemeinsame Steuerung aller gesellschaftlichen Produktions- und Reproduktionsverhältnisse möglich ist"[180].

Für die Strategiedebatte ergibt sich so die Alternative: Entweder man leitet aus der Utopie zur Schaffung einer sozialistischen Gesellschaft revolutionäre Globalstrategien ab, oder man läßt sich auf die

[177] *Marx, K.* „Das Kapital" Bd. III, MEW 25, S. 387 - 402; vgl. auch bei *Arndt/Famulla* „Leitung" S. 105 ff und Hinweise bei *Mandel* „Marxistische Wirtschaftstheorie" Bd. 1, S. 242 ff. (274).

[178] *Marx* „Kapital III" S. 393, 402.

[179] Vgl. oben die in Fn. 6 Genannten.

[180] *Schwiering/Zerdick* „Investitionsentscheidung" S. 214.

Gefahr der Reduzierung des Denkhorizontes bis zum unter den bestehenden kapitalistischen Verhältnissen instrumentell Machbaren, also Sachzwänge und Partnerschaftsideologien ein — mit dem Risiko dann real trotzdem noch gegebene Handlungschancen gar nicht mehr zu erkennen[181]. Sind diese strategischen Alternativen auch sehr unbefriedigend, so ist es doch ein Mißverständnis, das Legitimationsproblem mit dem Hinweis auf die systemübergreifende Anerkennung einer (naturhaft) notwendigen, einseitigen Direktion bei Arbeitsteilung abzutun, wie dies in BWL und Arbeitsrecht gängige Praxis ist[182]. Denn in den Vorstellungen zur Wirtschaft der Übergangsgesellschaft mit „anderen Produktionsverhältnissen und sozialistischer Produktionsweise" und zur sozialistischen Wirtschaft (Absterben der Warenwirtschaft des Staates) zeigt sich, daß bei der Einschätzung — entfremdete Arbeit unter einseitiger Direktion sei im Kapitalismus unabdingbar — an einen wandelbaren, nicht so naturgegebenen Sachverhalt gedacht ist[183].

2.6. Die Diskussion um Organisationsprinzipien und Führungsstile

2.6.1. Einzelne Organisationsprinzipien

Die bisher besprochenen betriebswirtschaftlichen Strukturierungskonzeptionen waren alle als umfassende Beschreibungen von Unternehmensführung und dabei eingesetzter Techniken gedacht. Dies gilt grundsätzlich auch für die Management-Prinzipien, die jedoch — neben den schon vom Ansatz her ausgeschlossenen Fragen der Unternehmenspolitik — häufig einzelne Strukturelemente, wie z. B. eine hierarchische Organisationspyramide, nicht speziell thematisiert, sondern als selbstverständlich vorausgesetzt haben. Im folgenden wird nun dieser Bereich der umfassend gedachten Beschreibungen verlassen und die isolierte Diskussion um wichtige Einzelelemente aufgenommen: einmal um denkbare Prinzipien der Gestaltung der innerbetrieblichen Organisation (2.6.1.) und dann um den Führungsstil (2.6.2.)

---

[181] Derartige Strategiediskussionen wurden für die institutionelle Mitbestimmung ausführlich geführt, vgl. *Deppe, F. u. a.* „Kritik der Mitbestimmung" Frankfurt 1969, S. 152 ff. oder *IMSF* (Hrsg.) „Mitbestimmung als Kampfaufgabe — Grundlagen/Möglichkeiten/Zielrichtungen" Köln 1971.

[182] Vgl. so etwa in der BWL *Gutenberg* „Grundlagen" S. 9 f.; beim Direktionsrecht *Birk* „Leitungsmacht" S. 11 ff., *Adomeit* „Rechtsquellenfragen" S. 99/100; ein arb.-rechtl. Systemvergleich BRD—DDR bei *Rüthers, B.* „Arbeitsrecht und politisches System" Frankfurt 1973, S. 31 f., 96 ff. (DDR) und S. 53 ff., 93 ff. (BRD).

[183] Als Analyse zur Wirtschaft der Übergangsgesellschaft vgl. *Mandel* „Marxistische Wirtschaftstheorie" Bd. 2, S. 764 ff.; zur sozialistischen Wirtschaft vgl. S. 829 ff.

2.6.1.1. Das traditionelle Stab-Linie-Konzept

Entsprechend dem Verrichtungsprinzip wird die unter der Betriebsführung angesiedelte zweite funktionelle Ebene nach Verrichtungen wie Fertigung, Absatz, Finanzierung etc. gegliedert. Die so entstandenen Einheiten werden Instanzen genannt. Charakteristisch für dieses Konzept ist weiter das schon von Fayol aufgestellte Prinzip der Einheit der Auftragserteilung. Eine Instanz erhält also nur von einer einzigen ihr übergeordneten Instanz sämtliche an sie ergehenden Weisungen und Aufträge; es entsteht die Linie, eine streng hierarchisch gegliederte Organisationsform[184].

Die Übernahme des Stabsgedankens in der Wirtschaft wurde durch seine zunehmende Bedeutung im militärischen Bereich[185] entscheidend gefördert. *Henri Fayol*[186] zeigte (aufgrund des Studiums der Effizienz des preußischen Generalstabes im Kriege 1870/71) die Vorteile der Verstärkung der Unternehmensführung durch eine Gruppe von Spezialisten, die sich vorwiegend Planungsaufgaben oder Aufgaben im Bereich der direkten Entscheidungsvorbereitung widmen. Die Einheit der Auftragserteilung wird bis heute dadurch aufrechterhalten, daß diesen Stabsabteilungen grundsätzlich kein Weisungsrecht gegenüber den Instanzen zusteht. Stäbe können entweder als nur der obersten Instanz zugeordneter Führungsstab, als zentrale Stabsstelle mit der Aufgabe eines Führungsstabes sowie gleichzeitig der Beratung von Instanzen der 2. Ebene, oder als Stäbe auf mehreren Ebenen eingeführt werden[187]. Für die Informationsbeziehungen gilt, daß nur jeweils über- bzw. untergeordneten Instanzen miteinander kommunizieren und jeweils die Instanz mit ihrem zugeordneten Stab. Bestehen Stäbe auf mehreren Ebenen, so können sie grundsätzlich nicht direkt miteinander Informationen austauschen[188]. Diskutiert wurde auch eine Stabshierarchie mit fachlichen Weisungsrechten der übergeordneten Stäbe. Die Stabsdoktrin soll dadurch gewahrt werden, daß auch hier Stabsstellen kein Weisungsrecht gegenüber den Linieninstanzen bekommen. Die Gefahr von Kompetenzkonflikten bleibt gleichwohl besonders groß.

---

184 Vgl. hierzu kritisch *Irle, M.* „Macht und Entscheidung in Organisationen — Eine Studie gegen das Linie-Stab-Prinzip" Frankfurt 1971.

185 Für diesen Bereich wurde es erstmals umfassend operationalisiert durch *Clausewitz* „Vom Heere"; nach *Grochla* „Unternehmensorganisation" S. 181 ist es erstmals nachweisbar in der Organisationsstruktur der kath. Kirche des Mittelalters.

186 *Fayol* „Verwaltung".

187 Skizzen finden sich bei *Grochla* „Unternehmensorganisation" Abb. 40, S. 183.

188 Eigene Verhaltensregeln für die Stabsstellen sind zusammengestellt bei *Höhn, R.* Stichwort „Stabsstellen" HdO, Sp. 1543.

Die Effizienz der Stab-Linie-Konzeption wurde vor allem mit zwei Argumenten stark bezweifelt[189]: einerseits werden durch die starke Hierarchisierung schnelle Anpassungsfähigkeit und die Möglichkeit von Innovation beträchtlich eingeschränkt; andererseits wird darauf hingewiesen, daß doch große Kompetenzkonflikte mit negativen Auswirkungen durch die starre Trennung zwischen Entscheidungsvorbereitung und Entscheidung bzw. Durchsetzung entstehen können. Dies insbesondere, da die Stäbe aufgrund ihres Spezialwissens und der Möglichkeit, Informationen zu manipulieren oder bestimmte Interpretationen zu favorisieren, eine ziemlich große Macht ausüben können. Die Linieninstanzen werden dagegen ihre formellen Kompetenzen zu wahren suchen und daraus entstehen typische Kommunikationsschwierigkeiten. Verstärkt wird dies teilweise dadurch, daß die Stäbe — insbesondere im Forschungsbereich — sich vorwiegend aus Akademikern zusammensetzen, die Linieninstanzen sich jedoch nicht am Status des Wissenschaftlers oder an akademischen Standes- und Wertvorstellungen orientieren, sondern (im Stab-Linie-Konzept) am Organisationsziel. In diesem Sinne schreibt auch Grochla, daß „dieses traditionelle Konzept das Problem einer Verbindung von kooperativer Zusammenarbeit und Spezialisierung nicht in befriedigendem Maße zu lösen vermag“[190].

2.6.1.2. Die Matrix-Organisation

Diese (moderne) Organisationsform entwickelte sich im Anschluß an die Diskussion um verrichtungsorientierte versus divisionale (objektorientierte) Organisationsstruktur[191]. Für große Konzerne, die auf den unterschiedlichsten Produktionszweigen mit vielen verschiedenen Produkten arbeiten, erwies sich eine nach Produkten gegliederte Organisationsform (Spartenorganisation) besser als eine Aufteilung nach Verrichtungsbereichen. Das Matrix-Prinzip wurde zunächst nur für einzelne Projekte (zeitlich begrenzte Vorhaben) entwickelt. Dies war in der traditionellen Stab-Linie-Konzeption im Rahmen von Einzelprojekten innerhalb der Stäbe, in der divisionalen Spartenorganisation durchgängig möglich. Auf breiter Basis Zugang in die Großbetriebe konnte es jedoch nicht im Rahmen des Projektmanagements finden, sondern nur als sog. Produktmanagement, d. h. nicht mehr zeitlich begrenzt, sondern für einzelne Produkte als durchgängiges Organisationsprinzip[192].

---

[189] Vgl. *Irle* „Macht und Entscheidung“ S. 10 ff.

[190] *Grochla,* „Unternehmensorganisation“ S. 187.

[191] Zum Diskussionsstand vgl. *Eisenführ, F.* „Zur Entscheidung zwischen funktionaler und divisionaler Organisation“ ZfbF 1970, S. 725 ff.

[192] Vgl. ausführlicher *Grochla, E.* „Neue Konzepte der Unternehmensorganisation — Eine Strukturanalyse“ in: Wild, J. (Hrsg.) „Unternehmens-

Die traditionelle, vertikal nach den einzelnen Verrichtungsbereichen gegliederte Organisation wird horizontal von einer produktorientierten Organisationsstruktur überlagert, bei der der Produktmanager die Kompetenz für die Fertigstellung etc. des einzelnen Produktes erhält. Durch die Überlagerung beider Prinzipien entsteht eine Matrix. Dabei sind die Kompetenzen von vornherein geteilt: Die Linienmanager sind im Rahmen ihres Verrichtungsbereichs für alle Produkte zuständig und kümmern sich um das „wie?" der Verrichtung. Die Produktmanager sind für ihr Produkt in allen Funktionsbereichen zuständig und kümmern sich um das, „was?" erledigt wird und darum, „wann?" es erledigt wird.

Das Problem der geteilten Kompetenzen ist die Achillesferse der Matrixorganisation, denn für den reibungslosen Ablauf des Gesamtprozesses kommt es entscheidend auf die Zusammenarbeit zwischen Produkt- und Funktionsmanagern an. Die Produktmanager sind Spezialisten für die Planung, Koordination und Kontrolle der notwendigen Tätigkeiten, die Funktionsmanager Spezialisten für die Realisation und die direkte Personalverantwortung in den Fertigungsstellen. Es hängt also stark vom Geschick des Produktmanagers ab, wie weit er die Fülle der Einzelaktivitäten auf sein Produkt ausrichten kann und das eingesetzte Personal zu motivieren fähig ist[193]. Zur Regulierung des Konfliktpotentials und zur Vermeidung ruinöser Auseinandersetzungen können in die Matrix-Organisation bestimmte Stabilisatoren eingebaut werden[194]. *Thom*[195] schlägt als Möglichkeiten vor, einer der beiden Seiten ein leichtes Kompetenzübergewicht zu geben oder in der laufenden Arbeit eine Instanz mit dem Recht zum kurzfristigen Stichentscheid zu versehen. Ansonsten bleibe die Möglichkeit, bestimmte Rahmenbedingungen von einer übergeordneten Zentralstelle aus festzulegen. *Dullien*[196] schlägt als Koordinationsmittel gegenseitige Verhandlungen und die Einrichtung von Entscheidungskollegien vor. Das kann zwar zur Milderung von dysfunktionalen Konflikten führen, aber hat den Preis sehr großen Verwaltungs- und Zeitaufwandes.

Mit dem Grad der Bewältigung dieser Koordinationsaufgabe steht und fällt die Effizienz der Matrix-Organisation, die Ausnutzung ihrer

führung" FS für E. Kosiol, Berlin 1974, S. 297 ff. (313 ff.) und *Grochla*, „Unternehmensführung" S. 205 ff.

[193] So *Thom, N.* „Zur Leistungsfähigkeit der Projekt-Matrix-Organisation" IO 1973, S. 125 f., vgl. auch *Grochla* „Unternehmensorganisation" S. 208 f.

[194] Zur allgemeinen Koordinationsproblematik vgl. die Übersicht bei *Drumm, H.-J.* „Zur Koordinations- und Allokationsproblematik bei Organisationen mit Matrix-Struktur" in: Wild, J. (Hrsg.) „Unternehmensführung" S. 323 ff.

[195] Vgl. *Thom* „Leistungsfähigkeit" IO 1973, S. 126; ähnlich auch *Timmermann, M.* „Matrix-Management" IO 1971, S. 315 ff.

[196] *Dullien, M.* „Flexible Organisation" Köln/Opladen 1972.

Vorteile bei sehr komplexen Aufgabenstellungen (Zielstrebigkeit und Flexibilität) sowie die Ausnutzung ihrer sehr großen Reagibilität gegenüber veränderten oder neuen Aufgaben[197].

2.6.1.3. Gruppe und Team

Dieses Organisationsprinzip kann entweder an einzelnen Stellen in andere Konzepte eingebaut werden, etwa für eine Linieninstanz, einen Stab, als Kollegialorgan zur Abstimmung in der Matrix etc., oder als durchgängiges Prinzip angewandt werden. Als Effizienzvoraussetzungen für Gruppenarbeit werden zumeist beschrieben:

— das Bestehen eines gemeinsamen Gruppenziels, weitgehende Entscheidungsdezentralisation — also Einrichtung autonomer Bereiche für die Gruppen

— Abschwächung der hierarchischen Beziehungen — der Gruppenleiter hat nur eine zusätzliche besondere Funktion (Koordination), die nicht personengebunden ist

— die gemeinsame Verantwortung aller Gruppenmitglieder für die Erreichung des Gruppenziels[198].

Ziel ist die bessere Aktivierung vorhandener Fähigkeiten, eine Konfliktminimierung, bessere gegenseitige Information und die Erhöhung der Flexibilität der Organisation[199].

2.6.1.4. Das Konzept der sich gegenseitig überlappenden Gruppen (Likert)

Likert hat durch Auswertung der Literatur zur Kleingruppenforschung, vor allem bezüglich der Abhängigkeit von Gruppenverhalten und Leistung[200], ein System sich gegenseitig überlappender Gruppen erstellt[201]. Grundgedanke ist, die vertikale Anordnung zweier Personen unterschiedlicher hierarchischer Ebenen dadurch zu ersetzen, daß der Vorgesetzte mit dem direkt Untergebenen zu einer Arbeitsgruppe zusammengefaßt wird. Damit entsteht ein System von untereinandergeschalteten Kleingruppen, die sich vertikal überlappen, indem die Leiter der untergeordneten Gruppe jeweils Mitglieder der überge-

---

[197] Ebenso die abschließende Beurteilung bei *Thom* „Leistungsfähigkeit" IO 1973, S. 127 ff.

[198] Vgl. etwa *Grochla* „Unternehmensorganisation" S. 214 ff. oder ausdrücklich die im folg. angegebene Literatur.

[199] Vgl. die Darstellung in *Golembiewski, R.* „Toward the Colleague Concept of Staff: The Team as an ‚Organizing' Device" in: *ders.* „Organizing Man and Power" Chicago 1967, S. 118 ff.

[200] Vgl. *Likert, R.* „Neue Ansätze der Unternehmensführung" Bern/Stuttgart 1972, S. 34 ff.

[201] *Likert* ebenda und *ders.* „The Human Organization—It's Management and Value" New York/St. Louis 1967.

ordneten sind[202]. Die Verantwortung gegenüber der nächsthöheren Gruppe trägt der Gruppenleiter. Bei nicht zu lösenden Konflikten innerhalb der Gruppe muß nach Likert ausnahmsweise der Gruppenleiter auf seine institutionalisierte Autorität zurückgreifen.

Hier liegt der Angelpunkt dafür, daß nun aber starke Konflikte und Spannungen innerhalb der Gruppen auftreten können. Als ergänzendes Prinzip führt Likert daher die „supportive relationship“[203] zwischen den Unternehmensmitgliedern ein. Darunter versteht er einen notwendigen, angemessenen Grad an Übereinstimmung von Unternehmens- oder Organisationszielen mit den Wünschen und Bedürfnissen der Einzelmitglieder. Hinsichtlich der Gruppen- und Individualziele unterstellt er eine weitgehende Übereinstimmung. Interessengegensätze werden somit in der Konzeption weitgehend nicht berücksichtigt. Durch die nur geringe Relativierung der Machtbeziehungen — ausgedrückt etwa in der Autorität der Gruppenleiter — haben abweichende Interessenstandpunkte so auch wenig Chance, durchgesprochen oder gar einmal durchgesetzt zu werden[204].

2.6.1.5. Das Konzept der teilautonomen Gruppen (Schweden)

Besonders *Volvo* in Schweden stellt seit Ende der 60er Jahre umfangreiche Versuche hinsichtlich der Umgestaltung von Arbeitssystemen und Organisationsformen an. Element dieser Versuche ist die Entwicklung von Gruppensystemen mit dem Ziel, „dem einzelnen ein größeres Mitspracherecht bei Entscheidungen einzuräumen und den Mannschaftsgeist durch kleine, festgefügte Gruppen zu verbessern“[205]. Die Gruppe stellt ihren Leiter selbst, die Ernennung des Gruppenleiters geht innerhalb der Gruppenmitglieder reihum. Aufgabe des Gruppenleiters ist die Vertretung der Gruppe nach außen und die Aufrechterhaltung der Verbindung zu den Vorgesetzten. Die Gruppe erhält eine bestimmte Arbeit und wird nach dem Gesamtergebnis(!) bezahlt. Die Arbeitsaufteilung innerhalb der Gruppe liegt vollständig in der Kompetenz der Gruppenmitglieder. „Die Gruppe ist dann inner-

---

202 Instruktiv sind die vielen Skizzen bei *Likert*, sie sind häufig nachgedruckt, am leichtesten zugänglich vielleicht *Grochla* „Unternehmensorganisation“ S. 216, Abb. 47.

203 Vgl. *Likert* „Unternehmensführung“ S. 113.

204 Ähnlich die Kritik bei *Budäus, D.* „Entscheidungsprozeß und Mitbestimmung“ Wiesbaden 1975, S. 144 ff.; *Bartölke, K./Wächter, H.* „Mitbestimmung und betriebswirtschaftliche Organisationstheorie“ in: Koubek „Mitbestimmung“ S. 66 ff. (hier S. 72 f., 75 f.; vgl. dazu auch die kritischen Anmerkungen zur [ebenfalls harmonistischen] Konzeption des MbM oben Abschnitt 2.2.1.4.) sowie *Peter, G.* „Modernes Management II“ Blätter 1971, S. 940 ff.

205 Vgl. die Pressemitteilung 16/1972 der *Volvo Deutschland GmbH* 6051 Dietzenbach, in: Vilmar „Menschenwürde“ S. 142 ff. (hier S. 143).

halb ihrer Produktionsphase für das System, die Einteilung der Arbeit und die Kontrollfunktion verantwortlich[206]." Müssen neue Mitglieder geschult und durch die Gruppe eingearbeitet werden, wird als Ausgleich (an die Gesamtgruppe) eine Schulungsprämie gezahlt. Zur Beratung finden Arbeitsgruppenbesprechungen statt (Besetzung: Gruppenleiter, ein weiteres Gruppenmitglied, ein Vorgesetzter, ein Produktionstechniker). Zum Ergebnis wird vom Unternehmen mitgeteilt: „Die Ergebnisse dieser Besprechungen sind oft Lösungen, die anderweitig nicht zu erreichen wären[207]."

2.6.2. Zum Führungsstil

Zu besonderen Ausprägungen der Führungsausübung gibt es in der Folge der Weberschen Typologie der Herrschaft (legal, traditional, charismatisch)[208] eine unüberschaubare Anzahl von Veröffentlichungen[209]. Die Systematisierung erfolgt dabei — ebenfalls im Anschluß an *Max Weber* — durch das Herausstellen von Idealtypen spezifischer (meist gegensätzlicher) Eigenschaften des Führungsverhaltens. Die zwei vorwiegend diskutierten Schemata sind die Ausdifferenzierung in personen-/sachorientierte sowie in autoritäre/korperative Führung.

2.6.2.1. Wie bei all diesen Kategorisierungen der Führungsstile handelt es sich bei personen-/sachorientiert um ein Kennzeichnungspaar,

---

[206] Vgl. *Volvo* Pressemitteilung 16/1972, S. 145.

[207] Vgl. ebenda; im Anschluß wird dort auch die positive Reaktion der Arbeiter beschrieben und über flankierende Maßnahmen der Arbeitsplatzgestaltung und Verbesserung der Arbeitsumwelt (etwa bei der Neukonstruktion eines Werkes in Kalmar, Schweden) als Ergebnis langfristiger Planungen in Zusammenarbeit mit Vertretern von Gewerkschaften, Gesundheits- und Arbeitsschutzabteilungen berichtet; zur Einschätzung vgl. in *Vilmar* „Menschenwürde" S. 117 ff. die Berichte von *Einar Thorsud* (Demokratisierung der Arbeitsorganisation) und S. 154 ff. von *Dietmar Gottschall* (Von einsamen Beschlüssen zu gruppendynamischen Prozessen). Zu *Einar Thorsud*, seiner Zusammenarbeit mit dem Londoner *Tavistock*-Institut und dessen Leiter *Fred Emery*, den ab 1960 daraus resultierenden norwegischen Versuchen mit teilautonomen Gruppen sowie deren Aufarbeitung in gemeinsamen Veröffentlichungen von *Thorsud/Emery* vgl. ausführlich *Lattmann, Ch.* „Das norwegische Modell der selbstgesteuerten Arbeitsgruppe" Bern 1972. Neuerdings haben diese Versuche sogar eine Darstellung in einer juristischen Fachzeitschrift gefunden, vgl. *Weil, R.* „Alternative Formen der Arbeitsorganisation. Verbesserung der Arbeitsorganisation und der Produktivität in Westeuropa" RdA 1977, S. 95 ff. (ins. S. 97 - 101).

[208] Vgl. *Weber, M.* „Wirtschaft und Gesellschaft — Grundriß der verstehenden Soziologie" 2 Bde, 4. Aufl., Tübingen 1956, (hier Bd. II, S. 551 ff.).

[209] Ein allg. Überblick läßt sich verschaffen bei *Witte, E.* Stichwort „Führungsstile" HdO, Sp. 595 ff., zu den einzelnen Aspekten jeweils *Neuberger, D.* „Experimentelle Untersuchungen von Führungsstilen" Gruppendynamik 1972, S. 192 ff.; *Scheibler, A.* „Entscheidungsformen u. Führungsstile" ZfB 1975, S. 765 ff.; *Bartölke K./Nieder, P.* „Zur Frage nach der Leistungswirksamkeit von Führungsstilen" ZfbF 1975, S. 449 ff.

durch das Tendenzen angegeben werden, die jedoch nicht miteinander unverträglich sein müssen. Zwischen den Extremen sind Mischformen möglich. Die Systematisierung dieses Paares erfolgte vor allem durch *Blake/Mouton*. Sie haben ein Verhaltensgitter (grid) aufgestellt: ein Quadrat, aufgeteilt in neun Zeilen (Betonung der Produktion) und neun Spalten (Betonung des Menschen), wobei von der ersten Zeile/Spalte an jeweils die Betonung des entsprechenden Merkmals zunimmt[210]. Jedes so entstandene Kästchen dieses „managerial grid" stellt nun einen Führungsstil dar. Die sich so ergebenden hauptsächlichen Ausprägungen (1.1., 1.9., 9.1., 9.9. und 5.5) werden im einzelnen dargestellt.

Das 1.1. Führungsverhalten stellt ein Minimum an Führung durch die Manager dar[211]. Gegenteilig ist der 9.9. Führungsstil, hier wird der Schwerpunkt auf Organisation gelegt mit dem Ziel, „Produktion und Mensch unter Voraussetzungen, die beide weitestgehend berücksichtigen", optimal aufeinander abzustimmen[212]. Beim 1.9 Führungsverhalten ist Devise „Nette Menschen vertragen sich", und der Vorgesetzte tritt eher „als großer Bruder denn als strenger Vater" auf[213], während bei 9.1. die Menschen lediglich „als bloße Wirkungen der Produktion" gesehen werden; kontrolliert wird dann nach der Devise „Produziere oder sterbe"[214]. Das 5.5. Führungsverhalten ist eine Mischung aus allem: Es wird auf Mensch wie auf Produktion geachtet, die Organisation ist nicht zu straff, berücksichtigt auch informelle Prozesse, ist aber doch vorhanden und spürbar. Schwierigkeiten entstehen jedoch dabei, informelle und offizielle Prozesse und Machtstrukturen im Gleichgewicht zu halten[215]. Betont werden sollte vielleicht, daß es sich hierbei um eine vieldiskutierte Monographie handelt.

2.6.2.2. Die Unterscheidung autoritär/kooperativ wurde eingeführt durch die klassische Untersuchung von *White* und *Lippitt* über Führungsstil und Leitung in autoritärer und demokratischer[216] Gruppen-

---

210 Vgl. *Blake, R. R./Mouton J. S.* „The Managerial Grid — Key Orientations for Achieving Production Through People" Houston 1964 (dtsch. „Verhaltenspsychologie im Betrieb — Das Verhaltensgitter" Düsseldorf—Wien 1968) S. 33.

211 *Blake/Mouton* „Grid" S. 110 f. (1. 1. stelle dar „anwesend und doch abwesend zu sein").

212 Ebenda, S. 180.

213 Ebenda, S. 87 f.

214 Ebenda, S. 61 f.

215 Ebenda, S. 139 f.

216 Demokratisch wird dabei von sehr zahlreichen Autoren mit kooperativ gleichgesetzt, vgl. etwa *Grochla* „Unternehmensorganisation" S. 101; weitere Hinweise bei *Budäus* „Entscheidungsprozeß" S. 79.

atmosphäre[217]. Abgestellt wird häufig auf die Möglichkeit von Zwischenlösungen[218].

Die autoritäre Führung ist gekennzeichnet durch direkte Leitungsbeziehungen von Vorgesetzten zu Untergebenen. Betont werden Status, Autorität und Repräsentation. Die Geführten sind eingestellt auf Respekt, Ehrfurcht und Pflichtbewußtsein. Entscheidungen werden allein durch die Vorgesetzten getroffen und in Befehlsform an die Untergebenen weitergegeben.

Bei kooperativem Führungsstil haben die Mitglieder der Organisation Möglichkeiten zur Mitwirkung. Dabei kann die kooperative Führung als Form der Koordination von Handlungen auf verschiedenen hierarchischen Ebenen interpretiert werden[219]. Ehe Entscheidungen gefällt werden, werden die Geführten nach ihrer Einstellung befragt und mögliche Alternativen diskutiert oder aufgezeigt. Da die Unternehmensziele meist recht allgemein formuliert sein werden, ergibt sich hier ein Spielraum um individuelle Gegebenheiten, Vorstellungen und von den Geführten vorgeschlagene Handlungsalternativen zunächst zu diskutieren und eventuell bei der Konkretisierung der Einzelziele auch zu berücksichtigen[220]. Insofern sind also hier Möglichkeiten gegeben, im Unternehmen zumindest einen Einfluß innerhalb der Führungsrichtlinien auf die konkrete Zielsetzung auszuüben[221]. Wie in einem Bericht (über die Praxis bei der allgemein als mustergültig eingeschätzten IBM) zu lesen ist, ist jedoch diese Beeinflußbarkeit der konkreten Zielableitung relativ selten reale Möglichkeit. Meist werden die schon vorher festgelegten Entscheidungen der Führungskräfte auch umgesetzt[222]. Der

---

217 *White R. K./Lippitt, R.* „Autocracy and Democracy — An Experimental Inquiry“ New York 1960.

218 So insbes. *Irle, M.* Stichwort „Führungsprobleme, psychologische“ HdO, Sp. 583 ff.; anderer Ansicht wohl *Scheuplin, H.* „Die Aufgabe unternehmerischer Führungskräfte und ihre Förderung“ Köln/Opladen 1967, S. 58, der eine genauere Systematisierung vornimmt und ‚kooperativ‘ unter statusbezogen, autoritär jedoch unter den entscheidungsbezogenen Führungsstil einordnet.

219 Eine ausführliche Diskussion vieler Aspekte des kooperativen Führungsstils (auf 2 Expertenkonferenzen zu diesem Thema) wird dokumentiert in RdJB 1975. Ausgehend von den Thesen von *Neumann, K. H.* „Optimal führen“ (vgl. die Einleitung dieser Berichterstattung: *Neumann, K. H.* „Führen u. Kooperieren“ RdJB 75, 97 ff.) wird berichtet zu den Aspekten kooperativer Führung „als Bildungsauftrag“ von *Dürr, O.* in RdJB 75, 99 ff.; im Blick auf „Erfolgsdenken u. sozialen Fortschritt“ von *Franke, J.* RdJB 75, 105 ff.; bei der „Bundeswehr“ von *Gerber, J.* RdJB 75, 112 ff.; als „sozialethischer Auftrag“ von *Müller, E.* RdJB 75, 128 ff. und aus christlicher Sicht „Führen als dienen“ von *Naumann, K.* RdJB 75, 132 ff.

220 Eine Fülle von Einzelgesichtspunkten hierzu bei *Seidel, N.* „Management unkonventionell“ 3 Bde, 2. Aufl., Darmstadt 1975 (hier Bd. III „Phantasie und Praxis der Betriebsführung“ S. 423 ff.).

221 Vgl. *Lattmann, Ch.* „Führungsstil und Führungsrichtlinien“ Bern/Stuttgart 1975, S. 56 ff.

Unterschied zum autoritären Führungsstil liegt darin, daß jetzt dieses Durchsetzen im Normalfalle argumentativ zu begründen versucht wird, also nicht nur per bloßer Befehlsübermittlung geführt wird[223].

2.6.3. Ansatz und Beurteilung

Die betriebswirtschaftliche Organisationslehre ist stark praxeologisch und instrumental ausgerichtet[224]. Sie geht von den betrieblichen Zielen als Daten aus und versucht, bestimmte Organisationsprinzipien zur optimalen Erreichung der vorgegebenen Ziele zu finden und zu diskutieren. Benutzt wird fast ausschließlich der systemorientierte Ansatz. Obwohl dabei die Unternehmung als offenes System in Interdependenz zu ihrer Umwelt betrachtet wird, führt dieser Ansatz nicht zur Problematisierung unterschiedlicher sozioökonomischer Machtpositionen oder der Auswirkungen von Interessengegensätzen (wie etwa beim Ansatz der AOEWL). Unter den Umweltfaktoren werden lediglich einige relevante Marktbedingungen und die „sich verändernde Technologie" angesprochen[225/226]. Immer wieder diskutiert wurde eine Anwendung der Spieltheorie. Da hier jedoch erhebliche Hindernisse — insbesondere das Problem einer zufriedenstellenden „anwendungsreifen" Ausformulierung der Spieltheorie — bestehen, ist dies über sporadische Versuche nicht hinausgegangen[227]. Ähnlich wird die Dis-

---

[222] Vgl. dazu sehr plastisch (am Beispiel der Terminierung von Projekten) *Ludwig* „Innenwelt" S. 15 f.

[223] Zu weitgehend insofern die Bemerkungen von *Grochla* „Unternehmensorganisation" S. 101; realistischer *Budäus* „Entscheidungsprozesse" S. 81.

[224] Die gesamte Problematik des Ansatzes der betriebswirtschaftlichen Organisationslehre (insbes. des systemorientierten Ansatzes) diskutiert *Kosiol, E.* „Organisation — der Weg in die Zukunft" ZfO 1973, S. 3,7 ff.; einen Einblick gibt auch *Frese, E.* „Betriebswirtschaftliche Organisationstheorie und Verhaltenswissenschaft" ZfbF 1973, S. 202 ff.; die Folgen derart einseitigen Verzichts auf historisch-utopische Orientierung diskutiert ausführlich *Burisch, W.* „Organisation als Ideologie" Stuttgart u. a. 1973, S. 35 ff.

[225] Vgl. *Grochla* „Unternehmensorganisation" S. 149.

[226] Als Stichwort nun ‚Situationstheorie der Führung'. Insbesondere *Staehle, W. H.* „Organisation und Führung sozio-technischer Systeme — Grundlagen einer Situationstheorie" Stuttgart 1973, hat aus der Kritik der isolierten Behandlung einzelner Elemente der Gestaltungsproblematik versucht, die Gesamtsituation der Unternehmung wie auch die Interdependenzen hinsichtlich der Situation der Organisationsmitglieder zu berücksichtigen; diesen Anspruch konnte *Staehle* jedoch in seiner Monographie noch kaum einlösen, dort sind eher auf der Stufe der programmatisch-konzeptionellen Vorarbeit Schwerpunkte gesetzt; so vermißt auch *Kubicek, H.* (Bspr.) ZfbF 1974, S. 139 f. die Darstellung eines Aussagesystems einzelner Einflußfaktoren.

[227] Vgl. den guten Überblick bei *Wild, J.* „Spieltheorie und Organisation" ZfbF 1967, S. 704 ff.; dort finden sich auch weiterführende Hinweise auf relevante Einzelstellen bei den ‚Klassikern' der Spieltheorie; hier seien nur als wichtigste genannt: *Morgenstern, O./J. Neumann*, „Theory of Games" Princetown 1944 und *Shubik, M.* „Games, Decisions and Industrial Organizations" Management Science, Vol. 6 (1960), S. 455 ff.

kussion der Führungsstile zweckrational bis heute als eine Diskussion um Mittel geführt, mit denen — von einer übergeordneten Entscheidungseinheit — festgelegte Ziele umgesetzt und erreicht werden können. Die Autoritätshierarchie der Unternehmung bleibt dabei grundsätzlich unangetastet und ist nicht Gegenstand der Diskussion[228].

Versucht man die Ausprägungen der Führungsstile den Modellen und Prinzipien zuzuordnen, so läßt sich für die Skalierung autoritär/kooperativ bezüglich der Management-Prinzipien feststellen, daß MbE und MbD wohl mit dem autoritären und dem kooperativen Führungsstil zu vereinbaren sind, während etwa MbO, MbS sowie ganz ausgeprägt MbM (das ja selbst inhaltlich Teile des kooperativen Führungsstils enthält) einen kooperativen Führungsstil voraussetzen. Für die dargestellten Führungsmodelle gilt, daß das DIB/MAM-System im Gegensatz zum Harzburger Modell[229] auf kooperativen Verhaltensformen der Führungskräfte aufbaut, obwohl gerade beim HM von dessen Apologeten Höhn die ausdrückliche Abkehr von der autoritären Führung propagiert wurde. Nicht so eindeutig ist die Zuordnung für die AOEWL. Die Frage nach der Zuordnung eines Führungsstils ist wohl schon falsch gestellt. Für die AOEWL ist Mitbestimmung das umfassende Stichwort und zwar sowohl Mitbestimmungspolitik nach innen (Klärung des Interesses) als auch nach außen (Durchsetzung dieser Interessen). Die Frage nach dem Führungsstil wird dann irrelevant; es geht darum, Mitbestimmungssituationen „überall dort einzurichten, wo Entscheidungen getroffen werden, die die Interessen der abhängig Beschäftigten berühren" sowie darum, daß die Vertreter der jeweils von Entscheidungen Betroffenen „demokratisch bestellt" und „wirksam kontrolliert" werden[230].

Autoritär wie kooperativ läßt sich innerhalb einer Stab-Linie-Konzeption, aber auch bei divisionalisierten Organisationsformen führen. Für die Matrixorganisation ist ein kooperatives Zusammenwirken von Funktions- und Produktmanager jedoch unverzichtbar. Gleiches gilt für die Gruppen- und Teamkonzepte. Wird dabei aber mit dem Gruppenkonzept auch über die Vorstellungen von Likert hinaus Ernst gemacht, dürfte der kooperative Führungsstil noch zu „autoritativ" sein. Konzeptionen wie den „teilautonomen Gruppen" ist ein demokratischer Führungsstil mit „echten" Mitbestimmungsrechten der Gruppenmitglieder selbst am ehesten adäquat. Denn es geht dabei

[228] Vgl. *Budäus* „Entscheidungsprozeß" S. 79 u. 85 f. m. w. N.; ebenfalls kritisch *Schumm-Garling* „Leitung" GMH 1974, S. 556 f.

[229] Vgl. genauso *Zepf, G.* „Kooperativer Führungsstil u. Organisation" Wiesbaden 1972, S. 146 ff., ebenfalls gleicher Ansicht aus der Perspektive der Verwaltung *Lepper, M.* „Kooperativer Führungsstil u. Verwaltungsorganisation" Die Verwaltung 1975, S. 252 ff. (hier S. 261).

[230] Vgl. dazu ausführlicher *WSI* Nr. 23, S. 36 f., 266 ff. (Zitate S. 268/269).

auch darum, Organisationsziele genau festzulegen und nicht (wie bei „Kooperations"-Führungsstil) den Mitgliedern der Organisation nicht kooperativ festgelegte Ziele näherzubringen und unter Verzicht auf direkte Befehle oder Androhung harter Sanktionen deren Realisierung sicherzustellen. Es wird dort (ebenso gegensätzlich) weder die Arbeitnehmerfunktion mechanistisch-instrumental interpretiert (Betriebsmittel), noch haben die Arbeitnehmer weiter grundsätzlich die Weisungen der Unternehmensführung entgegenzunehmen und auszuführen — wobei der Führungsstil lediglich die Art beschreibt, wie Weisungen gegeben werden.

3. Auswirkungen für die rechtlichen Ordnungsvorstellungen

Zieht man nun die Summe aus den diskutierten sozialwissenschaftlichen Beiträgen zum Direktionsproblem, so wird unmittelbar deutlich, daß sie eine wertvolle Ergänzung und dann aber auch inhaltliche Weiterführung der rechtstheoretisch geleiteten Kritik darstellen. Sicher, der Schlüssel für die juristische Lösung des Direktionsproblems liegt in deren methodologischer Basis. Schon in der dazu formulierten Kritik ließen sich Mängel identifizieren und zu deren Überwindung die Notwendigkeit eines neuen Ansatzes der arbeitsrechtlichen Problemlösung ableiten. Nachdem nun das von der Sache her unmittelbar relevante sozialwissenschaftliche Problemwissen zusammengefaßt ist, läßt sich zunächst die methodologische Kritik voll bestätigen. Diese hatte das richtige getroffen, indem sie die hinter dem Sachzwangargument verborgenen Wertung als Zentrum des Interesses herausarbeitete und indem sie das dazu führende Ansetzen am speziell juristischen Problem und allgemein die Vorstellung einer besonderen Rationalität „unpolitischer" Rechts„anwendung" heftig angriff[1]. Ähnliches hatte in der normativ-praxeologisch ausgerichteten Betriebswirtschaftslehre der faktorielle Ansatz mit seinen als unpolitisch-abgeleitet postulierten Rezepturen versucht. Die „Rationalität" derartigen methodischen Vorgehens hat sich in der Analyse der neueren Betriebswirtschaftslehre überdeutlich gezeigt, die herausarbeiten konnte, daß dabei genauso dezidiert politische Stellung bezogen wird und entsprechende Entscheidungen gefällt werden, die dann in die (aufgrund angeblicher Sachzwänge zu treffenden, daher nicht weiter diskussions- und manchmal gar nicht einmal der Angabe würdigen) Prämissen transponiert werden.

Über die Bestätigung der formulierten rechtsmethodologischen Kritik hinaus läßt das interdisziplinär gewonnene Problemwissen aber dann in der Sache selbst Schlußfolgerungen für einen inhaltlichen Neuansatz und dessen (nun diskutierbare) kozeptionelle Voraussetzungen zu.

---

[1] Vgl. dazu oben die Abschnitte 1.0.1. und 1.4.

3.1. Die Unhaltbarkeit des Sachzwangarguments

Die arbeitsteilige Produktionsveranstaltung impliziert *nicht sachnotwendig* die einseitige Direktion der Produktionsmitteleigentümer. Das war schon aufgrund der betriebssoziologischen Untersuchungen zur „Managerherrschaft" hinreichend klar geworden. Daß sie erst recht nicht die einseitige Direktion durch den „Arbeitgeber" impliziert, ist den diskutierten Untersuchungen und Vorschlägen zur Gestaltung von Unternehmensorganisation und -leitung zu entnehmen. Sogar in den Strukturierungskonzeptionen in der Folge des faktoriellen betriebswirtschaftlichen Ansatzes — dessen weitgehende Identität mit den Strukturierungsvorstellungen der generell akzeptierten juristischen Diskussionsgrundlagen offensichtlich geworden ist — ist eine Auflokkerung der monokratischen Unternehmensverfassung mit entsprechend zugeordneter Weisungshierarchie unvermeidlich geworden: MbM und neuere Baukastensysteme ziehen erste (äußerst vorsichtige) Konsequenzen aus den ineffektiven und zunehmend nicht mehr funktionsadäquaten Organisationsvorstellungen traditionellen Sachzwangdenkens. In Überwindung der ausschließlichen Fixierung am technischen Produktionsapparat kommt im Gefolge der einbezogenen motivationalen Komponente erstmals die Verlagerung von Direktionsbefugnissen an die Ausführenden selbst (wenn auch nur in äußerst geringem Umfang) zum Tragen. Zur Verdeutlichung sei nochmals betont, daß damit etwas qualitativ anderes geschieht als die einfache Verlagerung direktiver Kompetenzen innerhalb der Autoritätshierarchie. Es ist die erste Überwindung des Prinzips der Trennung von Anweisung und Ausführung (Fayol). Im Gefolge des entscheidungsorientierten (und auch des systemorientierten) Ansatzes wurde dann die Erkenntnis herausgearbeitet, daß auch Unternehmensziele *festgelegt* werden müssen, und dann um die Organisation derartiger komplexer Zielfindungsprozesse debattiert. Von Sachzwängen der hier interessierenden Art ist dabei nicht mehr die Rede. *Wer* in dieser Zieldiskussion die Macht zur Entscheidung erhält, ist eine politisch im einzelnen erst zu treffende und dann entsprechend legitimationsbedürftige Entscheidung. Auch die ausführenden Arbeitnehmer sind nicht a priori aus dem Kreis der relevanten Gruppen ausschließbar. Die betriebssoziologischen Untersuchungen betonen sogar als Ergebnis von Projekten im Bereich des middle- und lower-managements die größere Effizienz einer Einbeziehung der (vorherigen) Weisungsadressaten in die Entscheidungsprozesse. Die Gruppenmodelle zeigen verschieden intensive Möglichkeiten, derartige inhaltliche Partizipation organisatorisch zu verwirklichen. Das Sachzwangargument ist durch die Erforschung partizipativer Modelle und Projekte zu den Themen „Mitbestimmung am Arbeitsplatz" und „Demokratisierung der Arbeitsorganisation" überwunden.

Für einen neuen juristischen Ansatz ist daraus zunächst ganz allgemein zu lernen, daß nach Überwindung der Sachzwangargumentation Gestaltungsvorschläge zum Direktionsproblem nur im unmittelbaren Zusammenhang mit der Legitimation der Zuweisung derartiger Machtpositionen zu lösen sind, und daß einseitige Zuweisung zu Effektivitätsverlusten statt zur optimalen Direktion arbeitsteiliger Produktionsveranstaltung führt. Sachnotwendige Voraussetzungen einer Direktion in bezug auf die Inhalte und Formen lassen sich aus Arbeitsteilung und Industrialismus nicht ableiten[2]. Was auch hier nicht unberücksichtigt gelassen werden kann ist aber, daß „es bei hochmechanisierten, teilweise automatisierten Produktionen eine bestimmte Monotonie sich wiederholender Arbeitsvollzüge und eine notwendige Einfügung in hocharbeitsteilige Kooperationen"[2] gibt, und daß trotz der organisatorischen Möglichkeiten im Gruppenmodell, trotz der erprobten Vorschläge und Konzeptionen zur Humanisierung der Arbeitswelt[3] ein wichtiger Rest notwendiger Direktionskompetenz bleibt, also „in vieler Hinsicht die Unterwerfung des einzelnen unter eine zentrale Arbeitsplanung und ein bestimmtes rational begründetes Weisungsrecht"[2] nicht zu umgehen ist. Ohne differenzierte Behandlung und Berücksichtigung beider Aspekte für Gestaltung und Legitimation von Direktionsbefugnissen ist eine rechtswissenschaftliche Bewältigung der Probleme der Produktionssphäre nicht denkbar.

3.2. Die notwendige Überwindung des Ansatzes an richterlich überprüften Einzelfällen

Die empirische Basis der juristischen Beiträge wurde nicht in der Analyse innerbetrieblicher Strukturen gewonnen, sondern reduziert sich fast nur auf die Kenntnis und Analyse der durch die Gerichte im einzelnen gelieferten „Fälle". Dabei ist schon problematisch, daß die

---

[2] *Vilmar* „Menschenwürde" S. 17; inhaltlich übereinstimmend etwa *Pross, H.* „Kapitalismus und Demokratie. Studien über westdeutsche Sozialstrukturen" Frankfurt 1972, S. 110 f. sowie die oben Abschnitt 2. Zitierten mit Ausnahme der Vertreter der faktoriellen Betriebswirtschaftslehre und der Vertreter der orthodoxen marxistischen Linie (vgl. oben 2.2. und 2.5.).

[3] Zu den Stichworten ‚job rotation', ‚job enrichment' und ‚job enlargement' ausführlich *Froemer, F.* „Arbeitshumanisierung" Opladen 1975, S. 11 ff. Dieses Buch enthält im übrigen eine übergroße Fülle an Material und weiterführenden Hinweisen (Abdrucke von wichtigen Stellungnahmen in schwerer zugänglichen Reden, aus Parteiprogrammen, Äußerungen von Gewerkschafts- und Arbeitgebervertretern usf.); zu ausländischen Konzepten neben *Vilmar* „Industrielle Demokratie" auch *Lattmann, Ch.* „Die Humanisierung der Arbeit und die Demokratisierung der Unternehmung" Bern/Stuttgart 1974, S. 127 ff.; zur marxistischen Kritik derartiger Forderungen, Modelle etc. die (nicht sehr überzeugend vorgetragene) Kritik von *Volpert, W.* „Die ‚Humanisierung der Arbeitswelt' und die Arbeitswissenschaft" Köln 1974, etwa S. 26 und passim; *Mendner, J. H.* „‚Humanisierung der Arbeitswelt' als gewerkschaftspolitisches Problem" mehrwert Nr. 9 (1975), S. 1 ff. (S. 35).

Auswirkungen der *Auswahlkriterien* für justizförmig überprüfte Weisungen nicht eingeschätzt und fruchtbar gemacht werden können. Darüber hinaus wird die Rechtsprechung nicht gerade häufig mit Direktionsproblemen konfrontiert. Endgültig verzerrend dürfte jedoch wirken, daß dies ganz überwiegend erst nach Kündigung des Arbeitsverhältnisses geschieht. Aufgrund der faktischen Macht des Arbeitgebers werden Direktionskonflikte ansonsten innerbetrieblich beigelegt: entweder durch Unterdrückung von Widerstand und Kritik, etwa im Wege der Kündigungsandrohung, durch Abänderung von Einzelweisungen (d. h. jedoch nicht notwendig Änderungen unzulässiger in zulässige, sondern nur nicht durchsetzbarer in durchsetzbare Weisungen), oder durch Austauschen des jeweiligen Weisungsadressaten (anderer Arbeitnehmer, Produktionsgruppe, Abteilung etc.). Auf diesem Hintergrund ist eine inhaltliche Konzeption nicht zu entwerfen, eine Entscheidung ist nur mit Hilfe des Schemas von *Regel und Ausnahme* möglich. *Dubischar* hat in ganz anderem Zusammenhang einmal gezeigt, daß derartig formelhafte Rechtfertigung eine Bewertung des konkreten Problems entweder unterläßt oder nicht offenlegt[4]. Beispiel hierfür ist etwa das bisher systematisch nicht weiter überdachte Verhältnis zur Betriebsverfassung: Das Direktionsrecht ist nicht anwendbar im Rahmen der mitbestimmungspflichtigen Angelegenheiten des BetrVG, soweit als zusätzliche Voraussetzung feststeht, daß in dem fraglichen Betrieb ein Betriebsrat gewählt werden kann und dies auch geschah. Die Verschiebung der Perspektive ist deutlich.

Soll juristisch zum Direktionsproblem auch inhaltlich Stellung genommen werden, kann dies nur in Kenntnis des Umfangs und der Relevanz von Direktionsbefugnissen im Unternehmen geschehen. Nur aufgrund der Vorstellung einer einseitigen Arbeitgeberdirektion ist irrelevant, daß sich die Interessenkonflikte im Unternehmen „in vielfältigen Formen aus Gestaltung, Organisation und Dynamik der betrieblichen und wirtschaftlichen Verhältnisse" ergeben[5]. Ist dieser verkürzende Ansatz überwunden, so wird das juristische Denken in direkten Beziehungen *Arbeitgeber/Arbeitnehmer* zu eng. Dies lenkt den Blick nur auf die Weisungen im Verhältnis zum Weisungsausführenden selbst, während es die Interdependenz der verschiedenen Organisationsebenen im sehr viel komplexeren Unternehmen verpaßt. Eben darum läßt sich nicht mehr feststellen, in welcher Weise die Direktionsbefugnisse über die organisatorische Struktur verteilt und in welchem Maße von den verschiedenen Stellen aus ein Einfluß auf die Festlegung der

---

[4] Vgl. *Dubischar, R.* „Grundsätze der Beweislastverteilung im Zivil- und Verwaltungsprozeß" JuS 1971, S. 385 ff. (hier 389 ff.).

[5] So zutreffend *Schwegler, L.* „Mitbestimmung — Mehr demokratische Rechte in der Wirtschaft" in: *Jacob* „Mitbestimmung" S. 61 ff. (S. 73).

Arbeitsbedingungen ausgeübt wird[6]. Löst man sich von dieser analytisch unzureichenden Begriffsbildung, so zeigt sich die Verteilung von Direktionsbefugnissen über die gesamte Unternehmensorganisation. Dabei gibt es zentrale Entscheidungsstellen, deren Planungsentscheidungen und Zieldefinitionen in umfassendem Sinne die Entscheidungsspielräume untergeordneter Ebenen festlegen. Mit dem MbO (Führen durch Zielvorgabe) haben wir ein Managementprinzip in der Folge der faktoriellen Betriebswirtschaftslehre und ihrer Intentionen kennengelernt, das als „rationalisiertes" Konzept einer einseitigen Direktion insbesondere auf dieser Einsicht aufbaut. Die Entscheidung über die Zielgrößen und über die Verfügbarkeit von Ressourcen erübrigt die Entscheidung über den Mitteleinsatz im Einzelfall — so könnte man die ratio von MbO kurz zusammenfassen. Alle diskutierten Strukturierungskonzeptionen zeigen den umfassenden Stellenwert einer durchgängigen Erfassung des Direktionsproblems über alle Ebenen des Unternehmens hinweg. Besonders für das Konzept der arbeitsorientierten Einzelwirtschaftslehre (AOEWL) wurde die Relevanz der einzelnen Entscheidungsebenen für die Direktion ausführlich analysiert. Es ist gezeigt worden, daß sich Weisungsbefugnisse nicht von der Kompetenz für Planungsentscheidungen und Zieldefinitionen trennen lassen und nicht auf einzelne Ebenen eines Unternehmens beschränkt vorstellbar sind. Die Frage nach der Gestaltung von Direktionsbefugnissen und ihrer Kontrolle aber ist immer die nach den Entscheidungsbefugnissen zusammen mit der Kompetenz zu ihrer Durchsetzung und nicht isoliert eine Frage nach der formalen Weisungsbefugnis.

Die Notwendigkeit, formale Weisungsbefugnisse im direkten Verhältnis mit der inhaltlichen Entscheidungskompetenz zu behandeln, verstärkt den hier schon gefundenen Ansatz, juristische Probleme der Gestaltung von Direktionsbefugnissen von der Frage der *Legitimation* her zu lösen. Dabei wird generell Skepsis angebracht sein hinsichtlich der Vorstellung, über alle Ebenen des Unternehmens hinweg sei ein Strukturierungsmodell *rechtlich* verbindlich festzulegen. Dies scheint angesichts des komplexen Sachverhalts weder praktikabel, noch wegen der Unterschiede zwischen Größe, Bedeutung und Produktionstechnik (dabei der rapiden technologischen Wandlungsprozesse) wünschenswert. Über differenzierte Lösungsvorschläge zu juristisch entwickelten und kontrollierten Legitimationsstrategien ließen auch die jeweiligen Inter-

[6] Dies wurde in der Debatte um die wirtschaftliche Mitbestimmung oft in der Diskussion um Art. 9 III GG sehr vernachlässigt. Neben den dazu angesprochenen allgemeinen Analysen zur Unternehmensorganisation im vorigen Kapitel finden sich spezielle Hinweise bei *Tegtmaier, W.* „Wirkungen der Mitbestimmung der Arbeitnehmer" Göttingen 1973 und *Rumpff, K.* „Mitbestimmung in wirtschaftlichen Angelegenheiten" 2. Aufl., Heidelberg 1976; *Schwegler* ebenda und *ders.* „Möglichkeiten und Grenzen der Unternehmensmitbestimmung" GMH 1973, S. 623 ff.

essen der Mitgliedergruppen des Unternehmens sich sehr viel umfassender berücksichtigen, und dabei wäre ein interessengerechter Ausgleich durch die Betroffenen selbst festzulegen. Bei der Legitimation gesellschaftlicher Macht durch Zuteilung von Direktionsbefugnissen werden aber auch die Interessen nicht direkt im Unternehmen integrierter Gruppen bis hin zu Gesellschaft und Staat berührt. Der gesamte Legitimationskomplex wird im zweiten Teil der Arbeit noch ausführlich beschäftigen.

3.3. Weitere Schlußfolgerung für eine Lösung des Direktionsproblems

Die geschilderte Erfassung des Direktionsproblems impliziert eine bestimmte Fassung der Begriffe *Betrieb* und *Unternehmen*. Ohne die Diskussion hier im einzelnen aufnehmen zu können, läßt sich mit Ott zusammenfassen: Das „Entstehen der neuen Rechtsbegriffe ‚Betrieb‘ und ‚Unternehmen‘ bezeichnet die Stufen“ der „Durchbrechung der überkommenen gesellschaftsrechtlichen Unternehmenskonzeption“[7]. „Betrieb“ hat sich als Bezeichnung einer technischen Einheit durchgesetzt, die der Produktion dient[8]. „Unternehmen“ meinte in Abgrenzung davon den Bereich der ökonomischen Entscheidungen, der Unternehmenspolitik. Das Unternehmen wird als dem Betrieb übergeordnete Einheit verstanden, die für die Betriebe die Arbeitsaufgaben feststetzt. Die arbeitsrechtliche Erfassung blieb auf die Ebene des Betriebs beschränkt, „Unternehmen“ wurde als ausschließlich gesellschaftsrechtlicher Begriff verstanden. Die Arbeitnehmer waren dem Betrieb als Produktionsfaktor zugeordnet und blieben vom Unternehmensverband getrennt. Dieses Ordnungsmuster wird durch ein soziologisches Unternehmensverständnis gesprengt, das in der Diskussion um unternehmerische Mitbestimmung zunehmend akzeptiert wurde[9]. Die Unternehmung wird als soziales Gebilde, als Ort der Begegnung und Kooperation verschiedenster Gruppeninteressen weitgehend abstrakt gefaßt. Anknüpfungspunkt ist vor allem die rechtliche Einheit, die Rechtsform. Damit ist im Unternehmensbegriff die Vorstellung eines sozialen Verbandes und der Kooperation seiner Mitglieder ange-

---

[7] *Ott, C.* „Recht und Realität der Unternehmenskorporation“ Tübingen 1977, S. 117.

[8] So schon die Definition von *Jacobi, E.* „Betrieb und Unternehmen als Rechtsbegriff“ Leipzig 1926, S. 6 (technischer Zweck); siehe so auch die arbeitsrechtliche h. M., *Hueck/Nipperdey* Bd. I, S. 91 ff. m. w. N.; *Raiser, Th.* „Das Unternehmen als Organisation“ Berlin 1969, S. 123 ff. m. w. N.

[9] Zu dieser Entwicklung ausführlich *Raiser* „Unternehmen“ S. 157 ff.; *Ott* „Unternehmenskorporation“ S. 119 f.; ausführlich aus betriebswirtschaftlicher Sicht *Hax, K.* „Betriebswirtschaftliche Deutung der Begriffe ‚Betrieb‘ und ‚Unternehmen‘ “ in: Ballerstedt u. a. (Hrsg.) „Recht und Rechtsleben in der sozialen „Demokratie“ Festschrift für Otto Kunze, Berlin 1969, S. 109 ff.

legt[10], ohne daß aber schon aus diesem soziologischen Unternehmensverständnis oder dem organisationstheoretischen Ansatz selbst ein Maßstab zur Einordnung der zusammentreffenden Interessen abgeleitet werden kann[11]. Als Grund für die Entwicklung zum soziologischen Unternehmensverständnis faßt Hax die auch in dieser Arbeit ausschlaggebenden Argumente zusammen: „Die für die Existenz des Betriebs maßgebenden Entscheidungen fallen also in der Unternehmung. Wenn man die Mitbestimmung der Arbeitnehmer auf den Betriebsbereich beschränkt, dann schließt man die Belegschaft praktisch von allen wirklich bedeutungsvollen Entscheidungen aus. Das gilt auch für die Entscheidungen, die für die Gestaltung des Betriebsablaufs bestimmend sind[12]."

Schließlich ist noch zum Unterschied zwischen dem hier abgeleiteten Weg (Gewinnung inhaltlicher Gestaltungsvorstellungen aus der Beantwortung der Frage nach der Legitimation heraus) und dem ersten Ansatz zur Weiterentwicklung der arbeitsrechtlichen h. M. (Ansatz an der *inhaltlichen Kontrolle* umfassend-einseitiger Direktionsbefugnisse des Arbeitgebers, oben S. 34 f.) Stellung zu nehmen. Dort wurde versucht, in der Folge des Sachzwangarguments zu einer Kontrolle des Direktionsrechts anhand von „Betriebsinteresse" und „Funktionsrichtigkeit" zu kommen. Damit aber ist der normative Inhalt rechtlicher Strukturierungsvorstellungen nicht angemessen thematisiert. Fragen nach Arbeitshumanisierung oder Partizipation und Abbau innerbetrieblicher Weisungshierarchien sind in diesem Konzept inhaltlicher Kontrolle nicht zur Überprüfung herangezogen oder gar in die konzeptionellen Überlegungen einbezogen. Es geht nur darum, Weisungen auszusondern, die zur Erreichung der Betriebsziele nicht dienlich sind. Die vor allem interessierende Frage, wodurch das Betriebsinteresse determiniert und festgelegt wird, ist so jedoch nicht zu beantworten: Sind es die Interessen der Arbeitnehmer, des Arbeitgebers (dabei der Eigentümer, Aktionäre oder Manager) und/oder gar der Allgemeinheit der Konsumenten und Lieferanten? Wird dieses Spektrum durch das als Indikator gewählte Interesse an der Erfüllung der Betriebsziele repräsentiert? Welche Ziele sind das dann und wie weit müssen sich diese an irgendwelchen gesamtwirtschaftlichen oder gar gesamtgesellschaftlichen Daten, Zielsetzungen orientieren? Um eine Funktionsrichtigkeit beurteilen zu können, müßte auch klargestellt sein, wie und

[10] Ausführlich der sog. *Sechserbericht: Boettcher/Hax/Kunze/v. Nell-Breuning/Ortlieb/Preller* „Unternehmensverfassung als gesellschaftspolitische Forderung. Ein Bericht" Berlin 1968, S. 33 ff.; *Raiser* „Unternehmen" *Ott* „Unternehmenskorporation" S. 119 ff., 121 ff. m. w. N.

[11] Dazu *Martens, P.* „Das Unternehmen und seine Ordnung" RdA 1972, S. 269 ff. (271 ff., 275) in Auseinandersetzung mit *Raiser* und dem *Sechserbericht* (vgl. Fn 10).

[12] *Hax* „Deutung" S. 125 f.

wozu Betriebsleitung „funktioniert“: was zu ihrer Effizienz beiträgt, was nicht, und was gar hemmend wirkt. Dabei wäre dann noch darüber nachzudenken, wie eine derartige interne Kontrolle überhaupt wirksam institutionalisiert werden kann.

TEIL II

Möglichkeiten und Grenzen einer Legitimation von Direktion

4. Analyse der arbeitsrechtsdogmatischen Ergebnisse zur Rechtsgrundlage des Direktionsrechts

4.0. Kennzeichnend für die dogmatischen Vorschläge zur Rechtsgrundlage des Direktionsrechts ist das Denken von den Sachzwängen arbeitsteiliger Produktion her. Daher wird vor allem verständlich, daß die beiden Aspekte der inhaltlichen Ausgestaltung und der Legitimation von Direktion relativ unabhängig voneinander abgehandelt werden. Entsprechend den im letzten Kapitel zum Gestaltungsaspekt gezogenen Schlußfolgerungen ist es unabdingbar, im Anschluß an die Überwindung des Sachzwangargumentes diese beiden Aspekte wieder in ihrer gegenseitigen Abhängigkeit zu sehen.

Ehe Ansätze zu einer derartigen Konzeption zu entwickeln sind, müssen jedoch zunächst diese Vorschläge zur rechtlichen Grundlage eines umfassenden einseitigen Direktionsrechts des Arbeitgebers (bzw. des Eigentümers) eingehend analysiert werden. Die *Fragestellung* geht dahin, ob nach der Entkleidung dieser Vorschläge von allen Sachzwangs- und Wesensargumenten noch immer rechtlich davon ausgegangen werden kann, die monokratische Unternehmensverfassung mit allen ihren schon gezeigten Implikationen sei die arbeitsrechtliche Lösung der hier anstehenden Probleme. Ergibt sich — so ist die Fragestellung, nach den hierzu vorliegenden Konzeptionen zu präzisieren — aus Gesetz, Gewohnheitsrecht oder Richterrecht, aus Eigentum oder Arbeitsvertrag wenn schon nicht sachnotwendig, so doch rechtlich ein umfassendes, einseitiges Direktionsrecht des Arbeitgebers oder der Produktionsmitteleigentümer?

Mit Sachzwangargumenten wird herkömmlich in zweierlei Hinsicht gearbeitet: einerseits greift man hierauf zurück, wenn es um die Zuweisung von Direktionsbefugnissen gerade an den Arbeitgeber oder den Produktionsmitteleigentümer geht. Andererseits (und das ist in der juristischen Debatte noch nicht als Problem präsent) wird das Sachzwangargument zur Begründung der Notwendigkeit eines durchgängigen, einseitigen Direktionsrechts benützt. Daß beide Vorstellungen grundsätzlich unhaltbar sind und durch sehr viel differenziertere ersetzt werden müssen, wurde durch das interdisziplinär herangezogene Problemwissen im ersten Teil dieser Arbeit gezeigt. Während der erste Aspekt als Gegenstand von Argumenten der dogmatischen Debatte identifiziert werden kann, geht der zweite Aspekt in die Prämissen ein und taucht allenfalls in Gestalt von Verweisen auf — Verweise dann aber auf berühmte gesellschaftstheoretische Werke[1].

Insgesamt werden sich — dies sei vorweg gesagt — die bisherigen arbeitsrechtlichen Ansätze zur Begründung von Direktionsbefugnissen als *nicht zureichend* erweisen. In der Literatur werden aber wertvolle, weiterführende Hinweise auf die verfassungsrechtlichen Dimensionen des Themas gegeben.

4.1. Die Begründungen aus Gesetz, Richterrecht oder Gewohnheitsrecht

4.1.1. Das Gesetz als Rechtsgrundlage

In Österreich etwa[2] gibt es gesetzliche Vorschriften, die dem Arbeitgeber bestimmte Weisungsrechte gegenüber dem Arbeitnehmer zuteilen. Im deutschen Recht ist eine derartige allgemeine Grundlage in § 315 BGB gesehen worden[3]. Prüft man den Wortlaut des § 315 Abs. I BGB, so läßt sich daraus jedoch eher das Gegenteil einer Rechtsgrundlage erkennen. Es zeigt sich nämlich, daß § 315 BGB erst eingreift,

---

[1] Selten fehlen in den einschlägigen Monographien die entsprechenden Hinweise auf die Analyse *Marx*ens mit den Stellen im Kapitel Bd. I: MEW 23, S. 351 und Bd. III: MEW 25, S. 397 (der daraus allerdings ganz andere Schlüsse hinsichtlich Genese, Ausgestaltung und Legitimation zieht); auf die Ergebnisse der Analyse der Stecknadelherstellung durch *Adam Smith* in seinem „Inquiry to the Nature and Causes of the Wealth of Nations" 1776; oder auf *Emile Durkheim* „De la division du travail social" Paris 1893. Zur häufig mißverstandenen Analyse *Marx*ens nun die sehr sorgfältige Arbeit von *Wagner, H.* „Recht als Widerspiegelung und Handlungsinstrument" Köln 1976 (mit Schlußfolgerungen für die Einschätzung von Direktion aufgrund von Eigentum/Arbeitsvertrag ab S. 116 ff.); im übrigen sei auch auf die verschiedenen Erklärungs- und Erforschungsansätze mit ihrer je unterschiedlichen Konsequenz zur Erfassung dieser Problematik verwiesen, die im Rahmen der BWL diskutiert und angewandt werden, vgl. oben Abschnitt 2.

[2] Vgl. zu den einzelnen Normen *Migsch* „Gedanken" ZAS 1970, S. 84.

[3] So schon *Sinzheimer, H.* „Der korporative Arbeitsnormenvertrag" Leipzig 1907, Teil I, S. 9; *Karch* „Leitungsbefugnis" S. 9; *Liesegang, H. F.* „Das Anordnungsrecht des Arbeitgebers und Betriebsvereinbarungen" Diss. Greifswald 1932, S. 2 f.; heute vor allem *Bötticher, E.* „Gestaltungsrecht und Unterwerfung im Privatrecht" Berlin 1964, S. 6 ff.; anders jedoch *ders.* „Leistungsbestimmung" AuR 1967, S. 324; *Bobrowski/Gaul* „Arbeitsrecht" S. 126; *Galperin* „Weisungsrecht" DB 1952, S. 186; ähnlich auch schon *Söllner* „Leistungsbestimmung" S. 45 u. *Adomeit* „Quellenfragen" S. 100; siehe auch unten Abschnitt 4.3.3.

nachdem ein derartiges Bestimmungsrecht aufgrund einer anderen Rechtsgrundlage (Vertrag) eingeräumt worden ist. Ob es zweckmäßig sein kann § 315 BGB auch auf das Direktionsrecht anzuwenden, ist nun eine ganz andere Frage. Als Rechtsgrundlage kann eine Auslegungsregel jedoch wohl auch nicht per Analogie verwendet werden[4]. Diese Ansicht wird untermauert, wenn man zusätzlich bedenkt, daß bei weitem nicht alle Verhaltensbestimmungen durch Ausübung des Direktionsrechts als „Bestimmung der Leistung" i. S. d. § 315 BGB interpretiert werden können. Es müßte hier somit noch eine zweite Verallgemeinerung des Grundgedankens dieser Norm vorgenommen werden. Ähnlichen Bedenken begegnet die Anknüpfung an § 665 BGB[5], denn zunächst setzt diese Norm das Bestehen eines Weisungsrechtes voraus und außerdem steht sie im Regelungszusammenhang der Auftrags- und Geschäftsbesorgungsverhältnisse. Die Argumentation aus der — insgesamt umstrittenen[6] — arbeitgeberischen Fürsorgepflicht[7] wiederum knüpft am Arbeitsvertrag als der eigentlichen rechtlichen Grundlage an[8].

Andere generelle Regelungen sind nicht ersichtlich; allerdings gibt es spezialgesetzliche Regelungen, vor allem in § 121 GewO und § 29 I SemannsG. Diese statuieren jedoch nur jeweils für ein ganz bestimmtes Arbeitsverhältnis die Verpflichtung des Arbeitnehmers, Weisungen des Arbeitgebers in Bezug auf die übernommenen Tätigkeiten zu befolgen. Man könnte nun ebenfalls an eine Verallgemeinerung dieser Regelungen im Wege des Analogieschlusses denken; dies jedoch nur, soweit man — entgegen einer verbreiteten Meinung[9] — vom konstitutiven

---

[4] Im Ergebnis zustimmend *Böttner* „Direktionsrecht" S. 70; *Böker* „Weisungsrecht" S. 11 ff., 42; *Zapf* „Direktionsrecht" S. 20 ff. und *Birk* „Leitungsmacht" S. 56.

[5] So *Böker* „Weisungsrecht" S. 43.

[6] Vgl. zum Meinungsstand ausführlich *Schwerdtner* „Fürsorgetheorie und Entgelttheorie im Recht der Arbeitsbedingungen" Heidelberg 1970 (im Erg. ablehnend, vgl. S. 79 ff.).

[7] Vor allem bei *Zapf* „Direktionsrecht" S. 121 ff.; dagegen *Böker* „Weisungsrecht" S. 33; *Böttner* „Direktionsrecht" S. 37; ablehnend auch *Hueck/Nipperdey* I, S. 160 (obwohl dort nicht vom Charakter der Fürsorgepflicht als Vertragspflicht ausgegangen wird).

[8] Dazu s. gleich unten, Abschnitt 4.3.

[9] Der deklaratorische Charakter wird behauptet von: *Maurer* „Direktionsrecht" AuR 1956, S. 139 mit dem Argument, bei den anderen Arbeitsverhältnissen bestehe der Arbeitsvertrag als Rechtsgrundlage, weshalb insgesamt eine einheitliche Rechtsgrundlage anzunehmen sei; ähnlich *Bötticher* „Leistungsbestimmung" AuR 1967, S. 322; *Böker* „Weisungsrecht" S. 41/44 und *Böttner* „Direktionsrecht" S. 72; dagegen überzeugend *Stein* „Wirtschaftsaufsicht" S. 48 mit dem Argument, deklaratorisch sei eine spezielle Gesetzesnorm dann, wenn sie etwas anspricht, was ohnehin Bestandteil des objektiven Rechtes sei, nicht aber schon dann, wenn das gleiche auch vertraglich vereinbart werden könne (ebenda Fn. 50); im Ergebnis ebenso *Hueck/Nipperdey* I, S. 158 und *Adomeit* „Quellenfragen" S. 100.

Charakter dieser Normierungen für das Direktionsrecht im jeweils angesprochenen Bereich ausgeht. Wer den deklaratorischen Charakter behauptet, geht sowieso von einer anderen Rechtsgrundlage für das Direktionsrecht aus und sieht in diesen Einzelbestimmungen lediglich eine Bestätigung der allgemeinen Rechtslage. Aber auch die Verallgemeinerung der vereinzelten Bestimmungen, sofern man diese für konstitutiv hält, stößt auf unüberbrückbare Schwierigkeiten. So ist bei der weitestgehenden Regelung, § 121 GewO, die Voraussetzung einer Gesetzeslücke schon deshalb nicht zu begründen, weil dieses Gesetz ja wesentlich älter ist als die Gesetze, in denen sich die Lücke ergeben müßte, nämlich BGB und HGB. Daneben wäre an die — allerdings problematische[10] — Regel der Methodenlehre „singularia non sunt extendenda" zu denken. Der Ausnahmecharakter der Vorschriften wird zudem noch dadurch deutlich, daß schon der Wortlaut der einzelnen Vorschriften konzeptionelle Unterschiede hinsichtlich Umfang und Inhalt der Weisungsbefugnisse in den spezifischen Einzelbereichen zeigt. Gleiches gilt für einige ähnliche Vorschriften in den öffentlichrechtlichen Arbeitsschutzgesetzen[11]. In diesen Vorschriften wird zumeist auch die notwendige Anweisung des Arbeitgebers inhaltlich genau determiniert, also nicht wie beim Direktionsrecht ein weiter Befugnisspielraum eingeräumt.

4.1.2. Richterrecht als Rechtsgrundlage

Eine weitere Möglichkeit wäre der Rückgriff auf ungeschriebenes Recht. Zu denken ist zunächst an die Begründung aus Richterrecht, also aus ungeschriebenem Recht im Anschluß an die rechtsschöpfende Tätigkeit der Gerichte[12]. Als Prinzip ist das Direktionsrecht von der Rechtsprechung in vielen Entscheidungen anerkannt worden. Wie wir gesehen haben, hat u. a. gerade die Rechtsprechung die Grundsätze der Ausgestaltung und der Kontrolle des Direktionsrechts herausgearbeitet. Eine derartige Bestätigung in zahlreichen Entscheidungen bedeutet jedoch noch nicht das Vorhandensein einer richterrechtlichen, neugeschaffenen Norm als Rechtsgrundlage des Direktionsrechts. Das läßt sich schon deswegen nicht annehmen, weil die Gerichte in einer

---

[10] Vgl. etwa *Engisch, K.* „Einführung" 6. Aufl., Stuttgart 1975, S. 147 ff. m. w. N.

[11] Für Beispiele vgl. oben Abschnitt 1.1.3. bei Fn 48.

[12] Eine derartige Funktion der Gerichte wird höchstens von einem kleinen Teil der Literatur noch bestritten. Welche Voraussetzungen für die Herausarbeitung derartiger Sätze des Richterrechts vorliegen müssen, welche Kriterien anzeigen, daß eine solche generelle Norm — etwa durch Heranziehung von Einzelnormen für andere Sachverhalte oder Herausarbeitung allgemeiner Rechtsprinzipien aus Einzeltatbeständen — geschaffen wurde und rechtliche Bedeutung erlangt hat, kann hier nicht weiter verfolgt werden: vgl. dazu *Esser, J.* „Richterrecht, Gerichtsgebrauch und Gewohnheitsrecht" Festschrift für Fritz von Hippel, Tübingen 1967, S. 95 ff. (hier S. 113 ff.).

großen Anzahl[13] von Entscheidungen den Arbeitsvertrag als derartige Rechtsgrundlage angesehen haben.

4.1.3. Gewohnheitsrecht als Rechtsgrundlage

Der Gedanke an Gewohnheitsrecht schließt sich mit der gleichen Begründung wie zuvor beim Richterrecht aus: Gewohnheitsrecht kann sich ebenfalls solange nicht herausbilden, als von einer anderweitigen rechtlichen Regelung ausgegangen wird[14]. Wie wir schon gesehen haben, ist das nicht nur bei den Gerichten häufig der Fall, sondern auch die Lehre geht überwiegend von einer gesetzlichen oder arbeitsvertraglichen[15] Rechtsgrundlage aus.

4.2. Das Eigentum als Rechtsgrundlage

Einer herkömmlichen These zufolge gründet die Direktionsbefugnis des Arbeitgebers im Privateigentum an Produktionsmitteln[16]. Aus heutiger Sicht begegnet diese These dem grundlegenden Einwand, daß die klassische Gleichung Eigentümer gleich Arbeitgeber bei weitem nicht mehr stimmt. In vielen Unternehmen (etwa allen Aktiengesellschaften) liegen die Direktionsbefugnisse nicht mehr beim Eigentümer, sondern bei der gesonderten Gruppe der Manager. Einzelheiten der jeweiligen Kompetenzaufteilung haben wir bei der Analyse der verschiedenen innerbetrieblichen Strukturierungskonzeptionen kennengelernt.

Um insoweit jedoch gleich jeglicher dogmatischer Delegationsakrobatik im Verhältnis Eigentümer-Manager zuvorzukommen, sollen die Einwände gegen eine Begründung des Direktionsrechts aus dem Eigentum auch für den Eigentümer-Unternehmer hier genannt werden[17]:

---

[13] Vgl. schon *RAG* ARS 18, S. 123 oder heute *BAG* AP Nr. 3 zu § 56 BertrVG; *Birk* spricht sogar von der „überwiegenden Zahl der Fälle", vgl. „Leitungsmacht" S. 57 m. w. N.

[14] Zu den Voraussetzungen des Gewohnheitsrechts vgl. *Esser* „Richterrecht" S. 95 ff. u. S. 98 (zum Bereich des Arbeitsrechts am Beispiel von BAG AP Nr. 6 zu § 611 BGB — Urlaubsrecht).

[15] Dazu genauer sogleich unten Abschnitt 4.3.

[16] So schon *Sinzheimer, H.* „Grundzüge des Arbeitsrechts" 2. Aufl., Jena 1927, S. 25 ff., 147 und *Renner, K.* „Die Rechtsinstitute und ihre soziale Funktion" Tübingen 1929, S. 55; *Krüger, H.* „Allgemeine Staatslehre" 2. Aufl., Stuttgart u. a. 1966, S. 427 ff.; eine neuere Darlegung dieser Position aus marxistischer Sicht findet sich in *Wagner* „Widerspiegelung" S. 116 ff., 125 f., 150 ff. (vgl. auch dort die prägnante Skizzierung in der ausführlichen Fn 3 zu S. 124); die anderen Vertreter führt auf *Birk* „Leitungsmacht" S. 26 Fn 10.

[17] Schon 1951 entwickelt bei *Böhm, F.* „Das wirtschaftliche Mitbestimmungsrecht der Arbeitnehmer im Betrieb" ORDO IV (1951), S. 35 f.; diese Einwände wurden dann eingehend und überzeugend herausgearbeitet bei *Stein* „Wirtschaftsaufsicht" S. 42 ff., dort mit dem Beispiel: Auch wer mit

Eigentum wird rechtlich zumindest seit der Emanzipation der Leibeigenen als ein rein sachenrechtliches Institut verstanden. Die Rechtsstellung als Sacheigentümer wird in § 903 BGB aufgezeigt. Wie alle Rechte an Gütern gewährt auch das Eigentum gegenüber dritten Personen nur Abwehrrechte, aber weder dingliche Rechte an Personen noch Ansprüche auf die Mithilfe anderer Personen bei der Verwertung der Sache. Jegliche Einführung „dinglicher Rechte an Personen" oder derartiger Ansprüche würde gegen unsere Verfassung verstoßen. Hilfreich kann zusätzlich die Überlegung sein, daß bei Nichtausführung von Weisungen den Arbeitnehmer auch nicht etwa Sanktionen aus Eigentumsstörungen (wie z. B. §§ 985, 1004 BGB) treffen.

Zu betonen ist, daß hier die *rechtliche* Legitimation der Leitungsmacht durch Eigentum analysiert wird — dies ist nicht mit der soziologischen oder ökonomischen Wirkung von Privateigentum an Produktionsmitteln zu verwechseln[18]. Nicht bestritten werden soll hier, daß eine ungleiche Verteilung von Eigentum an Produktionsmitteln wirtschaftliche und gesellschaftliche Machtpositionen konstituiert. Dabei handelt es sich jedoch noch nicht um eine Rechtsmacht. Eigentum ist insoweit lediglich die ökonomische Basis von Arbeitgeberbefugnissen — insbesondere etwa der Kapitalverwertung[19].

---

gestohlenen Maschinen produzieren läßt, hat unbestrittenermaßen die Befugnisse eines Arbeitgebers, sowie *ders.* „Lehrbuch des Staatsrechts" 5. Aufl., Tübingen 1975, S. 170 ff.

[18] Für eine ausführliche Analyse des gesamten Problemkreises vgl. *Rittstieg, H.* „Eigentum als Verfassungsproblem" Darmstadt 1975, S. 343 ff. und *Podlech, A.* „Eigentum — Entscheidungsstruktur der Gesellschaft" Der Staat 1976, S. 31 ff. (für den Bereich des Direktionsrechts mit den gleichen Konsequenzen wie hier im Text insbes. S. 46).

[19] Vgl. dazu noch unten Abschn. 5.4.1.; ebenso neben den Fn 18 Zitierten *Juschka* „Direktionsrecht" S. 28 ff.; *Kunze, O.* „Die Funktion des Eigentums im modernen Gesellschaftsrecht — Gestaltungsformen und Probleme" in: Marburger Gespräch über Eigentum — Gesellschaftsrecht — Mitbestimmung, Marburg 1967, S. 77 ff. und *ders.* „Mitbestimmung in der Wirtschaft und Eigentumsordnung" RdA 1972, S. 257 ff.; *Stein* „Qualifizierte Mitbestimmung und Grundgesetz" Frankfurt 1976, S. 46 ff.; *Böhm, F.* „Die rechtliche Problematik der paritätischen Mitbestimmung" in: Briefs, G. (Hrsg.) „Mitbestimmung" Stuttgart 1967, S. 165; *v. Nell-Breuning, O.* „Mitbestimmung" Frankfurt 1968, S. 57 (im Anschluß daran auch *Birk* „Leitungsmacht" S. 27) sowie *ders.* „Unternehmensverfassung" BlStSozArbR 1969, S. 161, 164; *Boettcher, E. u. a. (Sechserbericht)* „Unternehmensverfassung" S. 155 ff.; *Ostheim* „Weisung" S. 35 f. (zustimmend *Söllner* Bespr. in AcP 171 [1971], S. 560); *Däubler* „Grundrecht" S. 268 f. und *ders./Siegling-Wendeling/Welkoborsky* „Eigentum und Recht" Darmstadt 1976, S. 141 ff.; *Ridder, H.* „Die soziale Ordnung des Grundgesetzes" Opladen 1975, S. 105 ff.; *Ott* „Unternehmenskorporation" S. 127 ff.; zumindest zweifelnd auch *Raiser, Th.* „Grundgesetz und paritätische Mitbestimmung" Berlin 1975 (vgl. S. 47 f., S. 64); dezidierter zuvor noch *ders.* „Unternehmen" S. 157 ff.; anders wohl noch immer die (insoweit überkommene) herrschende Staatsrechtslehre: vgl. dazu nur die klassische Argumentation bei *Badura, P.* „Wirtschaftsverfassung und Wirtschaftsverwaltung" Frankfurt 1971, S. 106 m. w. N. zur h. L.; wichtig hierzu auch der An-

4.3. Die Begründungen aus dem Arbeitsvertrag

In der juristischen Dogmatik wird wohl am häufigsten[20] die These vertreten, das Direktionsrecht des Arbeitgebers finde seine Rechtsgrundlage im Arbeitsvertrag.

4.3.1. Ausdrückliche Vereinbarung im Individualarbeitsvertrag?

Vermutet man nun konsequent entsprechende Regelungen in den Arbeitsverträgen, so wird man gänzlich enttäuscht — derartiges findet in der Praxis nicht statt. Schon 1963 hat Rehhahn den Regelungsgehalt von Arbeitsverträgen analysiert und dabei resümierend die Bezeichnung des „inhaltsleeren Arbeitsvertrages" geprägt. Diese Diagnose wird sowohl durch das Entscheidungsmaterial wie durch weitere Veröffentlichungen bestätigt[21]. Die Vertreter der „Arbeitsvertragslehre" haben diesen Sachverhalt im übrigen nie ernstlich bestritten. Man ist sich weitgehend einig, daß die faktische Grundlage für eine Vertragslehre fehlt[22].

An diesem Punkt darf nun vermutet werden, daß auch eine Erklärung für das anfänglich[23] schon angesprochene, aber zunächst unerklärt

---

satz des *BVerfG* in der sog. Feldmühle-Entscheidung, *BVerfGE* 14, 264 ff. (dazu *Kunze*, WWI-Mitteilungen 1963, S. 192 f., 195 und *Ridder* „Soziale Ordnung" S. 108).

[20] Neben den oben Fn 3 Zitierten sind dies vor allem *Böhm, F.* „Mitbestimmungsrecht" ORDO IV (1951) S. 21 ff.; *Maurer* „Direktionsrecht" AuR 1956, S. 139; *Fauth* „Weisungsrecht" BlStSozArbR 1961, S. 297; *Frey, E.* „Gleichbehandlungsfragen bei der Ausübung des Direktionsrechts" DB 1964, S. 298; *Säcker* „Hausrecht" BB 1966, S. 701 und *ders.* „Gruppenautonomie" S. 32, 133; *Böttner* „Direktionsrecht" S. 1 ff., 78 ff.; *Hanau, P./Adomeit, K.* „Arbeitsrecht" Frankfurt 1972, S. 139 f.; *Rüthers, B.* „Arbeitsrecht und politisches System" S. 54; *Zöllner, W.* „Arbeitsrecht" München 1977, S. 54, 101; aus der Rspr. *BAG* AP Nr. 16 und Nr. 23 zu § 611 BGB-Direktionsrecht; *BAG* AP Nr. 10 zu § 615 BGB.

[21] Vgl. außer *Rehhahn* „Inhaltsleerer Arbeitsvertrag" AuR 1963, S. 238 ff., *Söllner* „Leistungsbestimmung" S. 11; *Säcker* „Gruppenautonomie" S. 31; *Birk* „Leitungsmacht" S. 59, *Däubler* „Grundrecht" S. 4 f.; seltene Regelungen finden sich manchmal hinsichtlich Versetzungen, vgl. dazu etwa *LAG Frankfurt* AP 53, Nr. 94. *Söllner* und *Däubler* weisen darauf hin, daß zumeist die im „Lohnbüro" oder „Arbeiterannahme" tätigen Personen auch keinerlei Befugnis haben, von diesen „inhaltsleeren Arbeitsverträgen" (Eintrittstermin und evtl. Probezeit, seltener schon Lohnart und Lohnhöhe) abzuweichen.

[22] Die konsequente ‚Vertragslehre', die davon ausgeht, daß Direktionsbefugnisse überhaupt nur dann und soweit bestehen als der Arbeitsvertrag sie einräumt, ist damit jeglicher empirischer Basis beraubt. Vertreten hat dies mit aller Konsequenz nur *Böttner* „Direktionsrecht" S. 12 ff., 81 und passim. Der prompt erhobene Vorwurf des ‚law in the books' (vgl. nur *Birk* „Leitungsmacht" S. 2) trifft diese Konzeption daher voll und zeigt die praktische Irrelevanz um so mehr, als bei *Böttner* nicht einmal Gedanken zur praktischen Umsetzung angestellt werden. Wo ist die Grenze zur Ideologie zu ziehen, wenn nicht einmal die These von der Inhaltslosigkeit der Arbeitsverträge zu widerlegen gesucht wird.

[23] Siehe oben Abschnitt 1.0.3.

gebliebene „Phänomen" bei der h. M. geliefert wird: Die Probleme von Umfang, Ausgestaltung und Kontrolle des Direktionsrechts ließen sich für alle Arbeitsverhältnisse diskutieren, ohne überhaupt auf die verschiedenen, im Streit befindlichen rechtlichen Grundlagen eingegangen zu sein. Daß dies auch beim Vorherrschen einer „Vertragslehre" möglich ist, ist ein deutlicher Beleg für die Zusammenhangslosigkeit von Rechtsgrund und Rechtsinhalt des Direktionrechts. Bei allen anderen Begründungsversuchen ist klar, daß es sich um eine für *alle* Arbeitsverhältnisse gültige, einheitliche Rechtsgrundlage handelt. Für eine „Vertragslehre" ist das aber alles andere als selbstverständlich. Möglich ist es nur, weil faktisch gerade einzelvertragliche Regelungen äußerst unüblich sind und zudem die nahezu einhellige Meinung davon ausgeht, daß das Bestehen eines Direktionsrechts überhaupt für die Arbeitsvertragsparteien nicht zur Disposition steht. Dabei soll im weiteren von der zusätzlichen Schwierigkeit abgesehen werden, die sich daraus ergibt, daß Arbeitsverhältnisse vorhanden sind, die nicht auf einem Arbeitsvertrag beruhen (sondern auf gesetzlicher Grundlage, etwa bei § 10 ArbsichstellG, oder auf richterrechtlicher Grundlage bei der Lehre vom faktischen oder fehlerhaften Arbeitsvertrag)[24].

Wie festgestellt, fehlt die faktische Grundlage für eine Arbeitsvertragslehre. Es beginnt das, was Birk drastisch mit der Funktion des Arbeitsvertrags „als konstruktive(r) Wundertüte"[25] gekennzeichnet hat. Es geht darum, wie man trotz Fehlens einer (mündlichen, schriftlichen etc.) arbeitsvertraglichen Vereinbarung eine rechtliche Begründung des Direktionsrechts durch die jeweiligen Individualarbeitsverträge feststellen kann. Die konzeptionellen Vorschläge lassen sich grob aufteilen in die Begründungsversuche:

— kraft Auslegung des Arbeitsvertrages
— kraft „Konkretisierung der Arbeitspflicht" (Befugnis zur Bestimmung der Arbeitnehmerleistung)
— kraft nicht vereinbarten Vertragsinhalts (Organisationsgewalt/Unterwerfungsvertrag/Typik des Arbeitsvertrages).

4.3.2. Auslegung des Arbeitsvertrages

Der Angelpunkt einer rechtlichen Grundlegung des Direktionsrechts durch Auslegung des Arbeitsvertrages sind die Willenserklärungen der

[24] Bei gestzlicher Grundlage des Arbeitsverhältnisses kann keine vertragliche Begründung des Direktionsrechts mehr vorliegen. An der Weisungsunterworfenheit dieser Arbeitnehmer wird jedoch nicht gezweifelt. Für nur faktische Arbeitsverhältnisse ist die Frage vor allem in den frühen Dissertationen der Jahre 1930 - 34 aufgeworfen worden (zumeist wurde sie bejaht, ablehnend jedoch *Karch* „Leitungsbefugnis" S. 76); heute vgl. *Bydlinski, F.* „Die Bedeutung des Rechtsscheins im Arbeitsrecht" ZfA 1970, S. 277 ff.; *Böttner* „Weisungsrecht" S. 60.

[25] *Birk* „Leitungsmacht" S. 60.

beiden Vertragsschließenden. Sicher liegt zunächst nun auch bei einem inhaltsleeren Arbeitsvertrag eine Willenserklärung des Arbeitnehmers vor. Die Frage stellt sich, ob man die Einräumung eines Direktionsrechts des Arbeitgebers als stillschweigend vom Vertragswillen — und somit der Willenserklärung — des Arbeitnehmers mitumfaßt ansehen darf. Fraglich ist also der sachliche Inhalt, der Erklärungswert der Willenserklärung des Arbeitnehmers.

Vor allem Söllner und Adomeit haben in diesem Sinne die These vertreten, daß sich mit dem Arbeitsverhältnis auch die Vorstellung oder das Wissen vom arbeitgeberischen Direktionsrecht verbinde[26]. Der von *Adomeit* geprägte Begriff der „Direktionsklausel" wird jedoch durch zwei gewichtige Gegenargumente annähernd gegenstandlos: Einerseits stimmt die Parallele zu den AGB (deren Einbeziehung aufgrund formaler Verweisung) deshalb nicht, weil — wie wir gesehen haben — beim intendierten Abschluß eines Arbeitsvertrages den beiden Parteien die Kompetenz zum gänzlichen Ausschluß eines Direktionsrechts fehlen soll. Andererseits wird eine derartige „Direktionsklausel" bei den inhaltsleeren Arbeitsverträgen nicht vereinbart. Es ist geradezu unüblich, beim Abschluß eines Arbeitsvertrages über Direktionsbefugnisse auch nur zu reden[27].

Die allgemeine These bleibt angesichts der Prämisse der Unabdingbarkeit des Direktionsrechts zirkulär: Es geht nicht in erster Linie um den realen Willen des Arbeitnehmers, so wie er empirisch in seiner Willenserklärung festzustellen ist, sondern um ein objektiv zugerechnetes Element: Das Direktionsrecht ist nicht deshalb vertraglich vereinbart, weil der Arbeitnehmer es (stillschweigend) in seine Willenserklärung einbezogen *hat*, sondern weil er nach dieser These bei Abgabe seiner Willenserklärung anläßlich des Abschlusses eines Arbeitsvertrages doch daran denken *mußte*. Gerade der faktische, empirisch feststellbare, ausdrückliche Wille ist jedoch die primäre Auslegungsrichtlinie für die Willenserklärung. Nach ganz h. M. ist dies der alleinige Ausgangspunkt des (im liberalen Sinne verstandenen) Prinzips der Privatautonomie als Ermächtigung des einzelnen, seine Angelegenheiten in Selbstverantwortung und Freiheit zu besorgen[28].

---

[26] *Birk* „Leitungsmacht" S. 60. Vgl. *Söllner* „Leistungsbestimmung" S. 46 (Der Arbeitnehmer wisse dies und anerkenne es) und *Adomeit* „Quellenfragen" S. 101 (beides verbinde sich psychologisch).

[27] Dies ist auch die Schwelle, die eine konsequente Vertragslehre, wie sie insbesondere *Böttner* „Direktionsrecht" S. 28 ff. vertreten hat, zum bloßen ‚law in the books' werden läßt (s. auch oben Fn 22).

[28] So schon Hinweise in den *Motiven* Bd. I, S. 189 und *Protokollen* Bd. I, S. 110; *Hippel, F. von* „Das Problem der rechtsgeschäftlichen Privatautonomie" Tübg. 1936, S. 72; *Staudinger* Vorbem. 19 b vor § 116; *Henckel, W.* „Die ergänzende Vertragsauslegung" AcP 159 (1960/61), S. 114 ff.; *Flume, W.* „Rechtsgeschäft und Privatautonomie" in: Caemmerer, E. von/Friesenhahn,

Privatautonomie ist die der h. M. zugrundeliegende, gedankliche Legitimationsbasis einer vertraglichen Gestaltung der Beziehung zwischen Arbeitnehmer und Arbeitgeber. Erst in zweiter Linie können daher andere — am Vertrauensschutz des Vertragspartners orientierte — Elemente in die Willenserklärung miteinbezogen werden. Die Grenze zur Privatautonomie ist dabei jedenfalls überschritten, wenn nicht mehr die bloße gegenteilige — gegen die Direktionsvereinbarung gerichtete — Äußerung des Arbeitnehmers, die das äußere Bild als Anknüpfungspunkt des Vertrauensschutzes zerstört, genügen soll, die Rechtsfolgen zu vermeiden[29]. Ganz abgesehen davon, ob dann überhaupt noch eine sinnvolle Vertragsgestaltung angesichts der Strukturierungsalternativen moderner Unternehmensorganisation vorstellbar ist: wenn die Direktionsbefugnisse für Arbeitsverhältnisse als geradezu essentiell anzusehen sind, wird der Begriff der Willenserklärung überdehnt und von jeglichem Sinn entleert, geht man aus dem Gesichtspunkt des Vertrauensschutzes des Arbeitgebers dazu über, die Willenserklärung des Arbeitnehmers inhaltlich derart zu „typisieren", daß dem Abschluß des Arbeitsvertrages immer zwingend die rechtsgeschäftliche Einräumung des Direktionsrechts zu entnehmen ist. Die Entstehung des Direktionsrechts beim Abschluß eines jeden neuen Arbeitsvertrages muß andere Ursachen als die stillschweigende vertragliche Vereinbarung haben.

4.3.3. Die sog. Konkretisierung der Arbeitspflicht

Häufig wird formuliert[30], das Direktionsrecht sei die Befugnis des Arbeitgebers zur „Bestimmung" der Arbeitnehmerleistung. Durch

E./Lange, R. (Hrsg.) „100 Jahre Deutsches Rechtsleben" FS zum 100jährigen Bestehen des Deutschen Juristentages, Karlsruhe 1960, Bd. I, S. 159 ff.; *Raiser, L.* „Vertragsfunktion und Vertragsfreiheit" in: von Caemmerer/Friesenhahn/Lange (Hrsg.) „FS für DJT" Bd. I, S. 123 ff.; *Fabricius, F.* „Stillschweigen als Willenserklärung" JuS 1966, S. 7; *Bydlinsky, F.* „Privatautonomie und objektive Grundlegung des verpflichtenden Rechtsgeschäfts" Wien/New York 1968, S. 123, 214; zum Arbeitsrecht ausführlich *Säcker* „Gruppenautonomie" S. 161 ff.; a. A.: *Pawlowski, H. M.* „Rechtsgeschäftliche Folgen nichtiger Willenserklärungen" Göttingen 1966, S. 232 ff. m. w. N., vgl. ausführlich noch oben Abschnitt 5.4.3.

[29] Dies hat als Abgrenzungskriterium besonders *Bydlinski* „Privatautonomie" S. 117 herausgearbeitet. Ähnlich der Sache nach *Hanau, P.* „Objektive Elemente im Tatbestand der Willenserklärung" in AcP 165 (1965), S. 222 und die oben Fn. 28 Genannten.

[30] So wohl die h. M., vgl. etwa bei *Nikisch, A.* „Das Direktionsrecht des Arbeitgebers und seine Grenzen" BB 1950, S. 538; *Maurer* „Direktionsrecht" AuR 1956, S. 138; *Zöllner* „Rauchverbot" DB 1957, S. 118; *ders.* „Arbeitsrecht" S. 101; *Söllner* „Leistungsbestimmung" S. 45 ff.; *Ostheim* „Weisung" S. 37; *Böttner* „Direktionsrecht" S. 28 ff.; *Rüthers* „Pol. System" S. 54; so auch schon *Karch* „Leitungsbefugnis" S. 31 und *Leonhardi* „Anordnungsrecht" S. 2; aus der Rechtsprechung etwa *BAG* AP Nr. 23 zu § 611 BGB-Direktionsrecht; ähnlich *BAG* AP Nr. 8 und 16 zu § 611 BGB — Direktionsrecht; *BAG* AP Nr. 10 zu § 615 BGB.

direktionsrechtliche Weisungen werde die Arbeitspflicht des Arbeitnehmers konkretisiert, aktualisiert etc.[31]. Gerade durch derartige Redeweisen wurde der oben schon diskutierte Gedanke an § 315 BGB nahegelegt. Konkretisierung ist dabei kein terminus technicus mit wenigstens einigermaßen festem, angebbarem Begriffskern, sondern ein rechtlich diffuser Begriff. In der Regel wird mit Konkretisierung freilich der Gedanke an eine schon bestehende, auch inhaltlich schon umschreibbare Pflicht (hier Arbeitspflicht) ausgedrückt, die lediglich genauer gefaßt werde. Die Aktualisierung wäre demnach der auf die Zeit bezogene Spezialfall einer Konkretisierung.

Eine derartige Vorstellung begegnet starken Bedenken aus dem Gesichtspunkt, daß der Arbeitsvertrag ja gerade in Abgrenzung zum selbständigen Dienstvertrag notwendig eine *nicht vorher inhaltlich bestimmte* Arbeitspflicht (i. S. einer Pflicht zu einzelnen, festgelegten Arbeiten) voraussetzt. Strukturell handelt es sich um ein unbestimmtes Dauerschuldverhältnis. Damit kann eine Arbeitspflicht aber zunächst nicht „bestimmt" (i. S. von aktualisiert oder konkretisiert) werden, sondern sie muß überhaupt erst inhaltlich bestimmt (i. S. von erstmals festgelegt) werden. Dies geschieht nach Abschluß des Arbeitsvertrages durch die Weisungen im Rahmen des Direktionsrechts. Man kann hier nun nicht einwenden, daß Konkretisierung sehr viel umfassender gemeint sei, daß sie nämlich diese inhaltliche Bestimmung für jeden Einzelfall überhaupt betreffe,. Unbestritten bestehe bei Vertragsschluß zumindest eine abstrakte (inhaltlich unbestimmte) Pflicht, die zu diesem Zeitpunkt auch der Vorstellung des Arbeitnehmers entspreche — nämlich, daß er in irgendeiner Weise für seinen Vertragspartner zu arbeiten habe. Dies soll hier zwar nicht bestritten werden, jedoch ist dieser Einwand nicht stichhaltig, denn Konkretisierung wäre so nur eine andere Formulierung für die oben abgehandelte Frage nach der rechtlichen Begründung des Direktionsrechts durch Interpretation der völlig abstrakten Verpflichtungserklärung des Arbeitnehmers[32]. Soll „Konkretisierung der Arbeitspflicht" also überhaupt noch etwas anderes bedeuten, so muß von einer durch den Arbeitsvertrag inhaltlich schon umrissenen Arbeitspflicht ausgegangen werden — und das ist sachlich nicht der Fall und vielfach unrealisierbar.

---

[31] Oder *Hefermehl, W.* „Erklärungen und Handlungen im Arbeitsverhältnis" BABl. 1967, S. 316 (Abrufung der Arbeitspflicht als betagte Forderung).

[32] So war oben die Argumentation mit § 315 BGB, der ja sonst unbestrittenermaßen eine vorherige vertragliche Vereinbarung der Befugnis zur Leistungsbestimmung voraussetzt, nicht abgestützt über den Arbeitsvertrag (und damit an dieser Stelle in der Folge der These von der Konkretisierung der Arbeitspflicht, sondern als einer der Begründungsversuche aus dem Gesetz abzuhandeln — der dann jedoch zum Scheitern verurteilt ist).

Zur Verdeutlichung mögen die weiteren Überlegungen dienen, wie denn eine im obigen Sinne nur abstrakte Arbeitspflicht als Rechtspflicht soll erfüllt werden, oder wie etwa der Arbeitnehmer diese inhaltlich unbestimmte Pflicht soll jemals verletzen können. Es zeigt sich sofort, eine so beschriebene Arbeitspflicht ist im strengen Sinne keine Rechtspflicht. Der Arbeitgeber kann sie nicht aktualisieren oder konkretisieren. Er setzt im Rahmen des Arbeitsverhältnisses als Dauerschuldverhältnis jeweils periodisch die geschuldete Arbeitsleistung durch Weisungen fest. Auch dabei entstehen nun weiter erhebliche Zweifel, wenn mit einigen Autoren diese Weisungen als faktische Akte des Arbeitgebers angesehen werden; eine These, die jedoch heute zugunsten der Bewertung als verpflichtende rechtsgeschäftliche Weisungen weitgehend zurückgedrängt ist[33].

Insgesamt fragt sich, ob durch diese Konzeption überhaupt eine zutreffende Erfassung des Sachverhalts vorliegt. Die Spannweite, die in der Analyse des Problems innerbetrieblicher Direktion in dieser Arbeit aufgezeigt wurde, kann durch das Stichwort „Konkretisierung der Arbeitspflicht" keinesfalls abgedeckt werden. Diese Spielart der „Vertragslehre" bezieht sich auf Einzelweisungen direkt im Verhältnis zum jeweils gerade Angewiesenen. Komplexere Produktionsabläufe und Organisationsbereiche lassen sich durch Einzelweisungen jedoch nicht effektiv strukturieren und leiten. Generelle Anordnungen sowohl bezüglich Arbeitsvollzug und Produktionsablauf als auch hinsichtlich des Gesamtverhaltens der Arbeitnehmer sind im Rahmen des Direktionsrechts — soweit nicht z. B. über § 87 I BetrVG — ein übliches, ja teilweise gar als unverzichtbar angesehenes Steuerungs- und Koordinierungsmittel. Gesichtspunkte nicht nur der Kontinuität, sondern auch der Arbeitsökonomie wie der Produktionsplanung erfordern generelle Weisungen, die für sehr viele gegenwärtige und zukünftige Arbeitsverhältnisse in diesen Untergliederungen der Ablauforganisation Geltung haben sollen. Stellt sich hier die Frage, inwieweit dies überhaupt noch im Schema der zwei Parteien des Individualarbeitsvertrages gedacht werden kann (woraus ein weiterer gewichtiger Einwand *gegen* jegliche individualarbeitsvertragliche Rechtsgrundlage der Direktions-

---

[33] Die erste Position wird im Anschluß an *Windscheid* und *Kohler* vertreten durch *v. Thur, A.* „Der allgemeine Teil des deutschen bürgerlichen Rechts" Berlin 1957 (unveränderter Nachdruck der 1. Aufl. 1914) Bd. II, 1. Hbd., S. 139 FN 31/32; ebenso *Frey* „Gleichbehandlungsfragen" DB 1964, S. 298; *Hefermehl* „Erklärungen" BABl. 1967, S. 310 ff.; ähnlich auch *Bötticher* „Leistungsbestimmung" AuR 1967, 326 (anders noch in *ders.* „Gestaltungsrecht" Berlin 1964, S. 4 f.) und *Böker* „Weisungsrecht" S. 5 ff.; zur h. M. vor allem *Hueck/Nipperdey* Bd. I, S. 430; *Söllner* „Leistungsbestimmung" S. 22 ff.; *Adomeit* „Quellenfragen" S. 108; *Bydlinski* „Rechtsschein" ZfA 1970, S. 281; *Migsch* „Weisungsrecht" ZAS 1970, S. 83; *Böttner* „Direktionsrecht" S. 49 f.; *Zöllner* „Arbeitsrecht" S. 54 Fn. 8, S. 101 f. und mit eingehender Argumentation *Ostheim* „Weisung" S. 39 ff. m. w. N.

befugnis zu gewinnen ist) so läßt sich von Konkretisierung der vertraglichen Arbeitspflicht auch nicht mehr über (ohnehin wenig realistische) Hilfskonstruktionen reden, wie der Aufteilung genereller Anordnungen in individuelle Einzelweisungen[34]. Diese Aufteilung änderte zudem Charakter und Inhalt der generellen Weisung und die vertragliche Ableitung für zukünftige Arbeitsverhältnisse wäre so auch kaum zu erklären.

Die Rede von der „Konkretisierung oder Aktualisierung der Arbeitspflicht" stiftet somit mehr Verwirrung als daß sie hilfreich ist. Sinnvoll kann damit nur gemeint sein der Erlaß verpflichtender Weisungen in den seltenen Fällen, in denen schon individualarbeitsvertraglich ein inhaltlicher Rahmen abgesteckt wurde. Die rechtliche Grundlage allgemein der Direktionsbefugnis des Arbeitgebers ist dadurch jedoch nicht aufzuhellen, geschweige denn damit zu beschreiben.

4.3.4. Die Begründung aus nicht vereinbartem Vertragsinhalt

Angelpunkt dieser Konzeptionen ist das sog. „Wesen" des Arbeitsvertrages oder des Arbeitsverhältnisses. Schon im Ansazt ist diese These damit sehr weit von einer zweiseitigen (i. S. von vertraglichen) Begründung des Direktionsrechts entfernt. In Erkenntnis der Realität wird der Regelungsgehalt des Arbeitsvertrages hinsichtlich der Arbeitsbedingungen als eher Nebensächliches betrachtet. Der Anerkennung der hochabstrakten Bestimmung des geschuldeten Verhaltens im Vertrag korreliert das Aufsteigen des Direktionsrechts zum „Wesenselement" des Arbeitsvertrages. Es bleibt nur noch der Schein zweiseitiger Begründung des Direktionsrechts, das formale Etikett „Arbeitsvertrag" als Aufhänger. Diese Feststellung darf jedoch nicht als Lamentieren über den Funktionsverlust des Arbeitsvertrages mißverstanden werden — es handelt sich einfach um die Konsequenz aus der heutigen Realität inhaltsleerer Arbeitsverträge, ihrer Bedeutungslosigkeit als Regelungsinstrumente sowie als Kriterien der Richtigkeitsgewähr für die Bestimmung der Arbeitnehmerleistung und damit die Strukturierung innerbetrieblicher Produktionsvollzüge. Konzeptionen dieser Art sind vor allem unter den zwei Stichworten „Organisationsgewalt" und „Unterwerfungsvertrag" diskutiert worden.

4.3.4.1. Im Sinne der Einschätzung des Arbeitsvertrags als *Unterwerfungsvertrag* hat Adomeit im Anschluß an *Sinzheimers*[35] Herr-

---

[34] So etwa *Böttner* „Direktionsrecht" S. 50 m. w. N.; insbesondere im Anschluß an einzelne verwaltungsrechtliche Äußerungen zur Frage der Verwaltungsverordnungen (vgl. Nachweise bei *Böttner* ebd.); verschiedentlich finden sich auch Hinweise bei *Meyer-Cording, U.* „Die Rechtsnormen" Tübingen 1971, S. 47 ff., 89 und passim.

[35] *Sinzheimer* „Arbeitsnormenvertrag".

schaftsvertragsthese versucht, das Direktionsrecht als Wesenselement des Arbeitsvertrags darzustellen[36]. Die intendierte Konsequenz ist, daß schon allein durch den Abschluß eines Arbeitsvertrages zwischen Arbeitgeber und Arbeitnehmer neben der Verpflichtung, entgeltliche Dienste zu leisten, gleichzeitig die abstrakte Verpflichtung eingegangen wurde, daß sich der Arbeitnehmer den Weisungen über Art und Weise der Dienste unterwirft. An anderer Stelle spricht Adomeit mit Blick auf § 315 BGB von Regelungsunterwerfung: „Wesentlich ist, daß hier die rechtsgeschäftliche Regelungsmacht — ‚Vertragsfreiheit' —, an der jeder Partner teilhat, ohne sie ganz zu besitzen, infolge der Unterwerfung (partiell) auf den anderen übergeht, und in dessen Hand zu einer ungeteilten Rechtsmacht erstarkt." Davon will er die „Inhaltsunterwerfung" unterscheiden, bei der sich „infolge wirtschaftlicher Unterlegenheit" schon bei Vertragsabschluß ein Partner „den Vertragsinhalt vom anderen diktieren läßt"[37]. Für den Arbeitsvertrag ergibt sich hiernach die Inhaltsunterwerfung (Diktat der Inhaltslosigkeit durch den Arbeitgeber) und in der Folge die Regelungsunterwerfung (als unabdingbares Wesenselement des Arbeitsvertrages), durch die eine aufgeteilt (?) gedachte Privatautonomie einseitig auf den Arbeitgeber übergeht (?), als Pflichtstruktur des Arbeitsverhältnisses. Mit dieser Konstruktion die Einlösung der normativen Prämisse, daß „der Verpflichtete die Ermächtigungsgrundlage immer selbst (mit)geschaffen haben muß" zu konstatieren und dies „mittelbar autonome Gestaltung"[38] zu nennen, erinnert an Birks Wort von der Wundertüte, aus der man dann auch Vertragsfreiheit und Privatautonomie als ungeteilte Rechtsmacht des Arbeitgebers (und damit die Legitimation des Direktionsrechtes) hervorzuziehen versucht sein könnte. Die vorher konzeptionell noch nicht zu lösende Frage der allgemeinen Anordnungen im Gegensatz zur Einzelweisung ist damit allerdings aufgehoben.

Auch schon Söllner hat an diesem Punkt seine These von der nachfolgenden Unterwerfung unter eine bereits getroffene Rechtsgestaltung angesetzt[39]. Er betont, es sei irrelevant, ob der Arbeitgeber tatsächlich allgemeine Anordnungen verwende oder aber vorgehe mit Hilfe des

---

[36] *Adomeit* „Quellenfragen" S. 101 ff.; ähnlich schon *Bötticher* „Gestaltungsrecht" S. 7 ff.

[37] *Adomeit, K.* „Heteronome Gestaltungen im Zivilrecht?" in: Merkl/Marcic/Verdroß/Walter (Hrsg.) FS für Hans Kelsen, Wien 1971, S. 9 ff. (11).

[38] *Adomeit* „Gestaltungen" S. 11; vgl. jedoch auch dort S. 18 in Zusammenhang mit dem Stichwort Kontrolle „man darf nicht verkennen, daß die formal freiwilligen Unterwerfungserklärungen faktisch erzwungen sein können (!) die Heteronomie des Erklärenden (erklärt der Arbeitnehmer seine Unterwerfung?) also höchst fragwürdig, eher fiktiv sein kann (!)" (Klammerzusätze von mir).

[39] *Söllner* „Leistungsbestimmung" S. 55; ebenso *ders.* „Arbeitsrecht" S. 210.

Diktats einzelner Vorschriften — bei gleichzeitiger Freistellung an den einzustellenden Arbeitnehmer, diese zu akzeptieren oder insgesamt zu verzichten[40]. Damit verliert auch die Frage nach der Geltung für zukünftige Arbeitsverhältnisse an Brisanz.

Als eine dritte Variante sind hier die verschiedenen Spielarten der Einordnungs- oder Eingliederungslehre zu nennen. Zunächst hat *Nikisch*[41] in den 40er Jahren die These entwickelt, der Arbeitsvertrag verpflichte den Arbeitgeber zur Einstellung und den Arbeitnehmer zum Dienstantritt, zur Einordnung in den Betrieb. Das Arbeitsverhältnis konstituiere sich unabhängig von dem durch Dienstantritt schon erfüllten Arbeitsvertrag. Es ergebe sich aus der Einordnung in den Betrieb, in die Organisationsstruktur[42]. Diese nicht-vertragliche Begründungsstrategie mit der Einordnung als selbständigem Rechtsgrund wurde nach 1945 durch Nikisch selbst modifiziert. Der Arbeitsvertrag wurde aufgewertet: die Einordnung ist nicht länger selbständiger Rechtsgrund, sondern Vertragsinhalt[43]. Inhaltlich ändert sich dadurch jedoch wenig, die Einordnung zum typischen Vertragsinhalt des Arbeitsvertrages zu machen. Allerdings ist die rechtliche Grundlage des Direktionsrechts somit nicht mehr die Einordnung als bloßes Faktum. Sie findet sich nun im Arbeitsvertrag selbst — jedoch genau in dem Sinne, in dem oben nur noch vom Schein vertraglicher (zweiseitiger) Begründung gesprochen wurde. Diese Zweckbestimmung des Arbeitsvertrages und die Einordnung — damit insbesondere die Direktionsunterworfenheit — als typischer Vertragsinhalt, als Wesenselement des Arbeitsvertrages (und ähnliche Formulierungen mehr, so wie sie in der modifizierten Einordnungslehre zur Verwendung kommen) sind in der arbeitsrechtlichen Dogmatik freilich gängig[44]. Als Hinweis soll

---

[40] Vgl. ebenda, S. 56.

[41] *Nikisch, A.* „Arbeitsvertrag und Arbeitsverhältnis" Berlin 1941; *ders.* „Arbeitsverhältnis im Betrieb" Berlin 1944; ähnlich schon *Siebert, W.* „Das Arbeitsverhältnis in der Ordnung der nationalen Arbeit" Hamburg 1935 (zur Begründung aus der dadurch intendierten Verwirklichung der Führer-Gefolgschafts-Ideologie vgl. schon oben die referierte Kritik *Hickels* am Harzburger Modell); für faktische Arbeitsverhältnisse später noch ebenso *Nikisch* „Arbeitsrecht" Bd. I, S. 174 f.

[42] *Nikisch* „Arbeitsverhältnis" S. 85 ff.

[43] *Nikisch* „Dienstpflicht und Arbeitspflicht" in: Dietz, R./A. Hueck/R. Reinhardt, (Hrsg.) FS für H. C. Nipperdey, München und Berlin 1955, S. 65 ff.; angedeutet schon in *ders.* „Direktionsrecht" BB 1950, S. 538 ff.; ebenso *ders.* „Arbeitsrecht" Bd. I, S. 164 f. u. passim.

[44] *Maus, W.* „Handbuch des Arbeitsrechts" Baden-Baden 1948 ff. Bd. I, S. 16 f.; *Söllner* „Leistungsbestimmung" S. 19 ff., 48 ff.; *ders.* „Arbeitsrecht" S. 210; *Ostheim* „Weisung" S. 25 ff.; *Fabricius, F.* „Leistungsstörungen im Arbeitsverhältnis" Tübingen 1970, S. 11 f.; *Zeuner, A.* „Überlegungen zum Begriff des Arbeitnehmers" RdA 1975, S. 86; ähnlich auch *Wlotzke, O.* „Leistungspflicht und Person des Arbeitnehmers in der Dogmatik des Arbeitsvertrags" RdA 1965, S. 183 ff. und *Ballerstedt, K.* „Probleme einer Dogmatik

genügen, daß auch die im Gegenzug zur „Einordnungslehre" entwikkelte sog. „Vertragslehre" sich hier nicht relevant absetzt[45]. Wir haben mit Adomeit gerade eine Variante kennengelernt. Der Unterschied liegt nicht im typischen Vertragsinhalt, sondern im Anknüpfungspunkt: Nicht der „Arbeitsvertrag auf Einordnung", sondern der „Vertrag auf abhängige Arbeit" mit einer „abstrakten Gehorsamspflicht" oder dem „Direktionsrecht als typischem Vertragsinhalt", als Wesenselement des Arbeitsvertrages[46] erscheinen im Ausgangspunkt des Arbeitsrechts.

Der hier interessierende Kern ist die insgesamt letztendlich zugrundeliegende (außerrechtliche) Vorstellung der unaufhebbaren Sachzwänge arbeitsteiliger Produktionsveranstaltungen, die sich in all den Redeweisen vom „Wesen" oder dem „typischen Bestandteil" des Arbeitsverhältnisses ausdrückt. Dies ist die Prämisse, der die Vorstellung vom Inhalt des inhaltsleeren Arbeitsvertrages angepaßt wird. Diese Vorstellung ist hier bekannt: Sie war im Teil I als das Vorurteil der über viele Jahrzehnte allein das Feld beherrschenden betriebswirtschaftlichen „Theorie", der traditionellen oder faktoriellen Betriebswirtschaftslehre kennenzulernen. Aus der Notwendigkeit produktiver Kombinationen von Elementarfaktoren im Produktionsprozeß schien unmittelbar die Notwendigkeit einer besonderen Instanz, die diese Kombinationen vollzieht, zu folgen: der Geschäfts- oder Betriebsleitung als abgespaltenem „dispositiven Faktor". Die dort zumeist nicht einmal aufgeworfene Frage der Legitimation — man begnügte sich insofern mit dem Stichwort Sachzwang — wurde bei der juristischen Umsetzung mangels ausreichender gesetzlicher Fundierung zunächst aus dem Eigentum oder schlicht der faktischen Einordnung in den Betrieb des Arbeitgebers abgeleitet. Nachdem dies obsolet geworden war[47], wurden die Sachzwänge — mangels ausreichender vertraglicher Vereinbarung — zum nicht vereinbarten Vertragsinhalt mit dem Schein zweiseitiger Begründung und damit dem Schein der Legitimation durch privatautonome Gestaltung. Wollte man eine besonders kraftvolle Formel prägen, so drängte sich fast auf, derartiges Hantieren

des Arbeitsrechts" RdA 1976, S. 5 ff.; beide jedoch mit anderen Schlußfolgerungen hinsichtlich der Konsequenzen derartiger Arbeitgeberpositionen: „Recht aus Arbeit" auf Mitbestimmungsrecht, Gewinnbeteiligungsrecht etc.

45 Für eine eingehende Darstellung beider Lehren mit ausführlichen Nachweisen vgl. *Böttner* „Direktionsrecht" S. 37 ff.

46 Zu *Adomeit* s. bei FN 37/38; ebenso *Hanau/Adomeit* „Arbeitsrecht" S. 143 f.; vgl. ausführlich dazu *Hueck/Nipperdey* Bd. I, S. 42, 115 ff. und *Staudinger/Nipperdey/Mohnen/Neumann* Vorb. 15 zu § 611 BGB, beide m. w. N.

47 Vgl. zur Kritik der Ableitung der Direktionsbefugnis aus dem Eigentum oben bei 4.2.; auch für die modifizierte Einordnungslehre rekurriert *Nikisch* ausdrücklich auf die Produktionsaufgabe, die der Arbeitgeber sich zwar gestellt, die er aber nicht selbst ausführen könne, für die er somit in seinem Bereich notwendig Arbeitskräfte eingliedere; vgl. *Nikisch* „Arbeitspflicht" (1955), S. 69 f. und *ders.* „Arbeitsrecht" Bd. I (1961), S. 7 f.

mit Sachzwängen und Arbeitsvertrag als Strategie der Konstituierung wichtiger Teile unserer Wirtschafts- und Arbeitsverfassung durch das Wesen des Arbeitsvertrages oder des Arbeitsverhältnisses zu bezeichnen.

4.3.4.2. Das Stichwort *Organisationsgewalt* hat in die hier diskutierte Gruppe der Begründungsversuche aus nicht vereinbarten Vertragsinhalt *Molitor*[48] eingeführt. Organisationsgewalt ist dabei als umfassende Leitungs- und Planungskompetenz gedacht. Die Unterscheidung zum dann notwendig engeren Direktionsrecht wird jedoch nicht immer klargelegt oder durchgehalten. Hier interessiert vor allem der sachliche Kern: eine schlichte Umformulierung des schon bekannten Ansatzes der traditionellen Betriebswirtschaftslehre. Der Arbeitgeber „bestimmt die Organisation" (der Sachzwang der produktiven Kombination); daher hat er eine Organisationsgewalt, die „letzten Endes der Grund der Weisungsbefugnis" des Arbeitgebers ist[49]. Man sollte freilich glauben, daß derartige Schlüsse von Rechtstheorie und Methodenlehre als „naturalistic fallacy"[50] schon längst ins Reich der Metaphysik verbannt worden sind. Eine unmittelbare Grundlegung des Direktionsrechts in einer Organisationsgewalt ist damit nicht akzeptierbar begründet. Soll dies aber keinen Schluß bezeichnen, so bleibt es schlicht tautologisch. Auch Molitor scheint seine Konstruktion nicht ganz geheuer. Daher wohl die unklare Formulierung „trotz oder wegen der Bestimmung der Weisungsbefugnis durch den Arbeitsvertrag" ist „letzten Endes" der entscheidende Grund die Organisationsgewalt[51]. Dort finden sich noch in anderem Zusammenhang der Vorbehalt „bei grundsätzlicher Organisations- und Vertragsfreiheit" und „Anklänge an die Lehre von der Einordnung" als Grundlage der arbeitgeberischen Rechtsposition. Daß auch andere Autoren den Begriff der Organisationsgewalt zum Ausgangspunkt nehmen, hat insbesondere *Böttner* gezeigt; die Spannweite der neben dem Arbeitsvertrag dann angebotenen „letztlichen" Aufhänger reicht dabei von der Eigentumsordnung bis zum allgemeinen Verfügungs- und Entscheidungsrecht des Betriebsinhabers[52]. In diesen letztlichen Aufhängern zeigen sich Ansätze zur anderweitigen juristischen Aufarbeitung der „Sachzwänge", die sich

[48] *Molitor, E.* „Grund und Grenzen des Weisungsrechts" RdA 1959, S. 2 ff.

[49] *Molitor* „Weisungsrecht" RdA 1959, S. 4 ff. (Zitate S. 7); Anklänge auch in: ders. „Geteiltes Weisungsrecht" DB 1960, S. 28 ff. (Einleitung S. 28 und Abschnitt III a. E. S. 29).

[50] *G. E. Moore* hat diesen Begriff in seinen „Principia ethica" (§ 10) eingeführt; heute ist der „naturalistische Fehlschluß" ein Standard der juristischen Grundlagendisziplinen zur Kennzeichnung der Unzulässigkeit eines unmittelbaren Schlusses zwischen ‚Sein' und ‚Sollen'.

[51] *Molitor* „Weisungsrecht" RdA 1959, S. 7.

[52] Vgl. Nachweise bei *Böttner* „Weisungsrecht" S. 62 f.

jedoch als nicht haltbar erwiesen haben, soweit dabei auf das Eigentum direkt oder ein Verfügungsrecht des Betriebsinhabers (Auswirkungen des Eigentums auf die personal gedachte Stellung des Top-Managements?) rekurriert wird. Soweit dabei Organisationsgewalt im Vertrag abgestützt wird, schließt sich der Kreis zur Unterwerfungsvertragsthese und Einordnungslehre.

4.3.4.3. Zur Kritik dieser Lehren von der Rechtsgrundlage des Direktionsrechts aus — wie dies am Anfang dieses Abschnitts zusammenfassend genannt wurde — nicht vereinbarten Vertragsinhalt braucht hier nicht noch einmal die ausführliche Kritik am faktoriellen Ansatzes der Betriebswirtschaftslehre wiederholt zu werden. Die Analyse dieses Ansatzes und seines Erkenntnisinteresses sowie die Diskussion neuerer Ansätze der Betriebswirtschaftslehre haben im Ergebnis[53] den ideologischen Charakter der Postulierung einer durch „Sachzwänge" verbürgten Legitimation umfassender innerbetrieblicher Arbeitgeberdirektion erwiesen. Dem ist hier nichts hinzuzufügen. Die Kritik des ökonomischen Vorurteils jeglicher Lehre vom nicht vereinbarten Vertragsinhalt entzieht auch der juristischen Transformation dieses Vorurteils ihre Berechtigung. Es gibt keine sachnotwendige einseitige Überordnung des Arbeitgebers über den Arbeitnehmer aus dem Gesichtspunkt unverzichtbarer „Sachgesetzlichkeiten" der gesamten Produktionsveranstaltung.

Da also die ökonomische Prämisse in einer zirkulären Operation über das Wesen des Arbeitsvertrags selbst zu dessen Inhalt gerinnt, ist es im Grundsatz damit gar nicht mehr erforderlich, eine zweite Ebene (immanent dogmatischer) Kritik zu eröffnen — nämlich auf den Gesichtspunkt das bloßen Scheins zweiseitiger Begründung des Direktionsrechts, also auf den Kerngedanken des privatautonomen Vertrags abzuheben. Besonders Birk hat in diesem Sinne die These vom Unterwerfungsvertrag und die dadurch behauptete Lösung des Problems genereller Weisungen des Arbeitgebers kritisiert. Er argumentiert, daß sich rechtlich aus einer vertraglich fixierten Befugnis zur Leistungsbestimmung — fixiert durch nicht vereinbarten Vertragsinhalt — nicht der Erlaß solcher allgemeinen Anweisungen herleiten läßt, die für zukünftige Arbeitnehmer schon vor Vertragsschluß die zu erbringende Leistung teilweise bestimmen[54]. Der weitergehenden These Söllners von der „nachträglichen Unterwerfung", die oben schon angesprochen wurde, hält er entgegen, daß die generellen Weisungen für den neu eingestellten Arbeitnehmer ihre Wirkung ja entfalten, sobald er „ihre tatbestandlichen Voraussetzungen erfüllt". Dazu bedürfe es keiner

[53] Vgl. oben Abschnitt 3.

[54] *Birk* „Leitungsmacht" S. 75.

spezifischen rechtlichen Unterwerfungserklärungen mehr, denn „gerade (diese) sollen durch eine generelle Weisung überflüssig gemacht werden". Insgesamt konstatiert Birk die Vermengung von soziologischer und rechtlicher Betrachtung: „Der Eintritt des Arbeitnehmers in einen bereits durch generelle Weisungen geordneten Arbeitskomplex stellt sich soziologisch zwar als Unterwerfung dar, ..., eine rechtliche Erklärung ist dies freilich nicht[55]." Eine im obigen Sinne privatautonome (zweiseitige, vertragliche) Gestaltung der Beziehung Arbeitgeber / Arbeitnehmer liegt sicherlich genau so wenig vor. Mit der tatsächlichen Feststellung dieser Unterwerfung ist weder eine rechtliche Verpflichtung des Arbeitnehmers, sich zu unterwerfen, aufgefunden, noch eine vertragliche Unterwerfungsklausel als notwendig typischer nicht vereinbarter Vertragsinhalt.

4.3.5. Zusammenfassung

Wie eingangs vermutet, hat sich die Erklärung für die — mit Ausnahme Böttners — einhellige Meinung der Vertreter der Vertragstheorie hinsichtlich der Unabdingbarkeit des Direktionsrechts als Ganzem durch arbeitsvertragliche Disposition der Vertragsparteien ergeben. Die Vertragslehren sind nicht Versuche der Begründung des Direktionsrechts aus den beiderseitigen Erklärungen der Arbeitsvertragsparteien oder der Auslegung privatautonom getroffener Regelungsvereinbarungen, sondern sie sind Lehren über das „Wesen des Arbeitsvertrags", den nicht durch die Parteien vereinbarten Vertragsinhalt. Wenn sie sich nach näherer Prüfung auch als brüchig, als zur Aufhellung oder gar Darstellung der rechtlichen Grundlage des Direktionsrechts nicht geeignet erwiesen haben, so haben sie doch eindrücklich gezeigt, daß die juristisch verfügbaren Begründungmuster wie Gesetz, Richterrecht, Gewohnheitsrecht und Einzelvertrag alleinige Ausgangspunkte zur Lösung der aufgeworfenen Problematik nicht sein können. Die immanente (juristisch-handwerkliche) Kritik sowie die Identifizierung vorausgesetzter Sachzwänge als vorrechtlicher Prämisse haben genauso eindrücklich die „Suchrichtung" gezeigt, in der grundlegende Hinweise auf einen konsistenten Lösungsansatz zu erhoffen sind.

4.4. Konsequenzen aus dem Scheitern der herkömmlichen rechtlichen Begründungsversuche

Die Summe aus der Schilderung dieser Versuche ist dahingehend zu ziehen, daß — außer in wenigen Spezialfällen wie etwa der Schiffahrt — keine gesetzliche Grundlage und, abgesehen von den seltenen Vereinbarungen hinsichtlich einzelner Modalitäten, auch keine privatauto-

[55] *Birk* ebenda; ähnlich schon S. 64 f.

nome, arbeitsvertragliche Grundlage für ein arbeitgeberisches Direktionsrecht besteht[56].

4.4.1. Der Verweis auf das Verfassungsrecht

Gerade im Anschluß an die Kritik der Arbeitsvertragslehren ist festzuhalten: Es wurde hier, und soll auch weiterhin nicht bestritten werden, daß aufgrund der hochtechnisierten, komplexen und arbeitsteiligen Produktionsweise moderner Industriegesellschaften Leitungs- und Planungsprobleme in nahezu unübersehbarem Ausmaße anstehen. Ebensowenig soll die zunehmende Abstraktheit arbeitsvertraglicher Verpflichtung in Abrede gestellt werden — der inhaltsleere Arbeitsvertrag, das einheitliche Formular ohne Regelungsgehalt beherrschen die Praxis. Die Augen davor zu verschließen, anderes zu konstruieren oder darüber zu lamentieren ist sinnlos. Es ist geradezu evident, daß das steigende Erfordernis längerfristiger Planung und Leitung sogar impliziert, Individualarbeitsverträge zunehmend abstrakt und inhaltsleer abzuschließen.

Was schon in der Analyse der industriesoziologischen und betriebswirtschaftlichen Ansätze und ihrer Strukturierungskonzeptionen jedoch als nicht zutreffend erwiesen wurde und auch bezüglich der juristischen Begründungsstrategien entschieden abgelehnt werden muß, ist der Schluß von dieser Einsicht zur sachnotwendig einseitigen Direktion durch den Arbeitgeber. Die Einsicht in die steigende Relevanz komplexer Planungs- und Leitungsvorgänge für die gesamte Produktionsveranstaltung bedeutet nicht die Einsicht in die Zuschreibung umfassender Planungs- und Leitungskompetenz an den Arbeitgeber oder Betriebsinhaber und die einseitige Unterordnung des Arbeitnehmers unter diese Kompetenz. Dies haben sowohl die Ansätze der „modernen" Betriebswirtschaftslehre vor allem in der Variante der entscheidungsorientierten Betriebswirtschaftslehre und ihre Strukturierungsmodelle, wie auch die Diskussion um die Führungstechniken mit den Stichworten „Organisationsprinzipien" und „Führungsstil" entgegen den behaupteten Sachzwängen überkommener betriebswirtschaftlicher Tradition gezeigt. Diese Lösung ließ sich auch, juristisch gewendet, weder aus Eigentum noch aus privatautonomer vertraglicher Gestaltung begründen.

Gerade die Analyse der Vertragslehre hat das Auge dafür geschärft, daß, solange zunächst keines der juristischen Begründungsmuster einen eindeutigen oder wenigstens plausiblen Erklärungsrahmen abgibt, sich letztlich nur aus dem Rekurs auf die abstrakte Gesamteinschätzung

[56] Dabei ist festzuhalten, daß auch für die beiden Vorbehalte durchaus bestritten wird, daß sie — soweit sie überhaupt einmal zutreffen — auch die rechtliche Grundlage des arbeitgeberischen Direktionsrechts darstellen.

der Produktionsveranstaltungen in unserer Gesellschaft Lösungs*hinweise* für die thematisierte Problematik ergeben können. Dies jedoch nicht ideologisch durch Postulierung vermeintlicher Sachzwänge sinnvoller Unternehmens- oder Arbeitsverfassung wie noch in der Lehre vom Wesen des Arbeitsvertrages, sondern durch die Analyse und Interpretation verfassungsrechtlich normierter Grundsätze und -prinzipien unserer Gesellschaftsordnung, sowie durch den Blick auf deren mögliche Auswirkungen für die Beurteilung einer Unternehmensverfassung und Einordnung der gesamten Produktionsveranstaltung.

Damit sollte nun nicht aufatmend zum „law in the books" übergegangen werden; hier soll jedoch schon angedeutet sein, daß auch eine zutreffendere (durch sozialwissenschaftliche Untersuchungen und Feststellungen abgesicherte) Erfassung von Wirklichkeit nicht die rechtliche Beurteilung des Direktionsproblems ersetzen kann, oder daß nicht — einer bekannten Formulierung zufolge — Verfassungsrecht über die Verfassungswirklichkeit affirmativ zu „Verfassung" hin aufgelöst werden kann. Als Aufforderung so zu verfahren sind weder die eingangs aufgezeigten Einsichten neuerer Rechtstheorie und ihre Kritik am traditionellen juristischen Arbeits- und Denkansatz zu verstehen, noch ist dies der ganze Inhalt der kritischen Einwände der Rechtssoziologie, wenn dort davon gesprochen wird, Recht sei lediglich der Ausdruck realer gesellschaftlicher Verhältnisse und Rechtswissenschaft habe von der Analyse sozialer Wirklichkeit auszugehen. Ohne diese rechtstheoretischen und -soziologischen Fragen hier weiter zu vertiefen, soll festgehalten werden, daß zwar Recht als Produkt sozialer Strukturen, Konflikte und Probleme nur auf der Basis von deren Kenntnis erklärbar wird, daß diese Basis die rechtliche Lösung regelmäßig jedoch nicht schon determiniert. Recht hat nicht nur Wirklichkeit affirmativ legitimierende Funktion — sozialer Wandel durch Recht ist nicht von vornherein ausgeschlossen, sondern das zentrale Problem[57]. *Ehmke* hat in diesem Sinne einmal prägnant formuliert, daß

[57] Vgl. näher *Friedman, W.* „Recht und sozialer Wandel" (deutsche Übersetzung von „law in a changing society") Düsseldorf 1969; speziell zur Rechtssoziologie die Beiträge in „Zur Effektivität des Rechts" Jahrbuch für Rechtssoziologie und Rechtstheorie Bd. 3, Düsseldorf 1972 (dort Kap. 1, S. 11 ff. mit Schwerpunkt sozialer Wandel und Kap. 2, S. 205 ff. zur Effektivität); eine Vielzahl verschiedener, denkbarer Funktionen von Recht diskutiert *Görlitz, A.* „Politische Funktionen des Rechts" Wiesbaden 1976 (hier S. 31 ff.); sehr eindringlich dazu auch *Wiethölter, R.* „Recht und Politik" ZRP 1969, S. 155 ff. (158); *ders.* „Anforderungen an den Juristen heute" in: Wassermann, R. „Erziehung zum Establishment" Karlsruhe 1969, S. 1, 4 ff., 14 f. und *ders.* „Privatrecht als Gesellschaftstheorie" in: Baur/Esser/Kübler/Steindorff (Hrsg.) „Funktionswandel der Privatrechtsinstitutionen" FS für Ludwig Raiser, Tübingen 1974, S. 645 ff. (647 ff.); *Ridder* „Soziale Ordnung" S. 12 ff.; *Habermas, J.* „Überlegungen zum evolutionären Stellenwert des modernen Rechts" in: ders. „Zur Rekonstruktion des historischen Materialismus" Frankfurt 1976, S. 260 ff.

die Aufgabe von Verfassungsrecht, richtungsweisende Eindämmung der Dynamik des politischen Lebens zu sein, doch auch wieder auf dieses zurückwirkt[58]. Ehmkes grobe Kennzeichnung methodologischer Implikationen für die Analyse und Interpretation verfassungsrechtlicher Grundsätze im Zusammenhang des hier anstehenden Problems zeigt jedoch schon: Der Kreis zur Erarbeitung der tatsächlichen Voraussetzungen in der Folge der modernen Ansätze zur Erfassung des Problems innerbetrieblicher Direktion schließt sich[59]. Die in der Folge der hochindustrialisierten, arbeitsteiligen Produktionsveranstaltung westlicher Industriegesellschaften sich verändernden Strukturen, die daraus folgenden sozialen Probleme und Konflikte sind Thema und Objekt verfassungsrechtlicher Bewertung. Erst in bezug darauf wird Verfassungsrecht verständlich und erklärbar. Erst in bezug darauf können daraus Strategien entweder für die Beibehaltung des status quo oder für dessen Veränderung durch die Initiierung von sozialem Wandel — je nach der Tendenz der im Grundgesetz normierten Prinzipien und Voraussetzungen gerechter Gesellschaftsordnung — abgeleitet werden.

Für das Direktionsproblem vermögen erst die dabei zu gewinnenden Hinweise einen Ausweg zu zeigen aus dem Durcheinander der auf vorrechtliche Postulate zurechtgeschnittenen, im Ergebnis allesamt nicht überzeugenden juristischen Begründungsstrategien mit inzwischen ziemlich exhauriertem Argumentationshaushalt, die — wohl eher als Ausdruck der Hilflosigkeit — letztlich mit verschiedentlichsten Pauschalverweisen auf fundamentale Verfassungsprinzipien abgestützt werden.

4.4.2. Auswirkungen auf andere arbeitsrechtliche Probleme

Ein so konzipierter Ansatz verfassungsrechtlicher Betrachtung hat nicht nur Auswirkungen für die Einschätzung arbeitgeberischer Direktionsbefugnisse. Gerade die als Folge der veränderten soziologischen und ökonomischen Strukturen sich ergebenden neuen Gesichtspunkte wie die aufgezeigte Problematisierung der Vorstellung von Leitung und Planung mit der veränderten Einschätzung des Unternehmens (und damit der Abgrenzung zu Betrieb), der Stellung des Managements und des Arbeitgeberbegriffs haben Folgen auch für andere Bereiche des Arbeitsrechts[59]. Dabei handelt es sich bezeichnenderweise vorwiegend um für die Arbeitsrechtsdogmatik herkömmlich nur unter großen Schwierigkeiten lösbare Fragen und Probleme. Vor der verfassungs-

[58] *Ehmke, H.* „Prinzipien der Verfassungsinterpretation" VVDStRL Heft 20 (1963), S. 65 (wichtig der Kontext mit der ‚Gretchenfrage' des verfassungstheoretischen Vorverständnisses der Verfassungsauslegung, vgl. S. 72 ff.); dazu für das hier anstehende Problem unten Abschnitt 5.2.

[59] Vgl. dazu oben die Zusammenfassung der Ergebnisse von Teil I in Abschnitt 3.

rechtlichen Betrachtung selbst sollen hier zur näheren Verdeutlichung der Relevanz der Fragestellung schlaglichtartig einige Aspekte angedeutet sein, ohne daß diese hinlänglich diskutiert werden können:

— In der Arbeitsrechtsdogmatik stehen sich nach wie vor zwei Anschauungen hinsichtlich der Rechtsnatur des Arbeitsverhältnisses gegenüber. Die These vom ‚personenrechtlichen Gemeinschaftsverhältnis' ist schon längere Zeit heftigster Kritik ausgesetzt[60]. Doch wird auch die Lehre vom schuldrechtlichen Austauschverhältnis der Eigenart des Arbeitsverhältnisses nicht gerecht. Dies nicht einmal, wenn mit der modernen Schuldrechtsdogmatik das Schuldverhältnis als Organismus mit umfänglichen Nebenpflichten aus dem zugrundeliegenden Lebensverhältnis angesehen wird — es sei denn, man fülle den Begriff schlicht mit soziologischen Feststellungen aus[61]. Der hier angedeutete Weg, die Entwicklung und Veränderung ökonomischer, gesellschaftlicher Strukturen mit der Folge der Beurteilung des Unternehmens — systemorientiert oder entscheidungs/interessenorientiert — als soziales ‚Phänomen' einzubeziehen, kann auch die Fronten der Lehren von der Rechtsnatur des Arbeitsverhältnisses in dieser ganz anderen Richtung unerwartet in Bewegung bringen.

— Die dogmatisch (offensichtlich nach wie vor ungeklärte) durchgängige Grundlegung von Einzelarbeitsverhältnis und Betriebsverfassung können die gerade angesprochenen Lehren zur Rechtsnatur des Arbeitsverhältnisses nicht leisten[62]. Beides wird dogmatisch immer noch säuberlich getrennt und aus verschiedenen Quellen hergeleitet. Hier setzen auch immer wieder Vorschläge für eine stärkere Lösung auch des Arbeitsvertragsrechts von der allgemeinen Zivilrechtsdogmatik an[63]. Die gewandelte Vorstellung von der gesamten Produktionsveranstaltung und ihrer Leitung und Planung kann für die Klärung eine Tendenz angeben.

— Nicht nur für das Direktionsrecht, sondern auch hinsichtlich anderer, generalklauselartig konstruierter Rechte und Pflichten im Rahmen des Arbeitsverhältnisses, wie etwa der Treupflicht und der Fürsorgepflichten, sowie für die Abgrenzung der arbeitnehmerischen Privatsphäre braucht auf ähnliche Auswirkungen des veränderten sozialwissenschaftlichen Befundes wohl kaum mehr hingewiesen werden.

— Interessant gerade im Zusammenhang mit der Kritik der überkommenen Begründungsversuche des Direktionsrechts auf individualarbeitsvertraglicher Basis ist zuletzt noch das Problem des ‚Betriebsübergangs', und zwar dabei des Übergangs des Arbeitsverhältnisses auf den neuen Arbeitgeber bei Betriebsveräußerungen. Eine befriedigende Ableitung dieses von

---

[60] Vgl. ausführlich *Schwerdtner, P.* „Fürsorgetheorie" S. 60 f. und passim; *Ballerstedt* „Dogmatik" RdA 1976, S. 9.

[61] Diskutiert bei *Schwerdtner* „Fürsorgetheorie" S. 126 (vgl. auch S. 60 ff.); weiterführende Gedanken auch bei *Raiser, Th.* „Das Arbeitsverhältnis aus der Sicht der Organisationssoziologie" ZRP 1973, S. 13 ff. (17).

[62] Vgl. insbesondere *Schwerdtner* „Fürsorgetheorie" S. 61/62; allgemein vgl. auch *Adomeit* „Quellenfragen" S. 9 ff.; für die Abgrenzung zum Direktionsrecht nach h. M. vgl. oben Abschnitt 1.3.3.

[63] So neuerdings wieder *Gamillscheg* „Zivilrechtliche Denkformen" AcP 176 (1976), S. 197 ff. entgegen *Richardi, R.* „Arbeitsrecht und Zivilrecht" ZfA 1971, S. 3 ff.; beide mit ausführlichen Nachweisen zum derzeitigen Diskussionsstand.

den Erfordernissen der Praxis her angenommenen Ergebnisses war nicht möglich. So war lange Zeit automatischer Eintritt oder die Notwendigkeit einer Zustimmung des Arbeitnehmers umstritten[64]. 1972 wurde durch § 129 BetrVG ein neuer § 613 a BGB eingeführt, nach dem der Inhaber bei rechtsgeschäftlichem Übergang in die Rechte und Pflichten der zum Zeitpunkt des Übergangs bestehenden Arbeitsverhältnisse eintritt. Diese Vorschrift ist für die Arbeitsrechtsdogmatik in vielerlei Hinsicht problematisch[65], aber sicherlich zeigt sie erneut, daß der Gesetzgeber der veränderten Sicht von Betrieb und Unternehmen teilweise Rechnung trägt[66] und das Arbeitsverhältnis im Hinblick auf das als sozialen Sachverhalt, Organisation etc. verstandene Unternehmen konzipiert.

Ihre praktische Wirkung entfalten, nämlich in der Praxis Klarheit über den jeweiligen Arbeitgeber zu schaffen, kann diese Regelung nur durch Anknüpfung an den tatsächlichen Übergang. Die Arbeitgeberstellung ist, betriebswirtschaftlich ausgedrückt, gekennzeinet durch die Unternehmensführung. Daher wird für den Übergang (interpretiert als Weiterbestehen des organisatorischen Gebildes) konsequent zumeist an den Besitz — als Kompetenz hinsichtlich des Einsatzes der sächlichen Produktionsmittel — und das Direktionsrecht — als Kompetenz hinsichtlich des Einsatzes der Arbeitskräfte — angeknüpft und nicht an die zeitlich oft erheblich differierenden, rechtsgeschäftlichen Akte[67]. Der Übergang dieser beiden Positionen löst die Konsequenz des § 613 a BGB aus. Wie sich schnell zeigt, muß dabei aber die gewandelte Vorstellung von Unternehmen, Arbeitgeber etc. auch für die Beurteilung des Arbeitsverhältnisses und des Direktionsrechts durchgehalten werden. Denn denkt man wieder an Eigentum oder Arbeitsvertrag als Rechtsgrundlage für das Direktionsrecht, so unterläuft man Sinn und Zweck der Regelung des § 613 a BGB: Das Direktionsrecht könnte nicht realer Anknüpfungspunkt sein, da dann dessen Rechtsgrundlage, nach h. M. der Arbeitsvertrag, gesetzliche Rechtsfolge seiner tatsächlichen Praktizierung wäre. Als Ausweg böte sich nur an, wieder auf rechtsgeschäftliche Übertragungen, Überlassungen etc. zu rekurrieren. Die Unsicherheit, die man vermeiden wollte, wird so wieder eingeführt. Außerdem bleibt unerklärlich, wieso für den zweiten Aufhänger ‚Besitz' dann schon verbotene Eigenmacht genügen sollte[68]. Konsequenter ist sicher der oben angedeutete Weg.

---

[64] Die wohl h. L. nahm ein Zustimmungserfordernis an, vgl. *Hueck/Nipperdey* Bd. I, S. 514, 516 ff. m. w. N.; BAG Nr. 1 zu § 419 BGB — Betriebsnachfolge; anders *Nikisch* „Arbeitsrecht" Bd. I, S. 659 ff.

[65] Vgl. dazu ausführlich *Seiter, H.* in AR-Blattei — Betriebsinhaberwechsel I m. w. N. (1972); zur restriktiven Auslegung durch das BAG vom Gedanken des Arbeitnehmerschutzes her vgl. *BAG* BB 1975, S. 468 ff. (Widerspruch des Arbeitnehmers bei Veräußerung eines Betriebsteils; ist bisher nicht entschieden bei Veräußerung des ganzen Betriebs).

[66] Das zeigte sich auch einmal oben Abschn. 1.3.; weiteres Indiz ist dann die Einfügung gerade im Zusammenhang des Betriebsverfassungsgesetzes; ähnlich äußert sich auch *Raiser, Th.* „Arbeitsverhältnis" ZRP 1973, S. 17.

[67] Noch nicht näher behandelt in *Seiter* ebd.; die Formulierungen sind häufig nicht sehr präzise, treffen sich aber zumeist bei diesem Kern. Vgl. *Schaub, G.* „Arbeitsrechtshandbuch" 2. Auflage, München 1975, S. 500; *Küchenhoff* in *Erman* (6. Aufl.) § 613 a Anm. 2 b (unklar); *Birk, R.* „Arbeitsrechtliche Probleme der Betriebsaufspaltung" BB 1976, S. 1227 f. (hier 1228).

[68] Vgl. so *AG Köln* DB 1976, S. 2021.

Die Relevanz des hier aufgezeigten modernen Verständnisses vom Unternehmen und der Frage nach normativen Grundsätzen einer Unternehmensverfassung ist für weite Bereiche des Arbeitsrechts deutlich. Nicht sind damit schon Lösungen für die angesprochenen Problemkreise gefunden, jedoch sollte ähnlich wie beim Direktionsrecht die Richtung für eine Lösung aufgezeigt sein, die einem weniger dynamikfeindlichen (status quo verpflichteten), wirklichkeitsnäheren und ideologiekritischeren Verständnis von Recht verpflichtet ist.

5. Unternehmensverfassung und verfassungsrechtliche Implikationen einer Legitimation von Direktionsbefugnissen

5.0. Gleich zu Anfang dieses Abschnitts darf der Hinweis nicht fehlen, daß Unternehmensverfassung(srecht) zunächst vorwiegend ein Diskussionsbegriff ist. Ließ er sich vor ungefähr 10 Jahren noch kennzeichnen als lediglich „heuristische Formel" aus „Unternehmen", „Verfassung" und „Recht", die höchst unterschiedliche Vorstellungen deckt[1], so sind heute seine Konturen doch in mancher Hinsicht sehr viel klarer geworden.

Der Bezugspunkt *Unternehmen* ist gekennzeichnet durch die zunehmende Befreiung aus der nur gesellschaftsrechtlichen Perspektive, die Lösung aus der Identifikation mit einer Anteilseignergesellschaft; durch Konzipierung des Unternehmens als soziologischer Tatbestand, selbständiger Verband, soziale Organisation und ähnliche Formulierungen mehr. Diese schon vor 10 Jahren mit Unternehmensverfassung angesprochene Kennzeichnung[2] ist heute, insbesondere nach der Schlacht um die paritätische Mitbestimmung, fester Bestandteil und Grundlage des Begriffs geworden[3]. Die Normen für die Gestaltung eines so verstandenen Unternehmens und für die Beziehungen seiner Mitgliedergruppen zueinander zu finden und zu liefern, sodann die Einordnung und rechtliche Bewertung der auf diesen soziologischen Tatbestand bezogenen Interessen sowohl der Anteilseigner wie der Arbeiter und Angestellten, auch von Konsumenten, von Staat und Gesellschaft zu leisten — dies alles ist heute anerkanntermaßen Aufgabe von Unternehmensrecht, insbesondere einer Unternehmensverfassung. Dabei verliert auch der zweite Anknüpfungspunkt *Verfassung* seine beliebige Präzisierbarkeit und zeigt nichts anderes auf als aus der Sicht des Unternehmensrechts die Parallele zur Rede von Betriebsverfassung oder Familienverfassung. Aus der Sicht des Unternehmensrechts ist also das MitbG, so wie es nach harter Auseinandersetzung letztlich verabschiedet wurde, ein (wichtiger) Ausschnitt der mit *Unternehmens-*

---

[1] So insbesondere *Wiethölter, R.* „Unternehmensverfassungsrecht" Juristenjahrbuch Bd. 7 (1966/67), S. 162 (ebenso noch in „Rechtswissenschaft" S. 263).

[2] Vgl. ebenda, S. 172.

[3] Vgl. zu den wichtigsten Veröffentlichungen auf dieser Entwicklungslinie und zu den Nachweisen oben Abschnitt 3.3. mit Fn 7 ff.

verfassung angeschnittenen Thematik. Diese kann hier nicht umfassend diskutiert werden — sie soll auch nachher im Hinblick auf die verfassungsrechtlichen (i. S. von durch das Grundgesetz festgelegten) Implikationen nur insoweit aufgenommen werden, als sie für das Direktionsproblem im aufgezeigten Sinne hilfreich sein kann[4]. Dort sind dann die Fragen der „wirtschaftsverfassungsrechtlichen Neutralität des Grundgesetzes" und ansatzweise der verschiedenen Grundrechtstheorien als verfassungstheoretischem Vorverständnis zu behandeln. Zuvor noch läßt sich aber durch Diskussion der in der Literatur erfolgten Versuche, Direktionsbefugnisse aus der Unternehmensverfassung zu begründen, die Fragestellung und -richtung präzisieren.

5.1. Zum Vorschlag: Unternehmensverfassung als Rechtsgrundlage

Söllner vertritt die Auffassung, das „Betriebsleitungsrecht" des privaten Unternehmers sei in der „Wirtschaftsverfassung" begründet und „das Arbeitsrecht als Teil der Zivilrechtsordnung" könne „den hieraus fließenden Bestimmungsrechten des Arbeitgebers" die „Anerkennung nicht versagen"[5]. Eine umfassende Weiterverfolgung dieses Ansatzes findet sich bei Söllner jedoch nicht; insoweit inkonsequent kommt er später auf die vertragliche Unterwerfung und die arbeitsvertragliche Grundlage des Direktionsrechtes zurück[6].

---

[4] Vgl. allg. *Ott* „Unternehmenskorporation" S. 226 ff., 272 ff.; *ders.* „Die soziale Effektivität des Rechts bei der politischen Kontrolle der Wirtschaft" JbRthRsoz Bd. 3 „Zur Effektivität des Rechts" Düsseldorf 1972, S. 345 ff.; Diskussionsberichte bei *Buchner, H.* „Die wirtschaftsverfassungsrechtliche Bedeutung der Diskussion um Unternehmensrecht und Mitbestimmung" DB 1975, S. 33 ff. und *Werner, W.* „Unternehmensverfassung in einer marktwirtschaftlichen Ordnung" WuW 1975, insb. S. 183 ff.; vgl. allgemein auch *Wiedemann, H.* „Grundfragen der Unternehmensverfassung" ZGR 1975, S. 385 ff.; *Westermann, H. P.* „Unternehmensverfassung und Gesellschaftsrecht" in: FS für H. Westermann, Karlsruhe 1974, S. 563 ff. und *Raisch, P.* „Unternehmensrecht" Reinbek 1974, Band 2; zum Partnerschaftsgedanken ausführlich *Vollmer, L.* „Die Entwicklung partnerschaftlicher Unternehmensverfassungen" Köln u. a. 1976 und *Steinbrenner, H. P.* „Arbeitsorientierte Unternehmensverfassung — ein Weg zur Mitbestimmung als Mitverantwortung" Frankfurt/New York 1975; methodische Aspekte behandeln *Ballerstedt, K.* „Interdisziplinäre Kooperation in Forschung und Lehre" in: FS für F. Böhm, Tübingen 1975, S. 76 ff. und *Kunze, O.* „Bemerkungen zu Inhalt und Methode einer Unternehmensrechtsreform" in: FS für Gessler, München 1971, S. 47 ff.; im Hinblick auf das MitbG vgl. *Naendrup, H. P.* „MitbG und Organisationsfreiheit" AuR 1977, S. 225 ff., 268 ff. und *Reich, N./Lewerenz, K.* „Das neue MitbG" AuR 1976, S. 261 ff.

[5] *Söllner* „Leistungsbestimmung" S. 22 (im Anschluß an *RAG* Bensh. Slg. 14, 233 (236 f.) und *Sinzheimer* „Arbeitsnormenvertrag" S. 9 f.) und *ders.* „Arbeitsrecht" 5. Aufl., Stuttgart 1976, S. 29 f.

[6] Vgl. *Söllner* „Leistungsbestimmung" S. 44 ff.

5.1.1. Das Konzept von Conrad

Die Auffassung, die in den Bemerkungen Söllners nur angedeutet blieb, hatte zuvor *Conrad* in einem ganz anderen Zusammenhang umfassender dargelegt[7]. Ihm geht es um die unmittelbare Anwendung der Grundrechte im Arbeitsrecht, die er aus dem Ansatz begründet: „Die Produktionsordnung gehört zur Verfassung. Der Staat, der Organisationsgewalt auf diesem Gebiet an Private überläßt, übernimmt damit die Pflicht, die Grundfreiheiten der Gewaltunterworfenen zu garantieren[8]."

Direktion kommt Conrad in den Blick als notwendig einseitige Befugnis zur Leistungsbestimmung, als Koordination der Einzelleistungen in notwendig fortschreitender Arbeitsteilung[9]. Dieser Vorgang, den eigentlich der Staat „direkt organisieren müßte", werde nun „durch eine Gesamtentscheidung" als „selbständige Organisation durch Privatinitiative" vom Staat ermöglicht. Der Staat nehme die Differenzierung und Koordination der Produktion nicht selbst in die Hand; aufgrund dieser „Herrschaftsüberlassung" könne jeder, der als Arbeitgeber aufzutreten vermag, mit Billigung des Rechts entsprechende Direktionsbefugnisse ausüben: „Die Überlassung der Organisationschance an den privaten Bereich ist ein einheitlicher Grundgedanke der Verfassung[10]." Diese Gewährung einer Organisationsbefugnis, die zunächst aus dem Gesichtspunkt der Bedarfsdeckung durch arbeitsteilige Produktion im öffentlichen Interesse gegeben sei, erklärt Conrad zugleich als Folge der Eigentumsverhältnisse an den Produktionsmitteln. Jedoch geht er nicht soweit, sie als Eigentumsinhalt zu konzipieren: So habe Eigentum an Produktionsmitteln „nicht den Sinn, dem Eigentümer störungsfreien Privatbesitz oder Sachgenuß unter grundsätzlicher Ausschließung Fremder zu sichern". Die Herrschaftsüberlassung an den Eigentümer ruhe auf einer „verfassungspolitischen Entscheidung" und „ist nicht selbstverständliche Konsequenz eines allgemeinen Wesens persönlichen Eigentums"[11]. Neben der Rechtsfigur des beliehenen öffentlichen Unternehmers erkennt Conrad dies als eine weitere Form staatlicher Machtverleihung an, als eine „in öffentlichem Interesse überlassene private Gewalt". Ihr Charakteristikum sei die „bloße Belassung oder Ermöglichung von Herrschaft ohne direkte Übertragung, jedoch in öffentlicher Funktion" — also, daß sie „ohne besondere Herrschafts-

---

[7] *Conrad, D.* „Freiheitsrechte und Arbeitsverfassung" insbesondere S. 77 ff.

[8] Ebenda, S. 13 f. und S. 78 (Zitat).

[9] Ebenda, S. 84 f.

[10] Zitate ebenda, S. 85.

[11] Ebenda, S. 83 f.

normen öffentlich-rechtlichen Charakters nur durch Gebrauch privatrechtlicher Gestaltungsmöglichkeiten zustandekommt"[12].

Conrad spricht, anders als Söllner, nicht von Wirtschaftsverfassung, sondern eingeschränkt nur von Produktionsordnung. Inhaltlich dürfte jedoch auch bei Söllner mit „Wirtschaftsverfassung" kaum etwas anderes gemeint gewesen sein. Es handelt sich bei ihm wohl insgesamt eher um eine Nebenüberlegung, um einen Hinweis darauf, daß das, was ihm vermeintlich als Sachzwang in den Blick gekommen ist, auch seinen rechtlichen Ausdruck finden müsse. Nur so wird verständlich, wie Söllner — ohne seinen eigenen Begriff von Wirtschaftsverfassung im einzelnen darzulegen — auf diesen Begriff rekurrieren konnte: Er war nur eine pragmatische Bezeichnung des Ortes, an dem sich der rechtliche Ausdruck der „Sachzwänge" manifestieren würde[13]. Eine Direktionsrechtsbegründung sollte dieser Hinweis, der im übrigen gar nicht zu Söllners weiteren zentralen Thesen paßt, daher wohl gar nicht liefern.

Im Gegensatz dazu finden sich bei Conrad konzeptionelle Überlegungen, die auch für unseren Zusammenhang wichtig sind. Die Mängel der Conradschen Überlegungen hinsichtlich des Direktionsproblems sind vorprogrammiert: einerseits durch Unklarheiten hinsichtlich der Bestimmung der aus dem Eigentum an Produktionsmitteln fließenden Befugnisse und deren Reichweite und andererseits durch die auch bei Conrad zugrundeliegende Prämisse notwendig einseitiger Direktion des Produktionsvorgangs als Strukturelement der Produktionsordnung arbeitsteiliger Produktionsveranstaltung. Auf dieser Basis kann Conrad nicht mehr nach der Rechtsgrundlage des Direktionsrechtes fragen. Die einseitige Arbeitgeberdirektion drängt sich geradezu auf und wird in der Folge als „einheitlicher Grundgedanke der Verfassung"[14] bezeichnet.

In unserem Zusammenhang wichtig ist jedoch, wie Conrad zu zeigen versucht, daß hier dem Arbeitgeber von Staat eine öffentliche Aufgabe „überlassen" wird. Fraglich sind dabei einmal die Vorstellungen Conrads hinsichtlich des Ermächtigungsmodus: Die in Parallele zur Stellung des öffentlich beliehenen Unternehmers gedachte zweite Form staatlicher Machtverleihung aus dem Gesichtspunkt zu legitimieren, daß dadurch der Staat der Notwendigkeit enthoben sei, diese Aufgabe selbst zu übernehmen[14], stößt doch auf erhebliche Bedenken. Hier wäre der Ort gewesen, aufzuzeigen, auf Grund welcher verfassungsrechtlichen Bestimmungen Conrad davon ausgeht, daß eine derartige zweite

[12] *Conrad* „Arbeitsverfassung" S. 80 f.

[13] Dies verkennt wohl auch *Birk* „Leitungsmacht" in seiner — deshalb weit über Söllner hinausgehenden — Kritik (S. 44 ff.).

[14] Vgl. die Zitate oben FN 9 und 10.

Form staatlicher Machtverleihung ein legitimes Mittel der Erfüllung öffentlicher Aufgaben durch den Staat darstellt. Dann ist die Rede vom „einheitlichen Grundgedanken der Verfassung" bezüglich des Direktionsrechtes sehr unpräzise. Hinsichtlich der verfassungsrechtlichen Grundlagen einer derartigen Produktionsordnung hat Conrad wenig Argumente. Lediglich zum Eigentumsbegriff findet sich der Hinweis, daß Conrad nicht davon ausgehen will, daß Eigentum an Produktionsmitteln auch das Recht an der Kontrolle der Produktionsvorgänge impliziert. Die Alternative, die ihm jedoch als „verfassungspolitische Entscheidung"[15] in den Blick kommt, spannt sich lediglich zwischen staatlicher Direktion einerseits und Eigentümer(Arbeitgeber)direktion andererseits. Stellt man alle Bedenken gerade zur Herrschaftsüberlassung zurück, so wäre doch dies erst im einzelnen verfassungsrechtlich zu begründen gewesen. Hier erliegt Conrad dem vermeintlichen Sachzwang einseitiger Direktion und seinem unklaren Eigentumsbegriff. Daß beides die Grundlage einseitig arbeitgeberischer Direktionsbefugnisse gerade nicht sein kann, war zu sehen.

Conrad bestimmt die Grundlage des Direktionsrechts nicht durch die Ableitung aus verfassungsrechtlichen Normen, sondern durch die Charakterisierung der Organisationsbefugnis als in öffentlichem Interesse geboten, zusammen mit der Erkenntnis des Fehlens jeglicher staatlicher Direktion. Jedoch bleibt die Basis für derartige Charakterisierung bei Conrad äußerst schmal und verfassungsrechtlich eher dunkel.

5.1.2. Die Auffassung von Stein

Als Rechtsgrundlage des Direktionsrechts hat auch *Ekkehardt Stein* die Unternehmensverfassung angesehen[16]. Er geht vom oben aufgezeigten gewandelten Verständnis von Unternehmen[17] aus. Für Unternehmen knüpft er an „das Vorhandensein eines besonderen Rechtsträgers, an die rechtliche Selbständigkeit"[18] an. Aus der gesetzlich nur bruchstückhaft geregelten Unternehmensverfassung, von der einzelne Aspekte im Gesellschaftsrecht und Betriebsverfassungsrecht erfaßt seien, ergebe sich, wer für die Wirtschaftsfunktionen eines Unternehmens allgemein verantwortlich sei. In der Folge arbeitet Stein dann einen Begriff des „Unternehmensleiters" heraus und unterteilt die in dessen Händen zusammengefaßten Befugnisse in drei Hauptbereiche: Befugnisse gegenüber den Kapitalgebern, den Arbeitnehmern sowie wirtschaftliche Befugnisse (Verwaltung der Marktmacht gegenüber den

---

[15] *Conrad* „Arbeitsverfassung" S. 84.

[16] *Stein* „Wirtschaftsaufsicht" S. 30 ff. (Kap. II).

[17] Vgl. ausführlich oben Abschnitt 3.3.

[18] *Stein* „Wirtschaftsaufsicht" S. 33 (zum folgenden vgl. S. 34 ff.).

Verbrauchern und Lieferanten)[17]. Diese Rechtsmacht des Unternehmensleiters unterliege Beschränkungen durch das gewachsene Unternehmensverfassungsrecht, etwa durch „die Überwachungsrechte des Inhabers oder das Mitbestimmungsrecht der Arbeitnehmer". Diese Beschränkungen führen aber nicht zu einer rechtlichen Mitverantwortung: „Nach wie vor trägt der Unternehmensleiter die alleinige Verantwortung[19]."

Im Anschluß daran sucht nun Stein nach der Rechtsgrundlage dieser Befugnisse des Unternehmensleiters. Dabei geht er davon aus, daß die Befugnisse zur Kapitalverwertung im Verhältnis zum Inhaber legitimiert sind. Als ihre Grundlage sieht Stein (zutreffend) das Eigentum an Produktionsmitteln an. Hinsichtlich der allgemeinen Arbeitgeberbefugnisse stellt er fest, daß eine Legitimierung seitens der Arbeitnehmer (arbeitsvertraglich) zwar denkbar sei, aber faktisch nicht vorliege. Für die wirtschaftlichen Befugnisse geht er davon aus, daß eine Legitimierung seitens des Personenkreises, der zur Entstehung von Marktmacht beigetragen hat — also die Gründer des Unternehmens, alle jetzigen und ehemaligen Unternehmensleiter und Arbeitnehmer, die unzähligen außenstehenden Wirtschaftsbeteiligten, die Kunden und Verbraucher etc. — „nur aus einem Rechtsverhältnis hergeleitet werden (kann), das all diese Personengruppen umschließt". So umfassend sei nur die Staatsgemeinschaft. „Deshalb können die wirtschaftlichen Befugnisse des Unternehmensleiters nur durch ein Rechtsverhältnis zwischen ihm und dem ganzen Gemeinwesen legitimiert werden[20]." Für die allgemeinen Arbeitgeberbefugnisse — die „allgemeine Überordnung des Arbeitgebers über die Arbeitnehmer", als deren stärksten Ausdruck Stein das Direktionsrecht zusammen mit dem Eigentumserwerbsrecht des Unternehmensinhabers bezeichnet — verweist Stein zumindest hinsichtlich der Direktionsbefugnisse auf § 121 Gewerbeordnung als Rechtsgrundlage. Für die nicht unter die Gewerbeordnung fallenden Unternehmen folge das Direktionsrecht aus dem ungeschriebenen Arbeitsrecht[21] oder aus öffentlich-rechtlichen Arbeitsschutzbe-

[19] *Stein* „Wirtschaftsaufsicht" S. 38; zur Affinität dieser rechtlichen Konzeption mit der Wirklichkeit vgl. *Pross* „Manager" S. 102 ff.; *Brinkmann-Herz, D.* „Entscheidungsprozesse" und *dieselbe* „Die Unternehmensmitbestimmung in der BRD" Köln 1975, S. 58 ff., 104 ff.; ebenso *Brock, A. u. a.* „Industriearbeit und Herrschaft" 2. Aufl., Frankfurt 1975, S. 43 ff. sowie die Einzelstudie von *Räuschel, J.* „Die BASF — Anatomie eines multinationalen Konzerns" Köln 1975, S. 114 ff., 126 ff.; zur Übereinstimmung mit vielen Strukturierungskonzeptionen der normativen Betriebswirtschaftslehre vgl. oben Abschnitt 2.

[20] *Stein* „Wirtschaftsaufsicht" S. 50 ff. (Zitat S. 53).

[21] Ebenda, S. 48; als Beleg hierfür gibt Stein sogar die Vertreter der h. L. an, denn „nur das kann gemeint sein, wenn die führenden Lehrbücher des Arbeitsrechts den Rechtsgrund des Direktionsrechts im ‚Wesen des Arbeitsverhältnisses' sehen" (vgl. dort FN 51); zur Kritik dieser Lehre vgl. jedoch oben Abschnitt 4.3.4.

stimmungen[22]. Da damit lediglich einzelne Elemente der allgemeinen Überordnung des Arbeitgebers über die Arbeitnehmer angesprochen sind, geht Stein davon aus, daß es sich bei diesen gesetzlichen etc. Normen lediglich um „Ausprägungen“[23] einer allgemeinen Überordnung handle. Darum findet Stein letztlich die rechtliche Grundlage der allgemeinen Überordnung des Arbeitgebers über die Arbeitnehmer in dem besonderen öffentlich-rechtlichen Rechtsverhältnis des Unternehmensleiters zum Staat, „kraft dessen der Staat die gesellschaftliche Macht des Unternehmensleiters rechtlich sanktioniert“.

Diese „öffentliche Leitungsmacht“ bezeichnet nun Stein im Gegensatz zur Situation bei den beliehenen Unternehmern als eine „besondere gesteigerte Privatrechtsmacht“[24]. Als verfassungsrechtliche Grundlage „der Aufwertung der gesellschaftlichen Macht zu einer Rechtsmacht“ durch die Staatsorgane zitiert er den sozialen Rechtsstaat gemäß Art. 20 I, 28 I GG. Diese Rechtsmacht werde dem Unternehmensleiter aus öffentlichem Interesse an der Sicherstellung der Bedarfsdeckung anvertraut[25]. Damit hat nach Stein der Staat darüber zu wachen, daß die Unternehmensleiter ihrer öffentlich-rechtlichen Verantwortlichkeit auch gerecht werden[26]. Die Reichweite dieser staatlichen Wirtschaftsaufsicht bestimmt Stein anhand des öffentlichen Interesses, das der sozialpflichtige Staat zu verfolgen habe, in Abwägung mit dem Grundrechtsschutz des Unternehmensleiters, den er (unter Ablehnung von Art. 14 und einer „Unternehmensfreiheit“ aus Art. 2 I GG) vor allem aus Art. 12 Abs. I GG herleiten will. Im hier interessierenden Bereich werden von Stein im Ergebnis als Ziele der Wirtschaftsaufsicht dann festgestellt „vor allem der Schutz des öffentlichen Interesses am Unternehmen (durch Überwachung der wirtschaftlichen Funktionsfähigkeit des Unternehmens), der Schutz der Abnehmer (Verbraucher und Benutzer) und der Schutz der Arbeitnehmer subsidiär hinter ihrem kollektiven Selbstschutz“[27].

---

[22] *Stein* „Wirtschaftsaufsicht“ S. 52.

[23] Ebenda, S. 49; das hat Birk in seiner Kritik am methodischen Vorgehen Steins offensichtlich übersehen, vgl. *Birk* „Leitungsmacht“ S. 48; S. 45 bis 48 führt Birk weitere Argumente gegen einige mit der Annahme einer allg. Überordnung des Arbeitgebers verbundene Unklarheiten an — ohne damit jedoch schon die Begründung selbst erschüttert zu haben (vgl. dazu S. 49 f.).

[24] *Stein* „Wirtschaftsaufsicht“ S. 55.

[25] *Stein* „Wirtschaftsaufsicht“ S. 58.

[26] Die Rahmenbedingungen (verfassungsrechtliche Voraussetzungen und Begrenzungen) dieser Wirtschaftsaufsicht entwickelt Stein im folgenden, vgl. ebenda, S. 58 ff.

[27] *Stein* „Wirtschaftsaufsicht“ S. 79.

5.1.3. Präzisierung der weiteren Fragestellung

Weit über Conrad hinausgehend, begnügt sich Stein nicht damit, schon aus der Charakterisierung der Organisationsbefugnis als im öffentlichen Interesse gegeben direkt auf ihre Überlassung an Private zu schließen und darin die Rechtsgrundlage des Direktionsrechts zu sehen. Er versucht zunächst, unter dem Stichwort Unternehmensverfassung die einzelnen Interessenstandpunkte und Einflußgrößen genauer zu analysieren. So ist ihm der Weg zu einem gewandelten Unternehmensverständnis nicht versperrt durch die Überschätzung des Eigentums an Produktionsmitteln in der Folge einerseits altliberaler Vorstellungen des „Manchestertums" oder andererseits der marxistischen Kritik derartiger gesellschaftstheoretischer Positionen. Nachdem dabei „das Unternehmen von Unternehmerbegriff und vom Sachvermögensbegriff gelöst" und mithin „i. S. von ökonomischer Macht funktionalisiert"[28] wurde, stellt sich Stein die Frage nach der rechtlichen Bewertung dieser einzelnen Einflußgrößen. Das beschreibt (gerade auch im Anschluß an die Ergebnisformulierung von Teil I oben S. 100 ff.) präzise den Ausgangspunkt der folgenden verfassungsrechtlichen Fragestellung.

Als öffentliches Interesse analysiert Stein — insoweit in Parallele zu Conrad — den Gesichtspunkt der Bedarfsdeckung. Als positive Norm und Legitimation der staatlichen Verfolgung dieses öffentlichen Interesses gibt Stein letztlich die Sozialstaatsklausel des Grundgesetzes an. Nicht wie Conrad aus dem Gesichtspunkt der Entlastung des Staates, sondern aus dem Gesichtspunkt der optimalen Verfolgung dieses Zieles „Bedarfsdeckung durch die Wirtschaft" sieht Stein nun die Gewährleistung der einseitigen arbeitgeberischen Direktion durch den Staat. Hier zeigt sich, daß auch Stein — sogar unter ausdrücklichem Verweis auf Gutenberg[29] — dem Vorurteil der traditionellen Betriebswirtschaftslehre unterliegt, nur eine einseitig durch den Unternehmensleiter erfolgende Direktion führe zu optimaler Bedarfsbefriedigung. Nachdem gezeigt wurde, daß diese vorrechtliche Prämisse nicht haltbar ist, daß also auch zweiseitige Direktion durchaus zur Erfüllung dieser öffentlichen Funktion von Unternehmensleitung in Betracht kommt, kann Steins Argumentation hinsichtlich der allgemeinen Überordnung des Arbeitgebers über den Arbeitnehmer nicht mehr zugestimmt werden[30].

---

[28] So *Wiethölter* „Unternehmensverfassungsrecht" JurJb 7, 175; Stein hat insoweit seinen Ansatz noch einmal präzisiert in „Qualifizierte Mitbestimmung" S. 46 ff., 58 ff.

[29] Vgl. *Stein* „Wirtschaftsaufsicht" S. 74 bei FN 130.

[30] Insofern wird hier also die Kritik von *Birk* „Leitungsmacht" S. 49 ff. geteilt.

Damit sind jedoch Steins Überlegungen zur Legitimation der Leitungsmacht aus einer besonderen Beziehung des Unternehmensleiters zum Staat nicht insgesamt obsolet. Nur müssen die verfassungsrechtlichen Aspekte, die sich Stein erst als Probleme der Wirtschaftsaufsicht stellten, schon bei der Frage der Legitimation der Leitungsmacht selbst thematisiert werden. Aus der Perspektive der hier interessierenden allgemeinen Arbeitgeberbefugnisse ist damit etwa angesprochen, ob sich die Sozialstaatsklausel wirklich auf Bedarfsdeckung reduziert und dabei lediglich den sozialen Schutz der Arbeitnehmer impliziert[31], wie ihn auch Stein im Zielkatalog der Wirtschaftsaufsicht bezüglich der Arbeitnehmersphäre verankern wollte. Für die verfassungsrechtlichen Grundlagen einer staatlich garantierten Unternehmensverfassung ist damit die Sozialstaatsklausel nicht nur unter dem Verbraucheraspekt, sondern ebenso unter dem „Herrschaftsaspekt" genauer zu behandeln. Dabei kann nicht vernachlässigt werden, was sich überhaupt an normativem Gehalt hinsichtlich einer Unternehmensverfassung etwa aus Art. 2 I GG, der daraus abgeleiteten Privatautonomie sowie der daraus abgeleiteten Unternehmensfreiheit ergibt, oder aus anderen verfassungsrechtlichen Grundsätzen wie Art. 14, 15 GG oder Art. 9 III GG. Das öffentliche Interesse am Unternehmen richtet sich auf die optimale Erfüllung der volkswirtschaftlichen Funktionen, daran soll auch hier nicht gezweifelt werden — jedoch geht das an der thematisierten Frage vorbei. Dies wurde gezeigt anhand der in der modernen Betriebswirtschaftslehre entwickelten Konzepte zweiseitiger (kooperativer etc.) Direktionsformen und der Resultate betriebssoziologischer Untersuchungen. Danach läßt sich nicht mehr ernsthaft behaupten, eine derartige Lösung des Direktionsproblems gefährde gar die Bedarfsdeckung der Konsumenten — dies war auch in der Mitbestimmungsdebatte bald kein zugkräftiges Argument mehr[32]. Daß die Arbeitnehmer zum großen Teil ständig Güter produzieren, die sie als Verbraucher selbst nachher benötigen, ist in der wirtschaftswissenschaftlichen Kreislauftheorie eine Binsenweisheit. Anzunehmen, die Arbeitnehmer gefährden z. B. durch erweiterte (auch wirtschaftliche)

[31] So wird nach wie vor Arbeitsrecht als „soziales Schutzrecht" verstanden, vgl. dazu oben Abschn. 1.0.2.; Mitbestimmung wird sowohl nach dem BetrVG als auch noch nach dem MitbG aus diesem Gesichtspunkt verfassungsrechtlich legitimiert, vgl. dazu *Rumpff* „Mitbestimmung" S. 168 ff.; *Reuter, D./Streckel, S.* „Grundfragen der betrieblichen Mitbestimmung" Frankfurt 1973, S. 36 ff.; *Raiser, Th.* „GG und paritätische Mitbestimmung" S. 12 ff. *Vollmer* „Unternehmensverfassung" S. 11 f.; ebenso in anderem Zusammenhang *Biedenkopf, K. H.* „Die Lehre von Betriebsrisiko als Beispiel richterlicher Rechtsfortbildung" Karlsruhe 1970, S. 15.

[32] Anmerkungen mit dieser Tendenz finden sich im *Mitbestimmungsbericht*, Teil IV, S. 53 u. passim — dagegen aber insbesondere *Raiser, Th.* „Marktwirtschaft und paritätische Mitbestimmung" Heidelberg 1971, S. 24 ff., 38 ff. und *ders.* „GG und paritätische Mitbestimmung" S. 33.

Mitbestimmungsbefugnisse die gesamtgesellschaftliche Bedarfsdeckung, verkennt ihren Interessenstandpunkt und reduziert die Arbeitnehmer lediglich auf ihr Interesse am Lohn[33].

5.2. Verfassungstheoretisches Vorverständnis

Zur anstehenden verfassungsrechtlichen Frage führte die Analyse der Reichweite des mit „Direktion" angesprochenen sozialen und wirtschaftlichen Sachbereichs und die Einsicht in die Unzulänglichkeit der herkömmlichen juristischen Ableitungsversuche einer rechtlichen Grundlage für dabei anfallende innerbetriebliche und gesellschaftliche Machtpositionen. Insofern wurde nach einer Unternehmensverfassung als — zunächst ganz allgemein — Legitimationsbasis von Direktionsbefugnissen gefragt; denn durch eine Unternehmensverfassung wären die verschiedenen Einflußgrößen und die dadurch bezeichneten Interessenstandpunkte im (soziologisch als Verband verstandenen) Unternehmen rechtlich zu gewichten und entsprechend einzuordnen. Die Frage stellt sich also dahingehend, ob und inwieweit eine Unternehmensverfassung aufgrund fundamentaler verfassungsrechtlicher Prinzipien und Leitziele im Grundgesetz nun öffentlich eingerichtet und garantiert[34] ist.

5.2.1. Einbeziehung der Möglichkeit zweiseitiger Direktion

Scheiterte Conrad bei seiner Ableitung von „Produktionsordnung" noch aufgrund einiger seiner Prämissen, dabei insbesondere seines unklaren Eigentumsbegriffs, der lediglich zuließ, daß er die direkte Ableitung der einseitig arbeitgeberischen Direktion aus dem Eigentum an Produktionsmitteln auf dieser ganz neuen theoretischen Ebene reformulierte, so fand Stein bei seinen Überlegungen zu einem ersten Durchbruch. In Vorwegnahme des heute wohl allgemein akzeptierten

---

[33] Man denke dagegen nur an das Interesse an der Erhaltung des Arbeitsplatzes etc.; zur wissenschaftlichen Analyse arbeitsorientierter Interessen an und im Unternehmen vgl. ausführlich die *WSI*-Studie Nr. 23, S. 100 ff., 130 ff.

[34] Wie schon betont, ist dies gesetzlich nur bruchstückhaft (Gesellschaftsrecht, Mitbestimmungsrecht etc.) geschehen. Das Unternehmensrecht ist kein relativ vollständiger, abgegrenzter Bestand an Normen. Jedoch auch soweit gesetzliche Normen erlassen werden, müssen sich diese selbstverständlich im Rahmen dieser verfassungsrechtlichen Anforderungen halten. Bei so verstandener Unternehmensverfassung handelt es sich also gerade *nicht* um eine „Institution" (Unternehmens„ordnung") als eigenständige Rechtsgrundlage z. B. im Sinne von *Hauriou, M.* „Die Theorie der Institution" hrsg. von *Schnur, R.*, Berlin 1965, S. 39, 64 und 65; zur Kritik vgl. insbesondere *Taubes, J.* „Zur Kritik des soziologischen Institutionsbegriffs" in: Schelsky, H. (Hrsg.) „Zur Theorie der Institution" Düsseldorf 1970, S. 67 ff. m. w. N.; zur rechtsmethodologischen Kritik ausführlich oben Abschnitt 1.4. mit FN 92. Für die Kritik speziell der institutionellen Grundlegung von Direktionsbefugnissen vgl. *Birk* „Leitungsmacht" S. 33 ff.

neuen Unternehmensverständnisses konnte er die verschiedenen Einflußgrößen und damit Interessenkonflikte in einer Unternehmensverfassung aufzeigen und rechtlich einordnen. Damit ist der hier weiter interessierende Kern herausgeschält.

Von der Vorstellung eines ökonomischen und sodann gesellschaftlichen Sachzwangs einer „monokratischen Unternehmenshierarchie" jedoch konnte sich Stein noch nicht lösen. Zur Zeit, in der er seine Untersuchung erarbeitete, war aber ja auch in der Betriebswirtschaftslehre die Vorherrschaft des traditionellen, faktoriellen Ansatzes erst problematisiert, aber längst nicht gebrochen. Alternative Organisationsprinzipien und Strukturierungskonzeptionen waren erst im Stadium der Diskussion, wurden entwickelt und empirisch getestet — Ergebnisse waren wohl auch für Insider insgesamt kaum abzusehen. Steins Ergebnis lag daher konsequenterweise auf der Linie des „sozialen Schutzes" derjenigen, die aufgrund der vermeintlichen Sachzwänge eben solcher Macht notwendig unterworfen sind. Diese Prämisse nicht zugrundezulegen, sondern geradeso von der Möglichkeit *zweiseitiger* Direktion der Produktionsveranstaltung auszugehen, ist damit als ein erster Angelpunkt der verfassungsrechtlichen Analyse festzuhalten.

5.2.2. Zum Verhältnis von Gesellschaft und Staat

Im Anschluß an die allgemeineren methodologischen Überlegungen und an die Präzisierung der Relevanz von Verfassungswirklichkeit[35] ist schon deutlich geworden, daß hier in Übereinstimmung mit der „herrschende(n), wenn nicht sogar allgemeinen Meinung" das Verständnis der Verfassung, „im Zeichen der modernen Demokratie und der Entwicklung zum Sozialstaat"[36], nicht an der Trennung von Staat und Gesellschaft orientiert sein kann. Das GG ist eine rechtliche Grundordnung, ein grundlegender rechtlicher Strukturplan des *gesamten Gemeinwesens*[37]. Die Vorstellung kann nicht die von Regierten

---

[35] Vgl. oben Abschn. 1.0.; für die Verfassungswirklichkeit oben Abschn. 3.4.1.

[36] So *Böckenförde, W.* „Die Bedeutung der Unterscheidung von Staat und Gesellschaft im demokratischen Sozialstaat der Gegenwart" in: ders. „Staat, Gesellschaft, Freiheit" Frankfurt 1976, S. 185 ff. (hier S. 185 m. w. N.).

[37] So im Anschluß vor allem an *Heller, H.* „Staatslehre" Leyden 1934 und *Smend, R.* „Verfassung und Verfassungsrecht" Leipzig 1928 ausdrücklich *Ehmke, H.* „Staat und Gesellschaft als verfassungstheoretisches Problem" in: Staatsverfassung und Kirchenordnung" FS für Rudolf Smend, Tübingen 1963, S. 25 f.; *Hesse, K.* „Grundzüge des Verfassungsrechts der Bundesrepublik Deutschland" 10. Aufl., Karlsruhe 1977, S. 8 ff.; *Abendroth, W.* „Zum Begriff des demokratischen und sozialen Rechtsstaats im GG" in: „Aus Politik und Zeitgeschichte" FS für Ludwig Bergsträsser, Düsseldorf 1954, S. 279 ff.; zurückhaltend (und im Ergebnis anders) *Böckenförde* „Staat und Gesellschaft" S. 197 ff. (vgl. aber dagegen auch S. 206 ff., 210 f.).

und Regierenden, einer privaten Gesellschaft und davon unabhängigen staatlichen Organen sein, sondern die einer „Wirkungseinheit". Der (demokratische) Staat ist das Ergebnis „bewußter menschlicher Tat", gesellschaftlichen Zusammenwirkens. Andererseits stellt sich dieses gesellschaftliche Handeln und Zusammenwirken nicht automatisch ein. Es ist als gesellschaftliches Leben auf verantwortliche, soziale Planung und Organisation angewiesen[38]. Damit ist nicht der uneingeschränkten Identität staatlicher und gesellschaftlicher Interessen das Wort geredet, sondern eingesehen, daß nur in diesem gegenseitigen Bezug die unterschiedlichen Verhaltensweisen und Interessen des realen menschlichen Lebens zu einer demokratischen, politischen Identität dieses Gemeinwesens finden.

Eine so verstandene Verfassung kann in ihrer Geltung nicht eingeschränkt interpretiert werden als Organisationsrahmen für das Verfahren staatlicher Organe; sie ist genauso Grundlage für die rechtliche Gestaltung[39] des gesellschaftlichen Bereichs allgemein wie für die hier interessierenden Produktionsveranstaltungen. Es geht um die normativen Richtlinien der Verfassung in diesem Bereich. Es geht darum, „den Rahmen zu bestimmen, den die als Ganzes zu verstehende ‚Staats-Verfassung' der Gestaltung der Rechtsordnung der Wirtschaft setzt"[40]. Angesprochen sind dort einerseits die drei grundlegenden Prinzipien: Sozialstaat, Rechtsstaat und Demokratie in Art. 20 GG und andererseits — nach dem hier schon angelegten Verständnis — die Grundrechte.

5.2.3. Grundrechtstheoretische Implikationen

Auf dem Hintergrund der soeben aufgezeichneten Verbindungslinie zwischen Staat und Gesellschaft lassen sich die Grundrechte nicht mehr *allein* als Freiheitsrechte des einzelnen gegenüber dem Staat i. S. der klassisch-liberalen Grundrechtstheorie (in der Folge Kants) verstehen, als welche sie vor allem im 19. Jahrhundert gegenüber den absoluten Monarchien durch das Bürgertum erkämpft wurden. Kerngehalt dieses Verständnisses ist, daß die grundrechtlich gesicherte Freiheit des einzelnen prinzipiell unbegrenzt sei und Eingriffsmöglichkeiten durch den

---

[38] *Heller* „Staatslehre" S. 228 ff.; heute vgl. statt aller: *Habermas, J.* „Strukturwandel der Öffentlichkeit" Darmstadt und Neuwied 1962, S. 157 ff. u. *Neumann, F.* „Der Funktionswandel des Gesetzes im Recht der bürgerlichen Gesellschaft" in: „Demokratischer und autoritärer Staat" Frankfurt 1967, S. 31 ff. (55).

[39] Dies immer gedacht auf dem Hintergrund der Überlegungen zu sozialem Wandel durch Recht und der Bestimmung des Verhältnisses zur Verfassungswirklichkeit.

[40] *Ehmke, H.* „Wirtschaft und Verfassung" Karlsruhe 1961, S. 25; vgl. dazu auch *Böckenförde* „Staat und Gesellschaft" S. 207 f. und *Roscher, F.* „Vertragsfreiheit als Verfassungsproblem" Berlin 1973, S. 42 ff.

Gesetzgeber vorausliege. Die Grundrechte haben Abwehrcharakter und grenzen individuelle Freiheitsbereiche vor reglementierender staatlicher Beeinträchtigung aus. Inhalt der Freiheit und Art des Freiheitsgebrauches liegen außerhalb der staatlichen Regelungskompetenz[41] — „die tatsächliche Realisierung der rechtlich gewährleisteten Freiheit bleibt der individuellen und gesellschaftlichen Initiative überlassen"[42].

Das Individuum und die Gesellschaft können die sozialen Voraussetzungen für die Verwirklichung dieser Freiheitsgarantien aber nicht schaffen, sondern Freiheit wird erst durch das menschliche Zusammenleben im Gemeinwesen als einer „Wirkungseinheit" von Gesellschaft und demokratischem Staat ermöglicht, wie gerade zu sehen war. Neben der herkömmlichen Funktion als subjektive Rechte zur Abwehr gegen Angriffe staatlicher Gewalten sind die Grundrechte daher ebenfalls wesentliche „Strukturelemente" der Verfassung dieses Gemeinwesens[43]. Durch sie wird ebenso wie in den Grundprinzipien des Art. 20 GG der materielle Gehalt der grundsätzlichen Ordnung dieses Gemeinwesens festgelegt. Ähnlich ist auch das Grundanliegen der *sozialstaatlichen* Grundrechtstheorie (Böckenförde) der Versuch, die Diskrepanz zwischen rechtlicher und realer grundrechtlicher Freiheit zu überwinden. Ausgegangen wird dann davon, daß über den Charakter individuell-liberalistischer Freiheitsverbürgung hinaus die Grundrechte auch soziale Leistungsansprüche vermitteln[44] — also eine Verpflichtung des Staates festlegen, die sozialen Voraussetzungen für ihre Realisierung zu schaffen. Wieweit dabei eine Berücksichtigung dieser Dimension bei der Grundrechtsinterpretation, etwa eine „sozialstaatliche Überformung"[45] der Interpretation der Grundrechte, hinrei-

---

[41] Die Kerngedanken herausgearbeitet hat *Schmitt, C.* „Verfassungslehre" Berlin 1928 (S. 157 ff.); vgl. dazu *Klein, H.* „Öffentliche und private Freiheit" Der Staat 10 (1971), S. 164 ff.; eine ausgezeichnete Übersicht bietet *Böckenförde, W.* „Grundrechtstheorie und Grundrechtsinterpretation" in: ders. „Freiheit" S. 221 m. w. N.; *Ossenbühl, F.* „Die Interpretation der Grundrechte in der Rspr. des BVerfG" NJW 1976, S. 2100 ff.

[42] *Böckenförde* „Grundrechtstheorie" S. 227 f.

[43] Im Anschluß an *Ehmke* „Wirtschaft" S. 23; ähnlich *Hesse* „Grundzüge" S. 122.

[44] Dazu *Martens, W.* „Grundrecht im Leistungsstaat" VVdStRL 30 (1972), S. 7 ff. und *Häberle, P.* „Grundrechte im Leistungsstaat" VVdStRL 30 (1972), S. 43 ff.; *Kratzmann, H.* „Grundrechte — Rechte auf Leistungen" Bern/Frankfurt 1974; *Ridder* „Soziale Ordnung" S. 39 ff., 49; zusammenfassend *Böckenförde* „Grundrechtstheorie" S. 238 ff.; aus der Rspr. vor allem das NC-Urteil *BVerfGE* 33, 303 (332 ff.) und das Hochschul-Urteil *BVerfGE* 35, 79 (124 ff.).

[45] So *Ridder* „Soziale Ordnung" S. 40 f.; dazu tendiert im Ergebnis unter anderem dann auch *Böckenförde* „Freiheitssicherung gegenüber gesellschaftlicher Macht" in: Posser, D./R. Wassermann (Hrsg.) „Freiheit in der sozialen Demokratie" Karlsruhe 1975, S. 69 ff.

chend ist oder die Grundrechte als Teilhaberrechte i. S. *Häberles*[46] zu verstehen sind, kann hier offenbleiben[47].

Als Hinweis darf jedoch nicht fehlen, daß es sich insgesamt nicht um die bekannte Drittwirkungslehre[48] handelt. Dies wäre ein Mißverständnis deshalb, weil dabei im Kern nur die Geltendmachung von Abwehrrechten gegenüber dem Staat ausgedehnt wird auf die Möglichkeit, diese Abwehrrechte auch gegenüber privaten und gesellschaftlichen Machtpositionen geltend zu machen. Das Ergebnis wäre nicht die Gewährleistung sozial gerechten Gebrauchs wirtschaftlicher Macht, sondern erneut Mißbrauchschutz[49] in Fortführung der Formel vom „Arbeitsrecht als sozialem Schutzrecht". Schon Ehmke[50] hat aber darauf hingewiesen, daß auch die (bei der Drittwirkungslehre gegebene) Durchsetzungsmöglichkeit über die Gerichte nicht die umfassende Gewährleistung durch den demokratischen Gesetzgeber ersetzen kann. Für unsere Fragestellung hat sich das insbesondere bei der externen Kontrolle einseitig arbeitgeberischer Direktion deutlichst gezeigt[51].

5.2.4. Speziell: Methode der Verfassungsinterpretation

Was in den allgemeinen methodologischen Ausführungen im Anschluß vor allem an die Werke *Essers* und *Krieles* zur Unzulänglichkeit des traditionellen juristischen Subsumtionsmodells angemerkt wurde, trifft ebenso die Verfassungsinterpretation. Wegen des häufig unbestimmten, kurzen bis fragmentarischen Textes insbesondere auch

---

46 Vgl. *Häberle* „Grundrechte" VVdStRL 30 (1972), S. 94 f. mit entsprechenden Konsequenzen für die Verfassungsinterpretation in: ders. „Die offene Gesellschaft der Verfassungsinterpreten" JZ 1975, S. 297 ff.; dazu kritisch *Friesenhahn, E.* „Der Wandel des Grundrechtsverständnisses" Eröffnungsvortrag 50. DJT 1974; *Ossenbühl* „Interpretation" NJW 1976, 2104 f. und *Abelein, M.* „Die Grundrechte als Teilhaberechte" in: ders./Kimminich (Hrsg.) „Studien zum Staats- und Völkerrecht" FS für Hermann Raschhofer, Kallmünz 1977, S. 11 ff. (alle m. w. N.).

47 Dazu unten bei der Besprechung des Sozialstaatsprinzips, Abschnitt 5.4.4.

48 Sowohl die unmittelbare Drittwirkungslehre des BAG im Anschluß an *Nipperdey*, vgl. etwa *BAGE* 1, 185 ff. (193 f.); 4, 274 (276 ff.); sowie die mittelbare (über die privatrechtlichen Generalklauseln) im Anschluß an Dürig's Beitrag zur Nawiasky Festschrift; für ausführliche Nachweise vgl. oben Abschnitt 1.2. Fn 40.

49 Vgl. zu dieser Gegenüberstellung insbesondere *Raiser, L.* „Rechtsschutz und Institutionenschutz im Privatrecht" in: „summum ius, summa iniuria" Tübingen 1963, S. 145 ff. und *ders.* „Die Zukunft des Privatrechts" Berlin/New York 1971, S. 24 ff. sowie oben Abschnitt 1.0.2. (mit den dort Fn 3 Zitierten) und die Einschätzung der traditionellen betriebswirtschaftlichen Management-Techniken, oben Abschnitt 2.2.3.

50 *Ehmke* „Wirtschaft" S. 79; ausführliche Hinweise auch bei *Roscher* „Vertragsfreiheit" S. 44.

51 Oben Abschnitte 1.2. und 3.2.

bei den Grundrechten wird gerade für die Verfassungsinterpretation verstärkt auf das *problemorientierte* bzw. *topische* Verfahren zurückgegriffen[52]. Juristische Interpretation wird dabei als ein offener Argumentationsprozeß[53] begriffen, bei dem neben Normtext und System noch andere Problemlösungsgesichtspunkte treten können[54]. Entscheidendes Gewicht bekommt dadurch das Vorverständnis sowohl hinsichtlich des Problems als auch der Verfassung selbst. Die Erörterung der verschiedenen Problemlösungsgesichtspunkte (Topoi) setzt einen „gemeinsamen Diskussionshorizont" oder, nach einer Formulierung Ehmkes, einen Konsens „aller vernünftig und gerecht Denkenden"[55] voraus, nach dem sich dann auch die Überzeugungskraft der verfassungstheoretischen Argumentation bestimmt[56]. Darin liegt nun gerade auch die Schwäche derartigen methodischen Vorgehens, denn es bleibt unklar, wie dieser Diskussionshorizont, der Vorverständniskonsens festgelegt wird — wie vermieden werden soll, daß der Konsens sich in Richtung auf einen Interpretationsrahmen wandelt, der jegliche demokratische Verfassung zur Bedeutungslosigkeit degenerieren läßt[57]. Eine kritik-

---

[52] Neben *Kriele* „Rechtsgewinnung" S. 150 f. und *Esser* „Vorverständnis" S. 154 ff. für die Verfassungsinterpretation vor allem *Ehmke* „Verfassungsinterpretation" VVdStRL 20 (1963), S. 55 ff. und *Scheuner, U.* „Pressefreiheit" VVdStRL 22 (1965), S. 38 (Topik sei „spezifisch verfassungsrechtliche Hermeneutik") und S. 61 f. besonders für die Grundrechtsinterpretation; neuester Überblick bei *Böckenförde, W.* „Die Methoden der Verfassungsinterpretation — Bestandsaufnahme und Kritik" NJW 1976, S. 2089 ff. (2091 ff.); beim BVerfG in den Urteilen zum Grundlagenvertrag *BVerfGE* 36, 1 ff.; Radikalenurteil *BVerfGE* 39, 334 ff. und Diätenurteil *BVerfGE* 40, 296 ff.

[53] Zum Stichwort Argumentation jetzt ausführlich *Struck, G.* „Zur Theorie juristischer Argumentation" Berlin 1977 (zum Zusammenhang der Topik S. 58 ff., zum Problem der oft behaupteten Eigenständigkeit juristischer Argumentation S. 139 ff.).

[54] Weit verbreitete Mißverständnisse im Zusammenhang mit dem systematischen Denken diskutieren *Kriele* „Rechtsgewinnung" S. 149 f. (das Systemdenken sei u. a. durch „Problemabweisung im Interesse der Reinhaltung des vorgegebenen Systems" gekennzeichnet) und *Esser* „Vorverständnis" S. 100 ff.

[55] *Ehmke* „Verfassungsinterpretation" VVdStRL 20 (1963), S. 71 f.; ähnlich *Schneider, R.* „Prinzipien der Verfassungsinterpretation" VVdStRL 20 (1963), S. 34 f. und *Esser* „Vorverständnis" S. 9, 154.

[56] *Kriele* wendet sich gegen die topische Verfassungsinterpretation, weil sie die Offenheit und Unbestimmtheit — die auch Kriele selbst durchaus konstatiert — nicht gegen ein Abgleiten in Beliebigkeit absichere, vgl. „Rechtsgewinnung" S. 132 ff.; dagegen *Böckenförde* „Methoden" NJW 1976, 2092 f. mit dem Einwand, es sei nicht ersichtlich, „wie es sich bei Krieles eigenem Methodenvorschlag um mehr als eine modifizierte Variation der Topik handele".

[57] Vgl. zu dieser Kritik an der verfassungsrechtlichen Topik neben den Fn 56 Genannten *Müller* „Methodik" S. 68 ff.; *Däubler* „Grundrecht" S. 143 f.; *Bieback, K. J.* „Grundrechtliche Freiheit und paritätische Mitbestimmung. Methodische und grundrechtstheoretische Aspekte der Diskussion um die paritätische Mitbestimmung" in: Mayer/Reich (Hrsg.) „Mitbestimmung contra Grundgesetz" Darmstadt 1975, S. 11 ff. (hier S. 17 ff.); sehr interessant

lose Übernahme topischer Argumentationsstrategien kann schnell zur bedenklichen Lösung vom Verfassungstext und zur Usurpation legislatorischer Kompetenzen führen. Daß Interpretation aber ohne Vorverständnis, als „Fragestellung oder Hypothese, mit der an die Verfassung herangegangen wird", nicht möglich ist, ist seit den Arbeiten Essers und Krieles zurecht anerkannt[58]. Auf dieser Grundlage ist nun der Schlußfolgerung zuzustimmen, wie sie *Hartwich* prägnant formuliert: „Auch ohne diese Offenheit enthält die juristische Hermeneutik stets das Element politischer Entscheidung[59]."

Um den Gefahren einer überzogenen verfassungsrechtlichen Topik entgegenzuwirken, ist nachdrücklich auf die Orientierung der Interpretation an der *Entstehungsgeschichte* hingewiesen worden[60]. Dadurch kann wohl in der Tat ein „höheres Maß an Nachprüfbarkeit"[61] gewährleistet werden. Das Grundgesetz als *politische Verfassung* unseres Gemeinwesens ist in der historischen Situation der Jahre nach 1945 entstanden und muß auch als politische Entscheidung des Verfassungsgebers im Jahre 1949 unter anderem aus diesem historischen Zusammenhang heraus verständlich gemacht und interpretiert werden[62]. Damit ist aber schon der erste Schritt von der „Methode" zur „Sache" selbst getan.

---

hierzu die differenzierenden Anmerkungen aus politologischer Sicht bei *Hartwich, H.* „Sozialstaatspostulat und gesellschaftlicher status quo" 2. Aufl., Opladen 1977, S. 276 ff., 280.

[58] Vgl. nur *Böckenförde* „Methoden" NJW 1976, S. 2093 (Zitat) m. w. N.

[59] *Hartwich* „Sozialstaatspostulat" S. 280.

[60] Vgl. neuerdings insbesondere *Zweigert, K.* „Die Neutralität des Grundgesetzes gegenüber der paritätischen Mitbestimmung" in: Vetter, O. (Hrsg.) „Mitbestimmung-Wirtschaftsordnung-Grundgesetz" Frankfurt / Köln 1976, S. 205 — siehe auch die breite Zustimmung gerade an diesem Punkt in den anschließenden Diskussionsbeiträgen (S. 226 - 265); *Abendroth, W.* „Das Grundgesetz" 3. Aufl. Pfullingen 1972, S. 13; *Ridder, H.* „Zur verfassungsrechtlichen Stellung der Gewerkschaften im Sozialstaat nach dem GG für die BRD" Stuttgart 1960, S. 5 und *ders.* „Soziale Ordnung" Vorwort S. 11 und passim; *Däubler* „Grundrecht" S. 143 ff.; *Raisch, P.* „Mitbestimmung und Koalitionsfreiheit" Stuttgart 1975, S. 20 ff.; *Bieback* „Grundrechtliche Freiheit" S. 16 f.; bei *Hartwich* „Sozialstaatspostulat" als eines der Grundanliegen des gesamten Werkes (zur juristischen Hermeneutik noch einmal betont S. 276 ff.).

[61] *Däubler* „Grundrecht" S. 144; er will die entstehungszeitliche Interpretation zumindest für die Staatszielbestimmungen in Art. 20 GG zusätzlich über Art. 79 GG begründen; im Anschluß an *Friedrich Müller* bezeichnet *Bieback* „als einzig exakt und relativ konkret nachweisbare Interpretationsmethode der Verfassung die historische Auslegung"; vgl. seinen Diskussionsbeitrag in *Vetter* „Mitbestimmung" S. 255 ff. (257).

[62] Zur Ermittlung der Wertvorstellungen 1949, insbes. für den hier interessierenden wirtschaftlichen Bereich vgl. ausführlich *Hartwich* „Sozialstaatspostulat" Teil I (S. 17 ff.) m. w. N.

5.3. Die „wirtschaftsverfassungsrechtliche Neutralität" des GG und dessen Kompromißcharakter

Die hier gestellte Frage nach den verfassungsrechtlich festgelegten Grundentscheidungen bezüglich einer Unternehmensverfassung ließe sich wohl recht schnell beantworten, wenn im Grundgesetz selbst eine Wirtschaftsverfassung i. S. einer umfassenden, einheitlichen Ordnung des gesamten ökonomischen Bereiches festgelegt wäre. Das ist aber nicht der Fall. Trotzdem wurde von mehreren Autoren aus der Zusammenschau einzelner Verfassungsbestimmungen die verfassungsrechtliche Festlegung einer ganz bestimmten Wirtschaftsverfassung — zumeist der „sozialen Marktwirtschaft" — im Grundgesetz behauptet. Der Grund hierfür ist wohl im allzu ausschließlichen Blick auf das „bundesrepublikanische Wirtschaftswunder", den wirtschaftlichen Aufschwung nach dem Zweiten Weltkrieg zu vermuten. Vor der Analyse der einzelnen Verfassungsnormen selbst ist hier also zunächst (in Übereinstimmung mit dem BVerfG und der h. M. in der Literatur[63]) die Ablehnung dieser Versuche zu begründen.

5.3.1. *Nipperdey* hat schon 1954 versucht, die verfassungsrechtliche Garantie der Marktwirtschaft als materiellen Inhalt verschiedener Verfassungsbestimmungen abzuleiten[64]. Wichtigster Anknüpfungspunkt sei Art. 2 GG, der die Freiheit zum wirtschaftlichen Handeln und damit „die Eigenverantwortlichkeit der Unternehmerpersönlichkeit"[65] garantiere. So sei in Art. 2 das „wesentliche Lebenselement der Markt(Wettbewerbs-)wirtschaft zum Verfassungsbestandteil"[65] gemacht, sowie aus Art. 2 folgend dann die Wettbewerbsfreiheit, Konsumfreiheit und die Vertragsfreiheit einschließlich der Preisfreiheit[66]. Zusammen mit der in Art. 12 garantierten Berufsfreiheit mit Schwerpunkt bei der Berufswahl unter weitgehender Ausklammerung des Schutzes der Berufsausübung[67], sodann der Gewährleistung des Privateigentums in Art. 14 GG, der Vereinigungsfreiheit und einer äußerst restriktiv interpretierten Sozialstaatsklausel[68] hat Nipperdey unter ausdrücklicher Berufung auf die ordo-liberale *Freiburger Schule* (Eucken, Böhm, v. Hayek etc.) deren wirtschaftstheoretische Vorstellungen in das Grundgesetz hinein-

[63] Vgl. das Investitionshilfe-Urteil *BVerfGE* 4, 7 ff. (17 f.); danach st. Rspr., etwa *BVerfGE* 7, 4 ff.; 12, 363 ff.; 21, 73 ff. und *BVerfG* NJW 1971, 319; zur Literatur vgl. die Nachweise im Folgenden.

[64] *Nipperdey, H. C.* „Die soziale Marktwirtschaft in der Verfassung der Bundesrepublik" Karlsruhe 1954; später in: ders. „Soziale Marktwirtschaft und Grundgesetz" 3. Aufl., Köln u. a. 1965.

[65] *Nipperdey* „Soziale Marktwirtschaft" S. 19 f.

[66] *Nipperdey* „Soziale Marktwirtschaft" S. 25 ff., 28 ff.

[67] Ebenda, S. 20 ff.

[68] Ebenda, S. 37 ff.

gelesen und die Verfassungsgarantie der sozialen Marktwirtschaft abgeleitet, deren Aufhebung „nur durch eine grundlegende Änderung des Grundgesetzes möglich" sei[69].

In der Kritik an Nipperdeys Ansatz und den daraus abgeleiteten Schlußfolgerungen hat insbesondere Ehmke[70] deren Willkürlichkeit aufgezeigt, indem er exemplarisch von einem alternativen wirtschaftstheoretischen Ansatz her mit demselben Grad an Plausibilität ein Gegenmodell ableitete. Die Problematik der Übertragung wirtschaftstheoretischer Modellkonzeptionen in die Verfassung wird deutlich und liegt ähnlich wie die oben immer wieder kritisierte Übertragung (traditioneller) betriebswirtschaftlicher Strukturierungskonzeptionen auf die juristische Konzeption von Direktionsbefugnissen. Des weiteren ist methodisch interessant der Hinweis Däublers, daß Nipperdey „entgegen der von ihm an anderer Stelle nachhaltig befürworteten subjektiv-entstehungszeitlichen Interpretation" hier die „Entstehungsgeschichte des Grundgesetzes, insbesondere die Arbeiten des parlamentarischen Rates völlig beiseite (schiebt)"[71].

Neben diesen grundsätzlichen Bedenken verfehlt die Nipperdey'sche These aber auch Art. 2 GG. Dieses Grundrecht schützt nämlich nicht nur die wirtschaftliche Betätigungsfreiheit des Unternehmers. Diese ist aber wohl verabsolutiert, wenn Nipperdey formuliert, daß die Partnerschaft von Kapital und Arbeit „im wirtschaftlichen Bereich die auf Freiheit und Verantwortung beruhende Stellung des Unternehmers nicht beeinträchtigen darf"[72]. Genauso muß Nipperdey Art. 15, der seiner Interpretation diametral zuwiderläuft, als „zu weit gespannt, verfassungsrechtlich und praktisch bedeutungslos"[73] charakterisieren, um seine Thesen plausibel zu halten[74]. Wie der 1967 erfolgte Übergang zur Globalsteuerung (StabG) und die heute zum Umgang mit den anstehenden Problemen von Arbeitslosigkeit und Inflation ergriffenen Strategien zeigen[75], verfehlen die Nipperdey'schen Thesen auch den Sinn und Zweck von Verfassungsnormen, die nicht so lange „interpretiert" werden sollten, bis für notwendige wirtschaftspolitische Kurskorrek-

---

[69] Ebenda, S. 46.

[70] *Ehmke* „Wirtschaft" S. 18 ff.

[71] *Däubler* „Grundrecht" S. 165.

[72] *Nipperdey* „Soziale Marktwirtschaft" S. 36 f., 39; ausführlich dazu *Hoffmann, R.* „Betriebsverfassung und Grundgesetz" AuR 1971, S. 271 ff. (274); *Roscher* „Vertragsfreiheit" S. 54 ff.; *Däubler* „Grundrecht" S. 166; und *Stein* „Qualifizierte Mitbestimmung" S. 81 ff.

[73] *Nipperdey* „Soziale Marktwirtschaft" S. 36.

[74] Deshalb dagegen etwa *Huber, E. R.* „Wirtschaftsverwaltungsrecht" Tübingen 1954, Bd. II, S. 149; *Roscher* „Vertragsfreiheit" S. 61 f.; *Däubler* „Grundrecht" S. 167; *Schwerdtfeger* „Mitbestimmung" S. 259 m. w. N.

[75] Dazu siehe gleich unter Abschnitt 5.3.3.

turen „grundlegende Änderungen des Grundgesetzes“ erforderlich sind, sondern die als rechtliche Grundelemente der Ordnung von Staat und Gesellschaft aufzufassen sind und für den sozialen Wandel offenbleiben.

5.3.2. *E. R. Huber* hat versucht, in der freien Entfaltung der Persönlichkeit (Art. 2) ein „wirtschaftsverfassungsrechtliches General-Grundrecht umfassenden Charakters“ zu sehen[76]. Ebenso wie Nipperdey rechnet er dazu insbesondere die „freie Entfaltung in der Wirtschaft“, „konkret nichts anderes als die freie Entfaltung des wirtschaftlich selbständigen Unternehmens“[77]. In „Ausnahmefällen und auf einem Randbereich“ will er jedoch staatliche Interventionen zur Verhinderung „sozialschädlicher“ Auswüchse befürworten[78]. Daß er dies im Unterschied zu Nipperdey als „gemischte Wirtschaftsverfassung“ kennzeichnen will, hat schon Ehmke[79] kritisiert; ansonsten gilt das zu Nipperdeys Thesen Ausgeführte ebenso für die Konzeption Hubers.

Nur kurz angesprochen sei hier eine frühere Meinung *Krügers*, der unter dem Stichwort „Relativistische Demokratie“ die These entwikkelte, das Grundgesetz entscheide sich nicht nur für keine ausdrückliche Normierung einer bestimmten Wirtschaftsverfassung, sondern gegen jeglichen wirtschaftsrelevanten staatlichen Eingriff[80]. Die Prämisse einer rigiden Trennung von Staat und Gesellschaft wurde schon oben verworfen; darüber hinaus läßt sich angesichts der Wertvorstellungen von 1949 eine derartige positive inhaltliche Entscheidung für einen laissez-faire-Liberalismus auch nicht begründen und hieße, dem heutigen politischen Gemeinwesen per Grundgesetzinterpretation die Grundlage jeglichen Funktionierens zu entziehen[81]. Auch Krüger hält diese Meinung nicht mehr im vollen Umfange aufrecht[82].

5.3.3. Nach der Änderung des Art. 109 GG und der Verabschiedung des StabG im Jahre 1967 erlebte die Diskussion um die Wirtschafts-

---

[76] *Huber, E. R.* „Der Streit um das Wirtschaftsverfassungsrecht“ DÖV 1956, S. 135 (Teil II einer Aufsatzserie dieses Titels in DÖV 1956, S. 97 ff., 135 ff., 172 ff., 200 ff.) ebenso *ders.* „Wirtschaftsverwaltungsrecht“ Bd. I, S. 30 ff. und *ders.* „Grundgesetz und wirtschaftliche Mitbestimmung“ Stuttgart u. a. 1970, S. 35 f.

[77] *Huber* „Streit“ DöV 1956, S. 135.

[78] Ebenda, S. 205 ff.; ebenso *ders.* „Wirtschaftsverwaltungsrecht“ Bd. I, S. 37.

[79] Vgl. *Ehmke* „Wirtschaft“ S. 36.

[80] *Krüger, H.* „Staatsverfassung und Wirtschaftsverfassung“ DVBl. 1951, S. 361 ff.

[81] Dazu kritisch schon *BVerfGE* 4, 17 und *Ehmke* „Wirtschaft“ S. 43 f.

[82] Vgl. nur *Krüger, H.* „Allgemeine Staatslehre“ 2. Aufl. Stuttgart u. a. 1966, S. 454 ff., 575 ff. und *ders.* „Paritätische Mitbestimmung, Unternehmensverfassung, Mitbestimmung der Allgemeinheit“ Düsseldorf 1973 passim.

verfassung einen Aufschwung durch die These, die „global gesteuerte Marktwirtschaft" sei nun verfassungsrechtlich abgesichert[83]. Sinn und Zweck dieser gesetzgeberischen Maßnahmen war, die staatliche Haushaltspolitik nicht nur unter dem Gesichtspunkt der Bedarfsdeckung zu sehen, sondern sie auch auf die Beachtung des gesamtwirtschaftlichen Gleichgewichts festzulegen — also i. S. *keynesianischer Fiskalpolitik* auch zur wirtschaftspolitischen Steuerung einzusetzen. Die Auffassung, dadurch werde die global gesteuerte Marktwirtschaft mit Verfassungsrang ausgestattet, ist zunächst schon deshalb abzulehnen, weil in Art. 109 GG ausdrücklich die Haushaltspolitik von Bund und Ländern, jedoch deshalb noch nicht die gesamte Konjunktur- und Wirtschaftspolitik angesprochen ist[84]. Ähnlich wie Ehmke gegen Nipperdeys These zeigt *Roscher* auf, daß man angesichts der Motivation zu Art. 109 ebenfalls eine Planwirtschaft als nunmehr verfassungsrechtlich abgesichert darstellen könnte[85]. Heute hat sich zu Recht gegen all dies durchgesetzt, daß Art. 109 primär eine organisationsrechtliche Norm in bezug auf das Bund-Länder-Verhältnis darstelle[86] und daß man sich bei der Verfassungsänderung mit Rücksicht auf die schnellen Veränderungen wirtschaftlicher Verhältnisse und wirtschaftspolitischer Strategien sinnvollerweise darauf beschränkt habe, bei nur rahmenartiger Bindung dem Parlament und den durch dieses bestimmten Instanzen freie Wahl zu lassen[87]. Genauso hat das Bundesverfassungsgericht[88] der kritisierten Ansicht entschieden widersprochen. Durch Art. 109 würden lediglich „Gesetzgebungskompetenzen auf dem Gebiet des öffentlichen Haushaltsrechts" zugewiesen: die Vorschrift schließe „andere als haushaltsrechtliche Maßnahmen" keinesfalls aus[89]. Die Festlegung des Grundgesetzes auf eine bestimmte Wirtschaftsverfassung ist somit auch nicht anhand des Art. 109 GG zu begründen[90].

---

[83] So ausdrücklich *Zuck, R.* „Die globalgesteuerte Marktwirtschaft und das neue Recht der Wirtschaftsverfassung" NJW 1967, 1301 ff., 1304; ähnlich *Benda, E.* „Die aktuellen Ziele der Wirtschaftspolitik und die tragenden Grundsätze der Wirtschaftsverfassung" NJW 1967, 849 ff.

[84] Das wurde in der Kritik dieser These bald herausgearbeitet, vgl. etwa *Thiele, W.* „Einführung in das Wirtschaftsverfassungsrecht" Göttingen 1970, S. 115 ff., 121 m. w. N.

[85] *Roscher* „Vertragsfreiheit" S. 62 f.

[86] Im Anschluß an *Ritter, E.* „Der Wandel der Wirtschaftspolitik und die wirtschaftsverfassungsrechtliche Bedeutung des Gesetzes gegen Wettbewerbsbeschränkungen" BB 1968, 1393 ff. (1396); *Wilke, D.* „Art. 109 GG und das StabG in ihrer Bedeutung für das Verordnungsrecht" AöR 93 (1968), S. 270 ff. (287 f.).

[87] Dafür spricht gerade auch die gleichzeitige Verabschiedung des StabG; ebenso *Däubler* „Grundrecht" S. 169; allg. gegen die interpretatorische Verewigung einer Wirtschaftsverfassung schon *Ehmke* „Wirtschaft" S. 17.

[88] *BVerfG* NJW 1971, 319 f.

[89] Ebenda, S. 319.

5.3.4. Bis heute sind die Versuche nicht abgebrochen, letztlich doch nur eine marktwirtschaftliche Ordnung als verfassungsrechtlich vorgeschrieben anzuerkennen. So sind in der Mitbestimmungsdebatte erneut Arbeiten vorgelegt worden, die sich im Ausgangspunkt zwar zur wirtschaftsverfassungsrechtlichen Neutralität des Grundgesetzes mehr oder weniger ausdrücklich bekennen[91], dann aber weitestgehende Strukturprinzipien ableiten. So haben nach *Scholz*[92] die „wirtschaftlichen Hauptgrundrechte aus Art. 14 und Art. 12 GG" mikro- und makroökonomisch „systembildende Funktionen". Ersteres führe bei Art. 14 zur Garantie grundsätzlich freier, privater, individueller Nutzung unternehmerischen Vermögens nach den Prinzipien der wirtschaftlichen Rentabilität und des persönlichen Risikos. Letzteres führe zum „Bild einer funktionstypisch verfaßten Wirtschaftsordnung"[93] mit dem Ausgangspunkt des Privateigentums an Produktionsmitteln und der „Überantwortung" des realen Wirtschaftsablaufs an die „Strukturgesetze von Privatautonomie, tatsächlichem (also nicht ordnungspolitisch aufgegebenem) Wettbewerb und dezentraler Selbstregulation"[93]. Die oben gegen die Thesen Nipperdeys formulierte Kritik vereinseitigender Interpretation von einer (herrschenden) wirtschaftstheoretischen Grundlage her, die Mißachtung von Art. 14 II und 15 GG sowie der Entstehungsgeschichte sind auch hier die wichtigsten Einwände[94].

5.3.5. Der Charakter des Grundgesetzes als Verfassungskompromiß zwischen divergierenden Interessen auf der Basis der Wertvorstellungen von 1949 erhellt zusätzlich in der Ablehnung des — ja genauso denkbaren — Versuchs, anstatt irgendeine Spielart von Marktwirtschaft zur Wirtschaftsverfassung des Grundgesetzes zurecht zu interpretieren, z. B. diametral entgegengesetzt eine sozialistische Wirtschafts-

[90] So die ganz h. M.; vgl. neben den Fn 83 - 87 Genannten auch *Stern, K.* „Die Neufassung des Art. 109 GG" NJW 1967, 1831 ff.; *Friauf, K. H.* „Öff. Haushalt und Wirtschaft" VVdStRL 27 (1969), S. 1 ff. (S. 10 Fn 45); *Raisch, P.* „Das Gesetz gegen Wettbewerbsbeschränkungen als Instrument zur Bindung gesellschaftlicher Macht" BB 1971, 229 ff. (232); *Hesse* „Grundzüge" S. 12.

[91] Z. B. *Scholz, R.* „Paritätische Mitbestimmung und Grundgesetz" Berlin 1974, S. 31 f.

[92] Ebenda, S. 34 ff.; in der Tendenz ähnlich *Badura, P.* „Der Regierungsentwurf eines Mitbestimmungsgesetzes — Verfassungsrechtliche Einwände" ZfA 1974, S. 357 ff. (367).

[93] *Scholz* „Paritätische Mitbestimmung" S. 37 f.

[94] In einer Würdigung des Gedankengangs von Scholz formuliert *Stein* „Qualifizierte Mitbestimmung" S. 104 sogar, das sei „nichts anderes als die alte Position Nipperdeys, in etwas anderer argumentativer Verpackung"; kritisch gegenüber solchen Tendenzen auch *Ridder* „Soziale Ordnung" S. 96 f. („Bei näherer Betrachtung zeigt sich, daß die h. L. sich selbst nicht durchhält", m. w. N.); *Schwerdtfeger* „Mitbestimmung" S. 152 (mit dem Stichwort „Mißbrauch"); *Däubler* „Grundrecht" S. 148 und *Schwegler, L.* „Paritätische Mitbestimmung im verfassungsrechtlichen Meinungsstreit" AuR 1975, S. 263 ff. (268).

verfassung[95] als grundgesetzlich verankert anzusehen. Nach *Schwering/Zerdick* wäre dies allgemein eine Entscheidung dafür, im „Interesse der Arbeitskraft" eine „Gesellschaftstheorie zu verwirklichen, in der die selbstbestimmte, gemeinschaftliche Steuerung der gesellschaftlichen Produktions- und Reproduktionsverhältnisse möglich"[96] ist. Das hieße, die durch den Kapitalverwertungsprozeß geschaffenen Zwänge zu beseitigen, also die Herrschaft der Kapitalisten über den Produktions- (Wertschöpfungs-) sowie über den Konsumtionsprozeß aufzuheben — wobei die wichtigsten Elemente die Beseitigung des Privateigentums an Produktionsmitteln und die Ersetzung privater durch gesellschaftliche Aneignung der Arbeitsergebnisse wären[97].

Eine solche Perspektive über die Prinzipien „Sozialstaat" und „Demokratie" des Art. 20 GG, über eine entsprechende Deutung des Art. 15 GG usf. als Wirtschaftsverfassung des Grundgesetzes auszugeben, hat wohl gleiche Qualität wie die interpretatorische Imputierung einer Marktwirtschaft. Dies verfehlt genauso einzelne Verfassungsbestimmungen durch einseitige Interpretation — hier nun etwa Art. 15, der nach korrekter Interpretation keinerlei Gebot zur Sozialisierung der Produktionsmittel enthält[98] — wie den Charakter von Verfassungsnormen und insbesondere den politischen Kompromiß des Grundgesetzes zur Zeit seiner Annahme als Verfassung der Bundesrepublik Deutschland im Jahre 1949[99].

5.3.6. Erstes äußerliches Indiz für diesen *Kompromißcharakter* des Grundgesetzes ist, wie immer wieder betont[100] wird, die in der Zu-

---

[95] Siehe dazu ausführlicher oben die Darstellung: der wichtigsten Ausgangspunkte und Folgerungen marxistischer Analyse der kapitalistischen Warenproduktion in Abschnitt 2.5.1. und davon ausgehend der Ableitung von Determinanten und Strategien der Schaffung einer sozialistischen Gesellschaft in Abschnitt 2.5.2. (insbesondere bei Fn 180 und 181).

[96] Vgl. *Schwering/Zerdick* „Inverstitionsentscheidung" S. 214.

[97] Vgl. näher *Mandel* „Marxistische Wirtschaftstheorie" Bd. II, S. 889 ff. und *Haug, W. F.* „Die Bedeutung von Standpunkt und sozialistischer Perspektive für die Kritik der politischen Ökonomie" Das Argument 74 (1972), S. 567 ff.

[98] Vgl. *Ridder* „Soziale Ordnung" S. 101; allgemein dazu die Berichte von *Ridder* und *H. P. Ipsen* „Enteignung und Sozialisierung" VVdStRL 10 (1972), S. 74 ff.

[99] Soweit diese Problematik überhaupt in der juristischen Literatur diskutiert wird, entscheiden sich zurecht ebenso *Ridder* „Soziale Ordnung" S. 95 f. (in ausführlicher Diskussion der auch hier angeführten Argumente) und *Däubler* „Grundrecht" S. 157 ff. („wäre reines Wunschdenken" S. 158 mit eingehender Begründung); *Hoffmann* „Grundgesetz" AuR 1971, S. 280; *Hartwich* „Sozialstaatspostulat" S. 50 ff., 54; im Ansatz auch *Schwerdtfeger* „Mitbestimmung" S. 168 f. (insbes. für die Sozialstaatsklausel); zu weitgehend etwa *Ramm, Th.* „Der Arbeitskampf und die Gesellschaftsordnung des Grundgesetzes" Stuttgart 1965, S. 71; *Vilmar, F.* „Ist unsere Betriebs- und Arbeitsordnung verfassungswidrig?" GMH 1969, S. 154 ff.

sammensetzung des parlamentarischen Rates zum Ausdruck gekommene Verteilung der politischen Kräfte. Sie hatte einen großen Zwang zur Kooperation zur Folge (wie schon allenthalben die Materialien des parlamentarischen Rates zu den Grundrechtsberatungen zeigen[101]), der dann auch nicht wirkungslos für die materiellen Regelungen des Grundgesetzes bleiben konnte. Dies ist kein Spezifikum des Grundgesetzes: auch die Weimarer Reichsverfassung hatte nicht das „sozialistische Programm" des Aufrufs vom 12. November 1918 des Rats der Volksbeauftragten verwirklicht, sondern einen bürgerlichen Verfassungskompromiß. In diesem Sinne ist wohl Ridders Feststellung zuzustimmen, daß „auch die in einer Verfassungsurkunde enthaltenen neuestzeitlichen bürgerlich-demokratischen Verfassungen einen — bisweilen höchst komplizierten — ‚Vertragscharakter' haben", sowie dem Hinweis, daß dies häufig „wegen der rechtsinstrumentellen ‚Einheit' der Verfassung allzuleicht übersehen oder jedenfalls nicht konsequent gewürdigt"[102] wird. Dem verfassungskonstituierenden Kompromiß der verschiedenen politischen Kräfte kann man interpretatorisch nicht mit der Vorstellung einer inneren Harmonie gerecht werden. Der Verfassung eine ausdrückliche, inhaltlich einheitliche Regelung sogar für den Teilbereich der besonders kontroversen Wirtschaftsordnung zu entnehmen, wäre verfehlt[103].

Zeigt nun gerade der Rückgriff auf die Entstehungsgeschichte und den Charakter des Grundgesetzes als Kompromiß, daß es keine „Wirtschaftsverfassung" *des* Grundgesetzes gibt, so ist auch festzuhalten: Nachdem in Rechtsprechung[104] und Literatur[105] häufig die Intention des

---

[100] Vgl. etwa *Abendroth* „Rechtsstaat" S. 95; *Schwerdtfeger* „Mitbestimmung" S. 168 f.; *Däubler* „Grundrecht" S. 149 ff.; *Ridder* „Soziale Ordnung" S. 98; *Hartwich* „Sozialstaatspostulat" S. 17 ff., 22 ff., 280.

[101] Die Materialien sind veröffentlicht in „Die Entstehungsgeschichte der Artikel des GG auf der Grundlage der Beratungen des Parlamentarischen Rates" bearbeitet von *v. Doemming/Füßlein/Matz,* JöR N. F., Bd. I, Tübingen 1951.

[102] *Ridder* „Soziale Ordnung" S. 101; ganz ähnlich *Zweigert* „Neutralität" S. 215 ff. (er formuliert die großen Grundentscheidungen" seien „bei einer demokratisch zustandegekommenen Verfassung in aller Regel das Ergebnis eines umfassenden Kompromisses", S. 217).

[103] Allg. vgl. hierzu ausführlich in Auseinandersetzung gerade mit den Integrationslehren seit Smend neuerdings *Göldner, D.* „Integration und Pluralismus im demokratischen Rechtsstaat" Tübingen 1977, S. 26 ff., 73 ff. — der seine Thesen jedoch unter Ausklammerung der entstehungszeitlichen, historischen Argumentation aus materiell in der Verfassung angelegten, strukturellen „Spannungslagen" begründet, damit also insbesondere gegen eine abstrakte, einseitige Auflösung derartiger „Spannungslagen" durch Interpretation im Sinne der Integrationslehren argumentiert (S. 79 ff.).

[104] Seit *BVerfGE* 2, 1 ff. (12).

[105] Vgl. *Hartwich* „Sozialstaatspostulat" S. 49 ff., 61 ff., 273 ff.; *Abendroth* „Grundgesetz" S. 13; *Ramm* „Arbeitskampf" S. 71 ff.; *Ridder* „Gewerkschaf-

Grundgesetzes betont wird, sich grundlegend vom Recht des Nationalsozialismus zu distanzieren, ist angesichts des Art. 1 GG eine Rückkehr zur extrem autoritären Gestaltung des Produktionsprozesses als Ausdruck des „Führerprinzips" und des umfassenden Bekenntnisses zur alleinigen Entscheidungsgewalt des Betriebsführers[106] abgeschnitten[107]. Bei der weitgehenden Offenheit des Grundgesetzes für wirtschaftsverfassungsrechtliche Aktivitäten des Gesetzgebers ist, gedacht auf der Entwicklungslinie Fremdbestimmung — Mitbestimmung — Selbstbestimmung, der Weg zurück zur totalen Objektstellung, zur Fremdbestimmung des Arbeitnehmers nicht möglich[108]. Um die eingangs dieses Abschnitts aufgeworfene Frage zu beantworten, muß also im folgenden (unter Berücksichtigung des Gesamtcharakters als einer Kompromißverfassung) der Inhalt einzelner Bestimmungen des Grundgesetzes, die für die Gestaltung der Rechtsordnung der Wirtschaft einschlägig sind, untersucht werden.

5.4. Zum materiellen Inhalt der einschlägigen Verfassungsbestimmungen

5.4.0. Aus einer kohärenten Wirtschaftsverfassung des Grundgesetzes heraus läßt sich für die hier aufgeworfene Frage nichts ableiten. Damit ist ihre Beantwortung vom normativen Gehalt der verschiedenen für den wirtschaftlichen Bereich einschlägigen Bestimmungen abhängig, die ins Grundgesetz Eingang gefunden haben. Die wichtigsten davon wurden in der Argumentation gegen die Annahme einer grundgesetzlichen Wirtschaftsverfassung schon angesprochen: Es sind dies neben der Festlegung auf den sozialen und demokratischen Rechtsstaat in Art. 20 I GG (mit Art. 28 I GG) das Grundrecht auf freie Entfaltung der Persönlichkeit, Art. 2 I GG, die Vereinigungs- und Koalitionsfreiheit, Art. 9 I, III GG und die Bestimmungen bezüglich des Eigentumsschutzes in Art. 14, 15 GG. Das an sich auch zu diesem Kreis gehörende Grundrecht der Berufsfreiheit in Art. 12 GG bleibt im Zusammenhang mit der Direktionsproblematik arbeitsteiliger Produktionsveranstaltungen außer Betracht, wie sich auch die Darstellung aller der mit den

ten" S. 18; *Däubler* „Grundrecht" S. 150 und *Schwegler* „Paritätische Mitbestimmung" AuR 1975, S. 466.

[106] Zur nationalsozialistischen Betriebsverfassung und zum Führerprinzip vgl. neben den Ausführungen oben Abschnitt 2.3.3.1. (mit der Kritik am Harzburger Modell) *Rüthers, B.* „Die Betriebsverfassung im Nationalsozialismus" AuR 1970, S. 97 ff. (99, 101).

[107] Insoweit ist *Däublers* Interpretation des Art. 1 GG auch kaum umstritten; vgl. zusammenfassend die Auseinandersetzung mit der Literatur in *Däubler* „Grundrecht" S. 130 ff., 150 ff.

[108] Das ist — auch angesichts der Entscheidung für den sozialen Rechtsstaat — weithin anerkannt, vgl. neben *Däubler* „Grundrecht" S. 150 f. und passim auch bei den Fn 99, 102 und 105 Genannten.

zuvor genannten Verfassungsgrundsätzen zusammenhängenden Aspekte auf diese Problematik beschränken muß.

Durch die Verabschiedung des MitbG hat die Debatte um die *paritätische Mitbestimmung* der Arbeitnehmer im Unternehmen — eine der wohl aufwendigsten Veranstaltungen auf dem hier interessierenden Gebiet — zumindest auf der Ebene der verfassungsrechtlichen Diskussion an Brisanz verloren. Für die hier relevanten Ergebnisse dieser Diskussion bedarf es somit keiner erneuten umfassenden Erarbeitung. Sie können und sollen lediglich anhand der — nurmehr mit Mühe überschaubaren — Literatur kurz dargestellt werden.

Zum Verständnis des Verlaufs dieser Debatte ist wichtig, daß die Fragestellung vor allem an den möglicherweise gegen die Einführung der paritätischen Mitbestimmung sprechenden Gesichtspunkten orientiert war. Eine der Folgen dieser einseitigen Fragestellung war, daß Art. 2 I GG recht schnell aus der Diskussion ausschied. Denn da er unter dem Vorbehalt der verfassungsmäßigen Ordnung steht, der nach der ständigen Rechtsprechung des Bundesverfassungsgerichts[109] dahin zu verstehen ist, daß jede formell und materiell verfassungsmäßige Rechtsnorm zur Beschränkung der freien Entfaltung der Persönlichkeit ausreicht, läßt sich daraus sicher kein über den Schutz des Art. 14 hinausgehendes Argument gegen die paritätische Mitbestimmung ableiten[110]. Die Auseinandersetzungen in der Mitbestimmungsdebatte konzentrierten sich daher auf die Art. 14 und 9 III GG. Zum zweiten litt die Debatte unter der weitgehenden Vernachlässigung der entstehungszeitlichen Aspekte (insbesondere bei Art. 9 III GG) als auch der wirtschaftsverfassungsrechtlichen Neutralität des GG[111]. Bei der Rezipierung der Ergebnisse ist dieses Manko zu berücksichtigen, ehe sie zur Beantwortung der Frage herangezogen werden, was sich über die zwei schon gefundenen Grundpositionen (Neutralitätskompromiß und die Ablehnung einer totalen Objektstellung des Arbeitnehmers) hinaus an verfassungsrechtlicher Fundamentalentscheidung hinsichtlich Unternehmensverfassung und Direktionsproblem ergibt. Dieselbe Frage stellt sich danach für Art. 2 I GG und das Sozialstaats- und Demokratieprinzip in Art. 20 GG, ehe die Einzelergebnisse (5.4.1. bis 5.4.4.) abschließend zusammengefaßt und insgesamt daraus Schlußfolgerungen gezogen werden können (5.5.).

---

[109] Seit der grundlegenden Entscheidung *BVerfGE* 6, 32 ff. (37 ff.) st. Rspr.

[110] Vgl. etwa *Scholz* „Qualifizierte Mitbestimmung" S. 103 m. w. N. und *Raiser* „Paritätische Mitbestimmung" S. 44 f.; anders *Huber* „Mitbestimmung" S. 26 ff., 86 ff.; *Pernthaler, P.* „Paritätische Mitbestimmung und Verfassungsrecht" Berlin 1972, S. 67 ff.

[111] Dazu vor allem die Beiträge von *Zweigert, Raisch* und *Däubler* (vgl. oben Fn 60).

5.4.1. Der Schutz des Eigentums

Bei der Untersuchung entsprechender Vorschläge in der juristischen Literatur wurde schon gezeigt[112], daß das Privateigentum an Produktionsmitteln keine eigenständige rechtliche Grundlage von Direktionsbefugnissen sein kann. Mit den dort angeführten Argumenten ist zugleich gegen jene Minderheitsmeinung der Mitbestimmungsdebatte Stellung bezogen, die in Art. 14 GG neben der Garantie der Sachherrschaft vor allem auch eine Garantie gesellschaftlicher Herrschaftsbefugnisse in ihrer (überkommenen) gesellschaftsrechtlich und arbeitsrechtlich vermittelten Form[113] sieht[114]. Nur die Vertreter dieser Meinung gehen auch teilweise davon aus[115], in der Mitbestimmungsdebatte sei bei Kapitalgesellschaften neben der Rechtsstellung der Anteilseigner auch die Rechtsstellung der Gesellschaft betroffen. Alle in Art. 14 nach h. M. geschützten vermögenswerten Positionen der Gesellschaft bleiben jedoch durch eine andere Zusammensetzung der natürlichen Personen in den Gesellschaftsorganen — deren Handeln rechtlich als Handeln der Gesellschaft selbst anzusehen ist — unberührt, d. h. es tritt keinerlei Veränderung (oder gar Beeinträchtigung) ein.

Nicht so weit wie die oben vorgestellte[112] Gegenmeinung dazu, die durch die Institutsgarantie in Art. 14 I 2 lediglich die grundsätzliche Verfügungsbefugnis über die Substanz des Produktionsmitteleigentums geschützt ansieht[116] und über die Institutsgarantie hinaus Art. 14

---

[112] Siehe oben Abschnitt 4.2. mit Hinweisen Fn 17 - 19.

[113] In einem ganz anderen Sinne meint die Formel vom ‚gesellschaftsrechtlich vermittelten Eigentum' (*BVerfGE* 14, 263 ff. [276] und 25, 371 ff.) die mitgliedschaftliche Komponente der Aktien und nicht allgemein die Verfügungsbefugnis über Unternehmenseigentum (vgl. *BVerfG* ebd.). Zweitere liegt bei (in der Mitbestimmungsdebatte vor allem diskutierten) Großunternehmen (also hier Aktiengesellschaften) ganz überwiegend nicht bei den einzelnen Anteilseignern, sondern — wie wir gesehen haben — bei den Unternehmensorganen und damit dem Management.

[114] So insbesondere *Huber* „Mitbestimmung" S. 86 und einige der Sachverständigen in der öffentlichen Anhörung zum Entwurf, vgl. die schriftlichen Stellungnahmen vor allem *Mestmäckers* u. *Rupps* in der Anlage zum stenographischen Protokoll Nr. 62 der öffentlichen Informationssitzung des Bundestagsausschusses für Arbeit und Sozialordnung am 19. Dez. 1974, S. 76 ff. (84 ff., 102 ff.).

[115] Vgl. so *Huber* „Mitbestimmung" S. 93 („Eingriff in das Eigentum der Gesellschaft" durch „Organverfremdung"); dagegen zutreffend *Stein* „Qualifizierte Mitbestimmung" S. 56 ff.

[116] Noch weitergehend *Ridder* „Soziale Ordnung" S. 104 f.: „angesichts der Zulassung der *Selbst*bestimmung der Arbeit nach Art. 15" ergebe sich „a maiore", „*keine* Art von *Mit*bestimmung tastet Eigentümerrechte an". Die dort im Kontext ausgeführte Interpretation zu Art. 15 GG zeigt auch, daß nicht mit *Krüger* „Unternehmensverfassung" S. 70 ff., 74 aus Art. 15 darauf geschlossen werden kann, er lege verbindlich die Richtung einer Weiterentwicklung der Unternehmerwirtschaft fest und die Dualisierung der Unternehmensstruktur (etwa i. S. der paritätischen Mitbestimmung) werde so durch Art. 15 gerade ausgeschlossen.

bei Produktionsmitteln nur auf Sachherrschaft und Abwehrrechte gegen Dritte beziehen will, möchte die mittlere[117] Meinung gehen. Bei grundsätzlicher Zulässigkeit der paritätischen Mitbestimmung unter dem Gesichtspunkt des Art. 14 GG leitet sich nach dieser Mittelmeinung aus der Institutsgarantie wegen der spezifischen Eigenheit des Eigentums an Produktionsmitteln — nämlich Gewinne abzuwerfen — der Schutz eines bestimmten Mindestmaßes an Eigentümerherrschaft zur Sicherung der Privatnützigkeit ab. Als Ausdruck dieses Schutzes wird die Parität als zu Lasten der Kapitaleigentümer unüberschreitbare Schranke[118] angesetzt oder es werden mißverbrauchsverhütende Maßnahmen[119] gefordert.

Auch wenn man den grundsätzlichen Ausgangspunkt einmal akzeptierte, könnten diese Schlußfolgerungen nicht überzeugen, denn der maßgebliche Zusammenhang zwischen Rentabilitäts- und Herrschaftsgarantie wäre unter dem Gesichtspunkt des erforderlichen Herrschaftsminimums zu thematisieren. Nur dieser „Kern" wäre i. S. der Institutsgarantie die äußerste Grenze der „Inhalts- und Schrankenbestimmung" des Eigentums durch den Gesetzgeber gem. Art. 14 I 2 GG. Bei Fortgeltung einer grundsätzlich marktwirtschaftlichen Konkurrenzwirtschaft ist aber wahrscheinlich, daß auch bei weitgehender Sozialisierung — und Art. 15 gäbe ja zumindest die Möglichkeit dafür — trotzdem die Rentabilität als Prinzip der Zielfindung im Unternehmen nicht gänzlich ausgehöhlt werden würde[120]. Auch wenn man diese weitgehende Einschätzung nicht teilt, ist keinesfalls wissenschaftlich dargetan[121], daß bei einer Unternehmensverfassung mit weit unter einer Parität liegendem Einfluß der Anteilseigner die erwerbswirtschaftliche Orientierung

[117] Vgl. *Scholz* „Paritätische Mitbestimmung" S. 64 ff., 75 ff.; *Raiser* „Paritätische Mitbestimmung" S. 60 ff. und *ders.* „Marktwirtschaft" S. 44 ff.; differenzierend *Schwerdtfeger* „Mitbestimmung" S. 217 ff., 231 ff.; anders auch *Pernthaler* in seiner These Nr. 14 zu „paritätische Mitbestimmung und grundgesetzliche Ordnung" in: Vetter (Hrsg.) „Mitbestimmung" S. 278, der unter Art. 14 nur die Vermögensdisposition über das Kapital faßt und die sonstigen Bereiche der Unternehmensverfassung (u. a. mit dem Beispiel „Direktionsgewalt") ausdrücklich hiervon ausnimmt.

[118] *Scholz* „Paritätische Mitbestimmung" S. 64 ff. und *Raiser* „Paritätische Mitbestimmung" S. 64 ff., 66 f.

[119] So vor allem *Schwerdtfeger* „Mitbestimmung" S. 210 ff., 233.

[120] Vgl. die gründlichen Analysen aus mitbestimmungskritischer Sicht bei *Deppe u. a.* „Kritik der Mitbestimmung" S. 110 ff., 152 ff.; *Gukelberger, W.* „Kritik der bürgerlichen Mitbestimmungskonzeptionen" SoPo Nr. 28 (1974), S. 3 ff. sowie die Anmerkungen von *Däubler* „Grundrecht" S. 39 ff. (41 f.), 417 f. und *Schwegler, L.* „Paritätische Mitbestimmung und Koalitionsfreiheit" AuR 1975, S. 27 ff. (31).

[121] *Dagegen* sprechen etwa die Ergebnisse der materialreichen Arbeit von *Körner, M.* „Mitbestimmung als Instrument gesamtwirtschaftlicher Einkommenspolitik" Göttingen 1974; wichtige Gesichtspunkte auch bei *Fleischmann, G.* „Mitbestimmung und volkswirtschaftliche Leistungsfähigkeit" in: Vetter „Mitbestimmung" S. 92 ff.

aufgehoben wäre. Der Schluß auf die Parität als unüberschreitbare Schranke ist aus der Institutsgarantie somit nicht begründet[122]. Im übrigen sind in den (in der Mitbestimmungsdebatte vor allem angesprochenen) Großunternehmen die Herrschaftsrechte der (typischen) Aktionäre gesellschaftsrechtlich schon weitgehend mediatisiert. Die wirkliche Herrschaft liegt — wie anhand der Untersuchungen seit *Berle* und *Means*[123] schon festgestellt wurde — vor allem bei der Verwaltung und dem Management (und je nachdem etwa noch bei Depotbank, Großaktionär oder Konzernmutter). Die aber auch von den Mitbestimmungsgegnern beklagte Managerherrschaft (oder Großaktionärsherrschaft etc.) letztlich über die Institutsgarantie zu schützen, wäre ein paradoxes Ergebnis[124] und ist wohl auch mit dem Verlangen nach zumindest paritätischem Herrschaftseinfluß der Aktionäre zur Sicherung eines Kerns von privatnützigem Eigentum an Produktionsmitteln nicht gemeint. Überhaupt davon auszugehen, gerade über den Einfluß der Anteilseigner ließe sich ein Kern von Privatnützigkeit sichern, ist also schon eine äußerst problematische Prämisse[125].

Entscheidend ist heute eine andere Erkenntnis: „Mit dem unternehmerischen Einsatz vollzieht der Eigentümer einen Akt der Veränderung seines Eigentums, indem er es aus der bisherigen Privat- in die öffentliche Sphäre überführt[126].“ Für das große Unternehmen ist diese Auffassung des „öffentlichen Charakters“ insbesondere seit den Arbeiten Krügers[127] heute weitgehend anerkannt. Allgemeiner muß wohl gelten, daß Eigentum immer dann eine neue Dimension gewinnt, wenn der Eigentümer sein Vermögen als Unternehmen gestaltet und zur Ver-

---

[122] *Reich, N.* „Eigentumsgarantie, paritätische Mitbestimmung und Gesellschaftsrecht“ AuR 1975, S. 257 ff. (260) betont zu Recht, daß *Däublers* Vorschlag (vgl. „Grundrechte“ S. 340 ff. — schuldrechtliche Dividendengarantie analog §§ 304 ff. AktG), doch durchaus konsequent und auf der Linie von *BVerfGE* 14, 263 (Feldmühle-Urteil) liege; die vorgängigen Ausführungen im Text zeigen jedoch, daß es hier gar nicht auf die Übernahme dieser — heftig bestrittenen — Meinung Däublers ankommen kann.

[123] Vgl. dazu die Nachweise oben Einleitung, Fn 9.

[124] Dies betont nach ausführlicher Analyse *Rittstieg* „Eigentum“ S. 354 ff.: „Wenn man aber meint, daß von Managern oder Großaktionären ausgeübte Herrschaft von diesem Verfassungsartikel (also Art. 14) geschützt werde, dann sollte man es aufgeben, von einem Menschenrecht und seiner Verbindung zur Persönlichkeitsentfaltung zu sprechen. Die Funktion des Grundrechts entspricht dann der Absicherung feudaler Herrschaft ...“ (S. 363, Klammerzusatz von mir).

[125] Zu dieser Prämisse neben dem Hinweis in Fn 121 ebenfalls Abschnitt 4.2.

[126] So schon 1951 eine Formulierung von *Ballerstedt, K.* „Unternehmen und Wirtschaftsverfassung“ JZ 1951, S. 486 ff. (490).

[127] *Krüger, H.* „Öffentliche Elemente der Unternehmensverfassung“ in: Kaiser/Coing „Planung V“ Baden-Baden 1971, S. 19 ff. (ausführlich m. w. N.); *ders.* „Unternehmensverfassung“ S. 82 ff. und passim; ebenfalls schon in *ders.* „Allgemeine Staatslehre“ S. 407 ff., 415.

folgung seiner Ziele (Produktion, Absatz) auf andere, nicht zu seinem Sozialkreis gehörende Personen angewiesen ist — d.h. anders formuliert, wenn der Wert seines Vermögens nur mit Hilfe abhängiger Arbeit anderer steigt[128]. Es ergibt sich folgende *Tendenz:* Mit zunehmender Zahl dieser Personen erhält dieser Aspekt auch zunehmendes Gewicht. Dabei ist zu betonen, daß die Arbeitnehmer in unserer Gesellschaftsordnung ebenfalls notwendig ein Interesse an einem effektiven, rentablen Unternehmen haben, auf das sie zur Sicherung ihrer Existenzgrundlage ja angewiesen sind. Für die jeweilige Ausgestaltung einer der gerade formulierten Tendenz entsprechenden Unternehmensverfassung ist der Gesetzgeber in seinem Ermessen nicht durch die Institutsgarantie aus Art. 14 I 2 GG beschränkt. Diese bezieht sich nur auf die Vermögensdisposition über den Sachwert des Eigentums an Produktionsmitteln und nicht auf die Eigentümer- oder Anteilseignerherrschaft im Unternehmen. Für die mit Art. 14 verbundene zweite Schutzrichtung (gegen Eingriffe in *bestehende* Rechtspositionen im Hinblick auf eine etwaige Entschädigungspflicht nach Art. 14 III) kann mit Stein[129] als Ergebnis festgehalten werden, daß sich schon i. S. der Rspr. des BVerfG[130/131] für die paritätische Mitbestimmung aus der Sozialbindung des Eigentums in Art. 14 II GG Gründe des öffentlichen Wohls ergeben, die hier deutlich gegen eine Entschädigungspflicht — soweit überhaupt Eingriffe erfolgen — sprechen. Dieser Gesichtspunkt ist entsprechend der angesprochenen Tendenz eher bei den vom MitbG noch nicht erfaßten Unternehmen von Relevanz denn bei den Großunternehmen. Die gesamte Problematik läßt sich unter Art. 14 GG nicht vollständig abhandeln. Ebenso einschlägig sind die Sozialstaatsproblematik und die Frage der Selbstbestimmung der Arbeitnehmer nach Art. 2 I GG. Berücksichtigt man diese Gesichtspunkte zur Schrankenziehung hinsichtlich der Arbeitnehmer zusammen mit der Sozialbindung des Eigentums käme man wohl bei konsequenter Verfolgung der These von der Parität als letzter Schranke zugunsten der Eigentümer zu einem verfassungsrechtlichen Paritäts*gebot*[132]. Zutreffend ist

---

[128] So eine kurze Zusammenfassung *Raischs* (in Vetter [Hrsg.] „Mitbestimmung" S. 783) seiner Ausführungen in „Unternehmensrecht" Bd. II, S. 77 ff.; vgl. dazu *Chlosta, J.* „Der Wesensgehalt der Eigentumsgewährleistung unter besonderer Berücksichtigung der Mitbestimmungsproblematik" Berlin 1975, S. 140 ff. und die oben Abschnitt 4.2. Fn 19 Genannten; allg. auch die Nachweise oben in der Einleitung, FN 3 - 10 aus interdisziplinärer Sicht.

[129] Ausführlich *Stein* „Qualifizierte Mitbestimmung" S. 65 ff. m. w. N.

[130/131] Insbes. *BVerfGE* 31, 275 ff. (284 f.); 36, 281 ff. (293) und 37, 132 ff. (140).

[132] Dies hat in Auseinandersetzung gerade mit der Ansicht *Scholz'* (und dann *Raisers*, s. o. Fn 118) eingehend begründet *Stein* „Qualifizierte Mitbestimmung" S. 75 ff. Dort finden sich auch weitere Argumente dafür, daß ein verfassungsrechtliches Gebot/Verbot von Über-, Unter- oder auch nur Parität nicht ableitbar ist.

umgekehrt, daß sich in beiden Richtungen weder ein solches Gebot noch ein Verbot über die Parität hinausgehender gesetzgeberischer Gestaltung der Unternehmensverfassung ableiten läßt.

5.4.2. Die Koalitionsfreiheit, Art. 9 III GG

Trotz Wortlaut und Enstehungsgeschichte[133] des Art. 9 III GG ist gerade die Koalitionsfreiheit als zentrales Argument gegen die paritätische Mitbestimmung angeführt worden[134]. Im Anschluß an Formeln des BVerfG heißen die Stichworte[135] „Gegnerunabhängigkeit"[136] und „Garantie der Funktionsfähigkeit des Tarifvertragssystems"[137].

Gegnerunabhängigkeit hat das BVerfG als *Voraussetz*ung der Koalitionseigenschaft festgestellt[138]. Ihr Verlust aufgrund der Einführung der paritätischen Mitbestimmung würde nicht zur Verfassungswidrigkeit der paritätischen Mitbestimmung führen, sondern dazu, daß der betroffenen Vereinigung die Voraussetzung für die Inanspruchnahme der Koalitionsfreiheit nach Art. 9 III fehlt.

In die Arbeitgeberverbände wird jedoch durch die Einführung der paritätischen Mitbestimmung nicht eingegriffen. Die Gegnerunabhängigkeit kann im Zusammenhang mit der paritätischen Mitbestimmung erst relevant werden, wollte man den Schutz nicht auf die Verbände, sondern auf die Gegnerunabhängigkeit der einzelnen Verbandsmitglieder beziehen. Es ist klar, daß dann aber die Gewerkschaften wegen der Abhängigkeit ihrer Mitglieder vom Arbeitgeber unmöglich jemals gegnerunabhängig gewesen sein könnten[139]. Anhand der Erfahrungen mit dem seit 1951 praktizierten Montanmodell läßt sich für das Verhalten in Tarifverhandlungen auch schnell absehen, daß diese Form der paritätischen Mitbestimmung in praxi weder die Unabhängigkeit

---

[133] Eine kurze Übersicht zur Geschichte gibt *Wahsner, R.* „Mitbestimmung, Koalitions- und Streikrecht, Tarifautonomie — historische Notizen" in: Mayer/Reich „Mitbestimmung" S. 87 ff. (94 ff.).

[134] So zunächst die Überlegungen von *Biedenkopf, K.* „Auswirkungen der Unternehmensverfassung auf die Grenzen der Tarifautonomie" in FS für Heinrich Kronstein, Karlsruhe 1967, S. 79 ff. (90 ff.); ebenso *Zöllner, W./ Seiter, H.* „Paritätische Mitbestimmung und Art. 9 Abs. 3 GG" Köln 1970; *Huber* „Mitbestimmung" S. 74 ff. und *Pernthaler* „Mitbestimmung" S. 183 f.

[135] Vgl. allgemein *Schwerdtfeger* „Mitbestimmung" S. 249 ff. und die eingehende Analyse bei *Schwegler* „Koalitionsfreiheit" AuR 1975, S. 27 ff.

[136] Neben den Fn 132 Zitierten zurückhaltender die Gutachten von *Scholz* „Paritätische Mitbestimmung" S. 114 ff. und *Raiser* „Paritätische Mitbestimmung" S. 95 ff.

[137] Vgl. dazu die einzelnen Nachweise bei *Schwegler* „Koalitionsfreiheit" AuR 1975, S. 32 Fn 38.

[138] *BVerfGE* 4, 96 ff. (107).

[139] Vgl. *Stein* „Qualifizierte Mitbestimmung" S. 94; ebenso *Däubler* „Grundrecht" S. 416; im Zusammenhang mit der Integration der Gewerkschaften durch die paritätische Mitbestimmung vgl. S. 412 ff.

der Gewerkschaften noch der Arbeitgeberverbände (in dem dort durchaus auch Arbeitsdirektoren mitgewirkt haben und mitwirken) beeinträchtigt[140]. Auf das einzelne Mitglied einer Vereinigung kann es daher nicht ankommen. Zur Verdeutlichung soll nochmals darauf hingewiesen werden, daß es schon nach allgemeinen Mißbrauchsgrundsätzen unzulässig ist, unter Ausnutzung etwa vorhandener Machtgefälle oder bestehender faktischer Sanktionsmöglichkeiten im einzelnen Unternehmen, einzelne unternehmensangehörige Vertreter der Gegenseite zu einem bestimmten Verhalten in Koalitionsangelegenheiten anzuhalten oder zu zwingen. Das gilt nicht nur für die Arbeitgeberseite, z. B. hinsichtlich eines in ihrem Betrieb beschäftigten Mitglieds einer Tarifkommission; das gilt sicherlich genauso umgekehrt für etwaige entsprechende Versuche oder entsprechendes Verhalten der Gewerkschaftsseite.

Gegnerunabhängigkeit muß weiter vor allem unter inhaltlicher Präzisierung des Begriffs „Gegner" bestimmt werden und darf nicht einfach als Prinzip maßgeblich privateigentumsbestimmter Arbeitgeberverbände mißverstanden werden. Soziale Gegenspieler der Arbeitnehmer bzw. ihrer Organisationen, der Gewerkschaften, sind die Arbeitgeber — zumeist das jeweilige Unternehmen, vertreten durch entsprechende Gesellschaftsorgane — bzw. ihre Vereinigungen. In Großunternehmen geht es damit gar nicht vorwiegend um die Anteilseigner, sondern um das Management, das zumeist ohne Einfluß oder Kontrolle der Anteilseigner die Arbeitgeberbefugnisse wahrnimmt. Soweit vor allem in anderen als Kapitalgesellschaften noch ein größerer Einfluß des Eigentums besteht, garantiert Art. 9 III aber auch hier kein Privileg der Eigentümer auf die Arbeitgebereigenschaft und damit auf die Funktion des sozialen Gegenspielers der Arbeitnehmer. Die Zulässigkeit von Beschränkungen des Eigentümereinflusses ist kein Problem des Art. 9 III, sondern dafür sind die Art. 14, 15 GG Spezialvorschriften[141]. Nur in dem durch sie jeweils festgelegten Rahmen regelt Art. 9 III die rechtliche Garantie der Koalitionsfreiheit und die entsprechende Stellung der Vereinigungen. Dies ist damit der Interpretation von Gegnerunabhängigkeit im Zusammenhang des Art. 9 III zugrunde zu legen. Sie bezieht sich somit zum Beispiel auf die Gewährleistung einer unabhängigen Willensbildung der jeweiligen Vereinigung, legt

---

[140] Dazu *Körner* „Mitbestimmung" S. 89 ff.; *Mitbestimmungskommission* S. 82 ff. und *Stein* „Qualifizierte Mitbestimmung" S. 19 ff. m. w. N., 94 f.

[141] Zu den einzelnen Aspekten dieser Grundrechtskonkurrenz vgl. sorgfältig *Schwegler* „Koalitionsfreiheit" AuR 1975, S. 30 f. ebenso *Roscher, F.* „Paritätische Mitbestimmung, Gegnerunabhängigkeit und Art. 9 Abs. 3 GG" RdA 1972, S. 279 ff. (282); *Krüger* „Unternehmensverfassung" S. 42; *Raisch* „Mitbestimmung" S. 61 ff.; *Stein* „Qualifizierte Mitbestimmung" S. 96 f.; *Mayer, U.* „Paritätische Mitbestimmung und Arbeitsverhältnis" Köln/Frankfurt 1976, S. 172 ff.

aber selbst keineswegs schon entsprechende Rahmenbedingungen der Kooperation einzelner Mitgliedergruppen im Unternehmensverband oder einer Unternehmensverfassung fest[142]. Auf derselben Basis hat das BVerfG in Art. 9 III GG den Gesichtspunkt *Garantie der Funktionsfähigkeit des Tarifvertragssystems* anerkannt und interpretiert — im Interesse der Koalitionen und der Möglichkeit zur sinnvollen Ausübung ihrer Funktionen: Dies sei eine ganz allgemeine Garantie, die dem Gesetzgeber weiten Spielraum zur Ausgestaltung der Tarifautonomie lasse[143]. Damit ist ebenfalls keine Aussage für eine bestimmte Ausgestaltung einer Unternehmensverfassung getroffen. Auch kann der Schluß, wenigstens durch diesen Gesichtspunkt in Art. 9 III seien (zumindest maßgeblich) privateigentumsbestimmte Arbeitgeberverbände verfassungsrechtlich garantiert, angesichts Art. 15 GG oder der verbreiteten Existenz öffentlicher Unternehmen nicht überzeugen. Für diese Bereiche ist offensichtlich die Garantie des Art. 9 III GG ebenfalls gedacht[144].

Für den hier verfolgten Zusammenhang ist als Grundsatz festzuhalten, daß Art. 9 III nicht unmittelbar den Bereich möglicher Gestaltung von Unternehmensverfassung regelt. Es handelt sich vielmehr um eine historisch durch die organisierte Arbeiterbewegung erkämpfte „verfassungsunmittelbare Operationalisierung von ‚Mitbestimmung' auf dem Weg zur „Emanzipation der lohnabhängigen Arbeit aus ihrer Fremdbestimmung"[145] — eine Operationalisierung jedoch nicht im Sinne institutionalisierter Mitbestimmung auf einer der Ebenen Arbeitsplatz, Betrieb oder Unternehmen, sondern im Sinne (davon unabhängiger) kollektiver Selbstbestimmung der „Arbeits- und Wirtschaftsbedingungen" durch die jeweiligen Koalitionen der Gegenspieler Arbeitgeber/Arbeitnehmer. Somit läßt sich resümieren, daß die Tarifautonomie „als eine in den kollektiven Bereich transponierte Vertragsfreiheit, die wie diese der Selbstbestimmung diene"[146] bezeichnet werden kann. Zurecht schließt also das BVerfG im Interesse der Koalitionen und einer sinnvollen Möglichkeit der Ausübung dieser Funktionen durch sie von der verfassungsrechtlichen Verankerung dieses Prinzips kollektiver Selbstbestimmung auf den allgemeinen Schutz der historisch

---

[142] *Schwerdtfeger* „Mitbestimmung" S. 254 f.; vgl. ähnlich *Däubler* „Grundrecht" S. 411 ff., 422 f. und die oben Fn 140 Zitierten.

[143] So *BVerfGE* 20, 312 ff. (317).

[144] Diesen Schluß zieht aber insbesondere *Rüthers, B.* „Arbeitgeber oder Gewerkschaften" DB 1973, S. 1649; dazu wie auch zur insoweit anders gelagerten Argumentation von *Zöllner/Seiter* „Paritätische Mitbestimmung" S. 48 ff. vgl. im einzelnen *Schwegler* „Koalitionsfreiheit" AuR 1975, S. 32 ff.

[145] So *Ridder* in: Vetter (Hrsg.) „Mitbestimmung" S. 288 f.

[146] *Däubler* „Grundrecht" S. 195 mit ausführlichen Nachweisen zu BAG und h. M.; Zum Verhältnis Selbstbestimmung/Individualautonomie (bzw. Vertragsfreiheit) siehe gleich unten im Text zu Art. 2 I GG.

wichtigsten Ausprägung, der Einrichtung eines (funktionsfähigen) Tarifvertragssystems. Auf dieser Grundlage erhalten dann Strukturprinzipien, wie etwa die Gegnerunabhängigkeit der Koalitionen (z. B. hinsichtlich der Willensbildung, die immer unabhängig möglich sein muß) ihren durchaus wichtigen Stellenwert und Sinn. Art. 9 III GG ist kein Beleg für die Notwendigkeit der Sicherung von Eigentümereinfluß im Unternehmen und/oder für die Verfassungswidrigkeit paritätischer Mitbestimmung, sondern im Gegenteil eine verfassungsrechtliche Festlegung zweiseitiger (gruppenautonomer) Bestimmung von Arbeits- und Wirtschaftsbedingungen durch die Organisationen von Arbeitnehmern und Arbeitgebern.

5.4.3. Die relevanten Gesichtspunkte aus Art. 2 I GG

Das Recht auf freie Entfaltung der Persönlichkeit, das nach ständiger Rechtsprechung des BVerfG auch die wirtschaftliche Entfaltungsfreiheit einschließt[147], wurde im Zusammenhang des Direktionsproblems schon mehrfach gestreift: Einmal sollte beim Versuch, aus dem Grundgesetz eine marktwirtschaftliche Wirtschaftsverfassung abzuleiten Art. 2 I auf eine freie Entfaltung des wirtschaftlich selbständigen Unternehmens verkürzt werden. Die Geltung dieses Grundrechts für die Arbeitnehmer geriet völlig aus dem Blick[148]. Davor ging es um Art. 2 I im Hinblick auf Privatautonomie — nämlich bei der, als Resultat von Auslegung oder Wesen des Arbeitsvertrags behauptete Einräumung von Direktionsbefugnissen durch (vom Arbeitnehmer nicht mehr beeinflußbare) Vereinbarung im Arbeitsvertrag[149].

Kerngedanke der Entfaltungsfreiheit des Art. 2 I im wirtschaftlichen Bereich ist die ganz allgemeine Vorstellung einer wirtschaftlichen Selbstbestimmung jedes einzelnen nach seinem Willen. Diese Festlegung der Individualautonomie jedes Individuums steht im direkten Zusammenhang mit der unantastbaren Würde des Menschen (Art. 1 I GG), d. h. dem Verbot der Herabwürdigung des Individuums lediglich zum Objekt fremden Handelns, und mit dem Gleichheitsgedanken (Art. 3 I GG). Das BVerfG geht wie die überwiegende Meinung der Literatur zunächst (unter Betonung des Charakters als liberales Freiheitsrecht) von einer weiten Auslegung aus[150], also der Festlegung auf möglichst viel Selbstbestimmung — freilich in den Grenzen der Rechte anderer, der verfassungsmäßigen Ordnung und des Sittengesetzes, wie

---

147 Vgl. *BVerfGE* 8, 274 ff. (327 f.); 10, 89 ff. (99); 14, 263 ff. (275) und öfter.

148 Siehe oben Abschnitte 5.3.1. und 5.3.2.

149 Siehe oben Abschnitte 4.3.2. und 4.3.4.

150 St. Rspr., vgl. insb. *BVerfGE* 6, 32 ff. (36 f.) und 8, 274 ff. (328); zur Literatur vgl. ausführlich *Säcker* „Gruppenautonomie" S. 165 ff., 171 m. w. N. und *Schwerdtfeger* „Mitbestimmung" S. 205 ff., 215 f. und S. 176 ff.

sie im soweit-Satz des Art. 2 I als Schranke genannt sind. Unter „verfassungsmäßiger Ordnung" versteht es die verfassungsmäßige „Rechts"-ordnung, somit jedes Gesetz, das formell und materiell verfassungsgemäß ist[151]. Dann hebt das BVerfG aber andererseits hervor, daß das Grundgesetz diesen Gedanken der Individualautonomie nicht absolut setze und nicht vom Menschenbild eines „isoliert souveränen Individuums" ausgehe. Das Grundgesetz habe „vielmehr die Spannung Individuum — Gemeinschaft i. S. der Gemeinschaftsbezogenheit und Gemeinschaftsgebundenheit der Person entschieden"[152]. Ähnlich wie hier für Art. 2 I GG beim BVerfG implizit zum Ausdruck gekommen, wurde oben[153] *allgemein* zu den Fragen einer Grundrechtstheorie und des Verhältnisses von Staat und Gesellschaft Stellung bezogen. So ist es nur konsequent, wenn auch das BVerfG zur Begründung seiner Ausführungen auf eine Gesamtsicht der Art. 1, 2 und 20 GG sowie spezieller Grundrechte hinweist[154]. Die Konsequenzen werden unten bei der Untersuchung des normativen Inhalts des Sozialstaatspostulats weiter beschäftigen.

Hier ist mit dem BVerfG zunächst festzuhalten, daß Art. 2 I soweit es um Fragen im Zusammenhang mit dem Eigentum geht hinter die Spezialgrundrechte Art. 14, 15 GG und bezüglich der Koalitionen hinter das Spezialgrundrecht Art. 9 III GG zurückzutreten hat. Für die Mitbestimmungsdebatte mit ihrer spezifischen Fragestellung nach der Verfassungsmäßigkeit einer paritätischen Mitbestimmung war Art. 2 I daher irrelevant[155]. Unter dem Aspekt der Legitimation von Direktionsbefugnissen interessiert dagegen (trotz der Gemeinschaftsbezogenheit und der einem allgemeinen Gesetzesvorbehalt gleichkommenden Schranken) der Grundgedanke einer — auch wirtschaftlichen — Selbstbestimmung, der in Art. 2 I zum Ausdruck kommt.

Unter Berücksichtigung des Gleichheitsgedankens in Art. 3 I findet man für die Operationalisierung dieser Selbstbestimmung zur Privatautonomie[156] und damit im Verhältnis zu anderen Rechtssubjekten zur Individualvertragsfreiheit[157]. Da nun Rechtsverhältnisse (hier der Ver-

---

[151] Grundlegend *BVerfGE* 6, 32 ff. (37 ff.); zum Teil anderer Ansicht die Literatur, vgl. *Dürig* in: Maunz/Dürig/Herzog Art. 2 Rdn 19 ff.; zum Streitstand *Hesse* „Grundzüge" S. 171 f. und *Roscher* „Vertragsfreiheit" S. 49 ff.

[152] *BVerfGE* 4, 7 ff. (Zitate S. 15 f.); 12, 45 ff. (51) und öfter.

[153] Vgl. oben Abschnitt 5.2.

[154] Vgl. *BVerfGE* 4, 7 ff. (16).

[155] Sehr präzise wird dies herausgearbeitet bei *Stein* „Qualifizierte Mitbestimmung" S. 81 ff. (83); im übrigen vgl. oben Fn 111 und dort im Text.

[156] Seit *v. Hippel* „Privatautonomie" S. 62 verstanden als das „Prinzip der Gestaltung der Rechtsverhältnisse des einzelnen nach seinem Willen".

[157] So setzt *Richardi* für sein Konzept einer (herrschaftsfreien) Sozialordnung an, vgl. *Richardi* „Kollektivgewalt" S. 44 ff.; dazu sogleich unten im Text und Fn 169.

trag) immer nur innerhalb einer rechtlichen Ordnung (diese Ordnung gibt hinsichtlich des Vertrags das Privatrecht) vorstellbar sind, führte die verbreitete Meinung, die Vertragsfreiheit selbst sei in Art. 2 I garantiert, angesichts der herrschenden Interpretation der Schranken dieses Artikels zur „verfassungsrechtlichen Inhaltslosigkeit eines solchen Grundrechtes“[158]. Erst in der durch die Privatrechtsordnung konstituierten Form könnte die Individualvertragsfreiheit in die Verfassung transponiert werden. Damit wäre aber dieses Grundrecht gerade in Konfrontation mit der geltenden Privatrechtsordnung notwendig bedeutungslos und ohne jeglichen verfassungsrechtlichen Inhalt[159]. Somit ist wohl zutreffend, in Art. 2 I lediglich einen Grundsatz zu sehen, nämlich eine prinzipielle Festlegung auf Selbstbestimmung, die dann durch unsere geltende Privatrechtsordnung traditionell privatautonom, also als klassische Individualvertragsfreiheit ausgeformt ist[160].

Auch unter dem historischen Blickwinkel ist durchaus plausibel, daß Privatautonomie als Mittel, als Instrument zur Verwirklichung von Selbstbestimmung gedacht wurde. In diesem Sinne hat etwa auch *Ridder* darauf hingewiesen, daß der „bis heute allseits für unverzichtbar“ gehaltene Individualarbeitsvertrag „schon den paritätischen Horizont — wenn auch einigermaßen unrealistisch — anvisierend“ die „vertragslosen Arbeitsverhältnisse der Alten Zeit domestiziert“ habe und „somit ein Instrument der Mitbestimmung“[161] darstelle — mag dabei damals auch von Mitbestimmung noch nicht die Rede gewesen sei.

Die Operationalisierung des Selbstbestimmungsgrundsatzes in Art. 2 I durch Individualvertragsfreiheit kann offensichtlich eine Einlösung der Selbstbestimmung nicht immer leisten — dieser Eindruck jedenfalls drängt sich auf angesichts der Fälle, bei denen im Zusammenhang des Direktionsproblems dieser Art. 2 I GG gestreift wurde. Dies hat seine

---

158 *Roscher* „Vertragsfreiheit“ S. 54.

159 Vgl. eingehend *Raiser, L.* „Grundgesetz und Privatrechtsordnung“ Verhandlungen des 46. DJT (Essen 1966), Bd. II Teil 3, München 1967, S. 1 ff. (18); *Roscher* „Vertragsfreiheit“ S. 46 ff. und *Flume, W.* „Allgemeiner Teil des Bürgerlichen Rechts“ Bd. II, 2. Aufl. Berlin u. a. S. 17 ff. („nach Maßgabe der Rechtsordnung“ S. 18).

160 So auch die Konsequenz der Fn 159 Zitierten; zu dieser Relation von Grundsatz und dessen Ausformung vgl. *Esser* „Grundsatz und Norm“ S. 69 ff. und *Göldner, D.* „Verfassungsprinzip und Privatrechtsnorm in der verfassungskonformen Auslegung und Rechtsfortbildung“ Berlin 1969, S. 26 ff.; kritisch auch *Mückenberger, U.* „Legitimation durch Realitätsverweigerung. Am Beispiel Privatautonomie“ KJ 1971, S. 248 ff. (259) und (allerdings in anderem theoretischen Zusammenhang) *Perels, J.* „Die ‚Grenzmarken‘ der Verfassung; Sicherung gesellschaftlicher Machtverhältnisse oder Rahmenregelung des demokratischen Prozesses?“ KJ 1977, S. 375 ff. (392 f.).

161 *Ridder* in: Vetter „Mitbestimmung“ S. 288; vgl. dazu allgemein *Wieacker, F.* „Privatrechtsgeschichte der Neuzeit“ 2. Aufl. Göttinger 1967, S. 108 ff. und *Habermas* „Strukturwandel“ S. 88 ff.

Ursache darin, daß Privatautonomie nach den Vorstellungen des Liberalismus ihren Sinn nicht als Mittel zur Verwirklichung des Selbstbestimmungsziels fand und so verstanden wurde, sondern zum angestrebten Ziel selbst erhoben wurde. Mit diesem Schritt ist jedoch die Realisierung des Selbstbestimmungsziels ziemlich unwahrscheinlich geworden. Es gilt ja dann schon als erreicht, wenn wenigstens abstrakt das Mittel Individualautonomie garantiert ist — unabhängig davon, ob auch materiell Selbstbestimmung realisiert werden konnte. Dieser Prozeß und die Unterschiede zur hier vertretenen Interpretation des Art. 2 I sollen zunächst allgemein und in den Auswirkungen auf das Arbeitsrecht kurz erörtert werden, um dann zu Sozialstaatsgebot und Demokratieprinzip in Art. 20 I, 28 I GG übergehen zu können.

Als Weg zur Operationalisierung der in Art. 2 I garantierten Selbstbestimmung war dies unrealistisch einerseits im Hinblick auf das klassisch-liberale Verständnis, denn in dessen Folge wurde ein *formales Äquivalenzprinzip* zum Maßstab, das allgemeine Gleichheit zur realen Ungleichheit und Freiheit bzw. wirtschaftliche Selbstbestimmung zur totalen Fremdbestimmung der Arbeit pervertieren ließ. Unrealistisch ist dies aber auch andererseits im Hinblick auf ein ordo-liberales Verständnis[162], das den Totalitätsanspruch des laissez-faire-Liberalismus insoweit revidiert, als von einer ordnungstheoretischen Wahlmöglichkeit für eine bestimmte Ordnungsidee *ORDO* mit den Idealtypen der freien Verkehrswirtschaft und der zentral geleiteten Planwirtschaft[163] ausgegangen wird. Die naturrechtliche Rechtfertigung des klassischen Liberalismus wird durch eine ordnungspolitische Rechtfertigung ersetzt; dies geschieht jedoch in zweierlei Hinsicht wenig konsequent: Schon *Eucken* bezieht sich zunächst auf die naturrechtlichen Grundlagen zurück, denn die Freiheit des Menschen besteht für Eucken darin, „die ‚natürliche‘ Ordnung wählen zu dürfen“[164] — was bleibt, ist das Eingeständnis der Möglichkeit einer falschen (i. S. von dem Menschen

---

[162] Im Anschluß an die Werke *Walter Euckens* (später die sog. ‚Freiburger Schule‘) vgl. insbesondere *Böhm, F.* „Mitbestimmung“ in: Briefs, G. (Hrsg.) „Mitbestimmung?“ S. 121 ff.; eingehend auch *Mestmäcker, E. J.* „Wirtschaftsordnung und Staatsverfassung“ in: FS für Franz Böhm, Tübingen 1975, S. 383, 407 ff.; zur Kritik vgl. unter privatrechtstheoretischem Aspekt insbesondere *Wiethölter* „Privatrecht als Gesellschaftstheorie“ S. 681 ff.; zum Aspekt der Theorie der Wirtschaftspolitik die scharfsinnige Analyse von *Hajo Riese* „Ordnungsidee und Ordnungspolitik — Kritik einer wirtschaftspolitischen Konzeption“ Kyklos Vol. 25 (1972), S. 24 ff. (zugänglich auch bei *Widmaier, H. P.* (Hrsg.) „Politische Ökonomie des Wohlfahrtsstaates“ Frankfurt 1974, S. 294 ff.).

[163] So z. B. *Böhm* „Mitbestimmung“ S. 167, der als einzige wirksame Alternative nur die zentralistische Planwirtschaft in den Blick bekommt, vgl. dagegen neben den Fn 162 Genannten *Fabricius, F.* „Mitbestimmung in der Wirtschaft“ Frankfurt 1970, S. 56 m. w. N.

[164] Eingehend *Riese* „Ordnungsidee“ Kyklos Vol. 25 (1972), S. 34 ff. (Zitat S. 36).

nicht gerechten) Wahl einer Planwirtschaft, das dann „lediglich zur Rechtfertigung der verkehrswirtschaftlichen Ordnung (dient)“[165]. Zum zweiten verlangt die Ordnungsidee nur eine prinzipielle Politik der *Sicherung* der gewählten Ordnung. Damit wird aber der Ansatz an einem Ziel-Mittel-Kalkül (Erreichung des Zieles „Selbstbestimmung“ mit dem Mittel „verkehrswirtschaftliche Ordnung“), wie oben angedeutet schon wieder revidiert. Die Ziele werden durch die Ordnung gewährleistet und sollen gerade nicht durch einen bestimmten Mitteleinsatz erreicht werden. Dieser hat nur der Sicherung der Totalität dieser Ordnung zu dienen. Die Ordnung ist so nicht länger Mittel, sondern wird mit den Zielen verschmolzen — kausaler und finaler Aspekt fallen ineinander[166]. Daß derartige Privatrechtstheorie gemäß ihrer Ordnungskonzeption eine nun als „Wirtschaftsordnung“ bezeichnete Wirtschaftsverfassung im Grundgesetz festschreibt und daß sie an der starren Trennung von Staat und Gesellschaft festhält, wurde schon erörtert und kritisiert. Der wichtigste Unterschied zum klassisch liberalen Staat liegt darin, daß der ordo- (oder nach einer ebenfalls gebräuchlichen Bezeichnung neo-) liberale Staat sich nicht auf die Wahrung der Rechtsordnung beschränkt, sondern auch für die Sicherung der Wirtschaftsordnung Sorge trägt. Privatautonomie und Vertragsfreiheit werden zur Ordnungsidee und garantieren somit wirtschaftliche Selbstbestimmung i. S. von Art. 2 I. Erst der umfassende Zwang zur Sicherung dieser ORDO bedingt notwendig, die Nachteile des formalen Äquivalenzprinzips des klassischen Liberalismus zu vermeiden und führt im Ordoliberalismus zu einem materialen Verständnis von Freiheit und Gleichheit unter dem Gesichtspunkt „Sicherung des Wettbewerbs“.

Für Privatautonomie und Vertragsfreiheit im Arbeitsrecht heißt das: Sicherung der formalen Rechtstellung als Individualarbeitsvertragspartner durch materiellen Schutz des Arbeitnehmers gegen eine einseitige Funktionalisierung dieser Ordnung zugunsten des Arbeitgebers[167]. Die Sicherung der Individualarbeitsvertragsgrundsätze und der Privatautonomie wird so zum ganzen denkbaren Sinn von Mitbestimmung. Konsequent ist *Böhm* der Auffassung, daß durch die Mitbestimmung genau der Bereich der unternehmerischen Autonomie angesprochen sei, „hinsichtlich dessen sich der Unternehmer im Arbeits-

---

[165] Ebenda, S. 36.

[166] Vgl. *Wiethölter* „Rechtswissenschaft“ S. 251 f. und *ders.* „Privatrecht als Gesellschaftstheorie“ S. 677 ff.; *Riese* „Ordnungsidee“ Kyklos Vol. 25 (1972), S. 36.

[167] Vgl. etwa *Böhm* „Mitbestimmung“ S. 126; daraus bestimmen sich Inhalt und Schranken des ordoliberalen Verständnisses von ‚sozialer Gerechtigkeit‘: den Grundgedanken dieser Privatrechts„ordnung“ für beide Individualvertragspartner durch sozialen Schutz des Schwächeren soweit zu sichern, daß beide eine Durchsetzungschance erhalten.

vertrag Selbstbeschränkungen auferlegt hat". „Im übrigen hat es bei dem Alleinbestimmungsrecht des Unternehmers sein Bewenden[168]." Da die Vertragsgrundsätze im Individualarbeitsvertrag ja gerade nicht materiell realisiert werden können, kommt so i. S. eines Hilfsmittel das gesamte kollektive Arbeitsrecht in den Blick — unter der Perspektive eines vertragsrechtlichen Ansatzes[169]. Scheint ein so konzipierter Schutz des sozial Schwächeren schon zu eng zur Aufhebung der Objektstellung des Arbeitnehmers und zur Erlangung wirtschaftlicher Selbstbestimmung (Art. 2 I), so muß er als vertragsrechtlicher Ansatz zumindest an der Frage der Einordnung der Normsetzungsbefugnis im kollektiven Arbeitsrecht scheitern[170].

5.4.4. Sozialstaats- und Demokratieprinzip des Art. 20 I (28 I) GG

Hier ist nicht der Ort, an dem eine Analyse des umfangreichen Materials zu Inhalt und Auslegung des Sozialstaatsprinzips erneut[171] versucht werden müßte. Nach einigen Hinweisen auf die historische Entwicklung soll nur — im Zusammenhang mit den gerade gefundenen Ergebnissen zu den Einzelgrundrechten — der relevante Inhalt dieses nach Art. 79 III GG unabänderbar in unserer Verfassung festgeschriebenen Grundsatzes herausgestellt werden.

5.4.4.1. Während in der Weimarer Reichsverfassung ein ausführlicher Katalog sozialstaatlicher Vertragsbestimmungen aufgegliedert war, ist im Grundgesetz eine generelle Festlegung auf den sozialen Rechts-

[168] *Böhm* „Mitbestimmung" S. 130; Böhm nennt dies dann auch „arbeitsrechtlich motivierte Mitbestimmung" (S. 158, deutlicher wäre vielleicht noch ‚arbeitsvertraglich').

[169] Ebenda, S. 158; dies ist auch die Konsequenz des Ansatzes bei *Richardis* Konzeption der Sozialordnung, vgl. *Richardi* „Kollektivgewalt" S. 127 ff.; ablehnend nachdrücklich *Ridder* „Gewerkschaften" S. 32 m. w. N. Fn 66/67; *Krüger* (S. 32 ff.) und *Biedenkopf* (S. 165 ff.) in Verhandlungen des 46. DJT (Essen 1966), Bd. I, Teil 1, München 1966 und *Säcker* „Gruppenautonomie" S. 243. Weitsichtig erkannte schon *Sinzheimer* in „Die Fortbildung des Arbeitsrechts" (Vortrag Berlin 1922; abgedruckt in *Sinzheimer, H.* „Arbeitsrecht und Rechtssoziologie" Bd. I, Frankfurt 1976, S. 78 ff.): „Wir müssen die juristische Weltanschauung zur Wirklichkeit, zum Anblick der sozialen Materie zurückführen, das Reale formen, nicht Formen realisieren" (S. 88).

[170] Es sei denn, man rekurrierte erneut auf die unrealistische These vom Abschluß des Arbeitsvertrags als rechtsgeschäftlichem Unterwerfungsakt unter die kollektivrechtliche Regelungsmacht. Das will jedoch auch *Richardi* zutreffend nicht gelten, zumindest nicht ausreichen lassen, vgl. „Kollektivgewalt" S. 317 (für die Betriebsverfassung, im Erg. bleibt er dann aber eine Erklärung schuldig) zur Kritik *Säcker* „Gruppenautonomie" S. 348 mit umfassenden Nachweisen Fn 29. Für die Tarifautonomie vgl. oben Fn 169.

[171] Diese Analyse wird geleistet bei *Hartwich* „Sozialstaatspostulat"; (das Material ist zugänglich über die Nachweise dort S. 430 ff. und bei *Herzog* in: Maunz/Dürig/Herzog Art. 20 I, vor Rdn 149); die wichtigsten Aufsätze sind in dem Sammelband aufgenommen: *Forsthoff, E.* (Hrsg.) „Rechtsstaatlichkeit und Sozialstaatlichkeit" Darmstadt 1968 (im folgenden zitiert als R & S).

staat enthalten[172]. Der Begriff geht auf *Hermann Heller* zurück, der ihn in der Diskussion um den Rechtsstaatsbegriff in Gegensatz zum „liberalen" Rechtsstaat stellte und damit auf die „Ausdehnung des materiellen Rechtsstaatsgedankens auf die Arbeits- und Güterordnung"[173] zielte. In der ersten Phase der Interpretation des Sozialstaatsprinzips nach 1949 wurde dann die grundsätzliche Offenheit dieses Prinzips für alternative gesellschaftspolitische Konzeptionen in der Folge des Kompromißcharakters des Grundgesetzes herausgearbeitet[174]:

Eine Alternative des Sozialstaatsverständnisses war, daß gegenüber extrem liberalistischer Ausgrenzung von Freiheitsbereichen durch die Freiheitsrechte (und der in diesen näher ausgeformten rechtsstaatlichen Erhaltung des Status quo), durch sozialstaatliche Maßnahmen im Sinne von Daseinsvorsorge und Wachstumsfürsorge auch auf längere Sicht der Status quo zu sichern und aufrechtzuerhalten sei. Gegen diesen Interpretationsansatz wurde (unter Berufung auf die Entstehungsgeschichte und insbesondere auf Heller selbst) die Alternative gesetzt, daß die überkommenen Besitz- und Statusverhältnisse mit den Mitteln des demokratisch strukturierten Sozialstaates zu verändern seien, um den in der Verfassung verankerten Rechten auf Freiheit und Gleichheit zu gesellschaftlicher Geltung zu verhelfen[175]. Grundlage dieses Verständnisses von Sozialstaatlichkeit ist es, ernst zu nehmen, daß die These der Trennung von Staat und Gesellschaft seit der Überwindung des klassischen Liberalismus nicht mehr haltbar ist, sowie von einem materiellen Verständnis von Freiheit und Gleichheit (und Rechtsstaatlichkeit) auszugehen.

Gegen diese offene Interpretation wandte sich 1954 *Forsthoff*[176] und entwickelte seine zentralen Thesen, daß nämlich der Rechtsstaat „nach

---

[172] Zur historischen Entstehung des Sozialstaatsprinzips seit der Weimarer Reichsverfassung und zu einzelnen Bestimmungen in den Länderverfassungen seit 1945 ausführlich *Hartwich* „Sozialstaatspostulat" S. 21 ff., 27 ff. m. w. N. und *Weber, W.* „Die verfassungsrechtlichen Grenzen sozialstaatlicher Forderungen" Der Staat 4 (1965), S. 409 ff. (411 ff.).

[173] *Heller, H.* „Rechtsstaat oder Diktatur?" Tübingen 1930, S. 8, 11 und 21 ff.

[174] Im Anschluß an den berühmt gewordenen Vortrag von *Ipsen, H.* „Über das Grundgesetz" Hamburger Universitätsreden Nr. 9, Hamburg 1950 (= R & S, S. 16 ff.); zur Entwicklung der Interpretation des Sozialstaatsprinzips lehnen sich die folgenden Ausführungen an die eingehende Analyse bei *Hartwich* „Sozialstaatspostulat" S. 283 ff.

[175] Vgl. dazu insbesondere: *Ipsen*, „Grundgesetz" R & S, S. 16 ff. und *ders.* „Enteignung und Sozialisierung" VVdStRL 10 (1952), S. 74 ff.; *Ridder* „Enteignung und Sozialisierung" VVdStRL 10 (1952), S. 124 ff. und *ders.* „Soziale Ordnung" S. 35 ff., 44 ff.; sehr klar *Raiser, L.* „Diskussionsbeitrag" VVdStRL 10 (1952), S. 158 f.; der Bericht von *Scheuner, U.* „Die staatliche Intervention in dem Bereich der Wirtschaft", VVdStRL 11 (1954), S. 1 ff.; *Bachof, O.* „Begriff und Wesen des sozialen Rechtsstaates" VVdStRL 12 (1954), S. 37 ff.; sehr weitgehend *Abendroth* „Rechtsstaat" und *ders.* „Diskussionsbeitrag" VVdStRL 12 (1954), S. 85 ff.

der Ordnung des Grundgesetzes der primäre und mit allen Rechtsgarantien ausgestattete Wert"[177] sei und, daß Rechtsstaat und Sozialstaat „auf der Verfassungsebene nicht verschmolzen"[178] werden könnten. Diese Thesen Forsthoffs stießen überwiegend auf Ablehnung[179]. In einer eingehenden Kritik wendet sich *Scheuner* gegen die Kennzeichnung des sozialen Rechtsstaats als in offener Auslegung und Anwendung verfassungsauflösend. Dies sei „eine Spaltung zusammenhängender Verfassungseinrichtungen", bei der „gegen die Grundwerte der Verfassungsordnung ein formales Gesetzesdenken angerufen" werde, das „freilich angesichts der Einfügung des Gesetzgebers in eine übergeordnete Verfassungsordnung seiner Substanz entbehrt, weil es Souveränität des Gesetzgebers voraussetzt"[180]. Scheuner geht davon aus, daß nicht der formale Rechtsstaatsbegriff erneuert wurde, sondern eine materiale, auf inhaltliche Gerechtigkeit abzielende Vorstellung ins Grundgesetz Eingang gefunden habe[181]. Ähnlich verweist *Konrad Hesse* auf die Gesamteinheit von Rechtsstaat, Demokratie und Sozialstaat und wendet sich gegen eine „Scheinalternative" von gesellschaftlicher Freiheit und staatlichem Zwang, sowie das Auseinanderhalten von Grundrechts- und organisatorischem Teil des Grundgesetzes[182]. Es gehe um Menschenwürde, Gleichheit und Freiheit, denn das „gewährende und sozialgestaltende Wirken dient vor allem der Sicherung menschenwürdiger Existenz, die nicht schon allein durch Freiheit gewährleistet" sei. Der Staat sei ein „planender, verteilender, gestal-

---

[176] *Forsthoff, E.* „Begriff und Wesen des sozialen Rechtsstaats" VVdStRL 12 (1954), S. 8 ff. und *ders.* „Verfassungsprobleme des Sozialstaats" R & S, S. 145 ff.

[177] *Forsthoff* „Rechtsstaat" VVdStRL 12 (1954), S. 34.

[178] *Forsthoff* „Rechtsstaat" VVdStRL 12 (1954), S. 28 f.

[179] Zustimmend *Weber* „Grenzen" Der Staat 4 (1965), S. 431 f.; zur Ablehnung vgl. neben den gerade Fn 175 Zitierten noch *Salomon, K.-D.* „Der soziale Rechtsstaat als Verfassungsauftrag des Bonner GG" Köln 1965, S. 14 ff., S. 51 ff. (Thesen 2, 4 - 7); *Schachtschneider, K.* „Das Sozialprinzip" Bielefeld 1974, S. 53 ff. m. w. N.; *Herzog* in: Maunz/Dürig/Herzog Art. 20 I, Rdn 151 ff., 180 f.

[180] *Scheuner, U.* „Die neuere Entwicklung des Rechtsstaats in Deutschland" in: von Caemmerer/Friesenhahn/Lange (Hrsg.) „100 Jahre deutsches Rechtsleben" Bd. II, S. 229 ff. (= R & S, S. 461 ff.); dort wird auch die Parallele gezogen zu Carl Schmitts These der unpolitischen Rechtsordnung gegenüber den politischen Formprinzipien der Verfassung, also dem Gegensatz von politischer Dezision und normativem Element (vgl. S. 258 f. — dort auch das Zitat im Text).

[181] *Scheuner* „Rechtsstaat" S. 231; ebenso etwa *Bachof, O.* „Rechtsstaat" VVdStRL 12 (1954), S. 39 ff.; *Menger, C. F.* „Der Begriff des sozialen Rechtsstaats im Bonner GG" Tübingen 1953, S. 17 ff.; *Hesse, K.* „Der Rechtsstaat im Verfassungssystem des GG" in: „Staatsverfassung und Kirchenordnung" Festschrift für Rudolf Smend, Tübingen 1962, S. 71 ff. (= R & S S. 557 ff.): durch die „Reduzierung auf formale Elemente des Rechtsstaates entferne sich Forsthoff vom Boden des geltenden Rechts", vgl. S. 77 Fn 24.

[182] *Hesse* „Rechtsstaat" S. 95.

tender, individuelles wie soziales Leben erst ermöglichender Staat", und dies nicht nur aus „Gegebenheit, sondern ihm ist die Aufgabe von Rechts wegen" gestellt[183].

Letztendlich führt die Berücksichtigung der Durchdringung von Staat und Gesellschaft[184] bei Überwindung des klassischen Liberalismus durch „sozialstaatliche Transformation des liberalen Rechtsstaates"[185] zur Verknüpfung von Freiheitsrechten und Sozialstaatlichkeit[186]. Gerade wenn man so die ursprüngliche Bedeutung der liberalen Grundrechte ernst nimmt, findet man interpretatorisch zum sozialen Rechtsstaat, der anders als der nur liberale Staat Rechte auf Teilhabe gewährt — dies gerade auch unter dem Aspekt der Sicherung der Mitwirkung aller Bürger an der Gestaltung ihres Lebenszusammenhangs[187].

5.4.4.2. Stellt man diese Erkenntnisse zum Sozialstaatsprinzip in den Zusammenhang des Direktionsproblems, so ergeben sich Auswirkungen für zweierlei Problemaspekte. Das Sozialstaatsprinzip ist als sozialstaatliche Verpflichtung auf *optimale Daseinsvorsorge* Grundlage der rechtlichen Bewertung und Einordnung der Interessen der Allgemeinheit in der Unternehmensverfassung. Angesprochen ist damit vor allem die Gewährleistung der Bedarfsdeckung und die mit der Zuordnung der Direktion arbeitsteiliger Produktionsveranstaltungen zugleich zugewiesene gesellschaftliche Macht. Gerade aus diesem Aspekt der Sozialstaatsklausel war von Stein der Vorschlag, Direktionsbefugnisse auf der Basis der öffentlichen Einrichtung und Garantie der Unternehmensverfassung durch den sozialpflichtigen Staat zu legitimieren, abgeleitet und begründet worden[188].

---

[183] *Hesse* „Rechtsstaat" S. 77 ff. (Zitate S. 78 und 80); ebenso *Ehmke, H.* „Staat und Gesellschaft" S. 23 ff.; *Ipsen* „Enteignung" VVdStRL 10 (1952) S. 74 f.; *Bachof* „Rechtsstaat" VVdStRL 12 (1954) S. 39 f.; *Ridder* „Gewerkschaften" S. 5 ff., 14 ff. und *ders.* „Soziale Ordnung" S. 45 ff.; *Dürig, G.* „Verfassung und Verwaltung im Wohlfahrtsstaat" JZ 1953, S. 193 ff. (196); *Salomon* „Sozialer Rechtsstaat" S. 22 ff.; *Roscher* „Vertragsfreiheit" S. 72 f.; *Schwerdtfeger* „Mitbestimmung" S. 164; auch schon *Heller* „Staatsrecht" S. 113 und „Rechtsstaat" S. 11; aus der Rspr. *BVerfGE* 5, 85 ff. (98), 12, 354 ff. (363) und 22, 187 ff. (204).

[184] Vgl. Abschnitt 5.2.2.

[185] So *Habermas* „Öffentlichkeit" S. 263.

[186] Zu diesem Ergebnis führten schon die grundrechtstheoretischen Überlegungen, vgl. oben Abschnitt 5.2.3.

[187] Teilhabe bedeutet eben gerade nicht lediglich Zuteilung so wie im totalitären Staat; vgl. ausführlich *Habermas* „Öffentlichkeit" S. 263 ff., 267 und *Häberle* „Grundrechte" VVdStRL 30 (1972), S. 51 ff.; betont hatte dies schon *Heller* für sein Verständnis des sozialen Rechtsstaats im Gegensatz zur totalitären Diktatur, vgl. „Rechtsstaat" S. 26; ähnlich aus ganz anderem Ansatz *Fechner, E.* „Freiheit und Zwang im sozialen Rechtsstaat" Tübingen 1953, S. 9 f., 18, 22 f.

[188] Vgl. ausführlich oben Abschnitt 5.1.

Mit der herrschenden Auffassung zu normativem Gehalt und Interpretation der Sozialstaatsklausel läßt sich zwar Steins weiterer Schluß auf ein so legitimierbares einseitiges Direktionsrecht eines Unternehmensleiters nicht bestätigen. Dem grundsätzlichen Gedanken der öffentlichen Einrichtung und Garantie der Unternehmensverfassung aber ist zuzustimmen. Man geht ganz überwiegend davon aus, daß die Daseinsvorsorge und die Bedarfsdeckung für alle Bürger durch das Sozialstaatsprinzip nicht nur als Möglichkeit staatlicher Politik angesprochen, sondern als Aufgabe festgelegt ist. Daß hierfür relevante Entscheidungen bei der Direktion der Produktion getroffen werden und neben anderen gerade daraus die gesellschaftliche Macht der Unternehmensleitung resultiert, wird durch die vorgelegten Forschungsergebnisse von Betriebssoziologie und Betriebswirtschaftslehre deutlich[189]. Legt das grundgesetzliche Sozialstaatsprinzip nun den Sozialstaat auf Daseinsvorsorge und Bedarfsdeckung (d. h. freilich nicht den Bedarf selbst zu decken, sondern die Bedarfsdeckung zu gewährleisten) fest, so gehört dazu die Gestaltung der Unternehmensverfassung.

Der zweite mit dem Sozialstaatsprinzip angesprochene Gesichtspunkt ist die schon bei Heller angelegte[190] Tendenz zur Schaffung und Sicherung einer sozial gerechten Güter- und Machverteilung[191]. Die Herstellung und Wahrung „sozialer Gerechtigkeit" ist als Element der herrschenden Sozialstaatsinterpretation anerkannt. Auch der Zusammenhang mit den Grundrechten bzw. deren „sozialordnungsbezüglicher Gehalt" (Bachof) werden gesehen. Deshalb wird das Sozialstaatsprinzip mit einer viel verwendeten Bezeichnung als „Staatszielbestimmung"[192] bezeichnet und so eine „polemisch gegen den gesamten gesellschaftlichen und politischen Status quo gerichtete Tendenz"[193] dieses Prinzips ausgedrückt — im Einklang mit der Entstehungsgeschichte des Grundgesetzes: Einerseits sollte kein bestimmtes Sozialmodell festgelegt wer-

---

[189] Gerade für die AOEWL wurden die gesamtwirtschaftlichen Determinanten und umgekehrt deren Beeinflussung von der Einzelwirtschaft her durch die Direktionsentscheidung (und damit von Ressourceneinsatz und -planung) eingehend analysiert; Hinweise s. oben Abschnitt 2.4.

[190] Vgl. *Heller* „Rechtsstaat" S. 8 ff.

[191] Dies entspricht der oben skizzierten h. M. (vgl. Fn 172/173). Sogar bei der äußersten Zurückhaltung, die sich hinsichtlich des normativen Inhalts des Sozialstaatsprinzips gerade *Forsthoff* auferlegt, impliziert sein Verständnis von ‚sozial' diese Dimension wenigstens im Ansatz, vgl. „Rechtsstaat" VVdStRL 12 (1954), S. 25; daher dann auch die Kennzeichnung als verfassungsauflösend und die intendierte inhaltliche Eliminierung des Sozialstaatsprinzips in der Verfassung durch die dagegen antinomisch aufgebaute Rechtsstaatlichkeit; ähnlich insofern die Ausführungen *Hubers* „Mitbestimmung" S. 35, 42 ff.; zutreffend dagegen etwa *Hartwich* „Sozialstaatspostulat" S. 296 f. und *Schwerdtfeger* „Mitbestimmung" S. 165.

[192] Diese Bezeichnung geht zurück auf *Ipsen* „Grundgesetz" R & S, S. 21.

[193] So etwa *Schwerdtfeger* „Mitbestimmung" S. 165, 169.

den, andererseits sollte als Surrogat für das Fehlens sozialer Einzelgrundrechte generell die sozialstaatliche Verpflichtung auf die soziale Gerechtigkeit verankert sein[194]. Das Sozialstaatsprinzip soll somit keine Begrenzung umfassender Individualfreiheiten sein, sondern bezieht sich auf die Freiheit des Menschen in seiner sozialen Umwelt: Die Sozialbindung ist der Freiheit immanent[195]. Gegen Steins Reduzierung des Sozialstaatsprinzips auf die Bedarfsdeckung wurde oben schon auf die Relevanz auch für den Herrschaftsaspekt der Direktionsproblematik hingewiesen.

Die Transformierung des liberalen Rechtsstaats zum sozialen Rechtsstaat des Grundgesetzes dient der Gewährleistung von Teilhabe des Bürgers an sozialen Leistungen und der Integration gesellschaftlicher Macht in eine sozial gerechte Ordnung der Gesellschaft. Ist diese Teilhabegewährung als Sicherung der Teilnahme der Bürger selbst an der Gestaltung dieser Ordnung zu verstehen, so ergibt sich nun der Zusammenhang zur wirtschaftlichen Selbstbestimmung i. S. der Individualautonomie in Art. 2 I und der Gruppenautonomie in Art. 9 III schon auf der Basis der Einsicht, daß Freiheit auch rechtlich nicht ausschließlich auf das Individuum projiziert werden kann, sondern daß der Tatsache Rechnung getragen werden muß, daß das Individuum nur im Kontext seiner Mitmenschen seine Existenz und gesellschaftliche Identität findet[196]. Aus dieser *Verbindung von Sozialstaatsprinzip und Einzelgrundrechten* werden sich für die Unternehmensverfassung und die rechtliche Legitimation der Direktionsbefugnisse die wesentlichen Schlußfolgerungen ergeben.

5.4.4.3. Ehe diese Schlußfolgerungen gezogen werden können, noch kurz zur grundgesetzlichen Festlegung der Bundesrepublik auf einen „demokratischen" sozialen Rechtsstaat in Art. 20 I GG. Aus der Zusammenschau von Grundrechts- und Organisationsteil der Verfassung folgern einige Autoren die Verpflichtung auf eine demokratische Gestaltung der Produktionsveranstaltung mit der gleichen repräsentativ-demokratischen Struktur, wie sie für die Staatsverfassung im Organisationsteil des Grundgesetzes festgelegt ist[197]. Diese an der Homogenität

---

[194] Eingehend *Hartwich* „Sozialstaatspostulat" S. 17 ff., 34 ff.; *Salomon* „Sozialer Rechtsstaat" S. 25; *Schachtschneider* „Sozialprinzip" S. 17 ff. m. w. N.

[195] So die wohl h. M., vgl. oben Nachweise Fn 175/173.

[196] Diesen Gesichtspunkt betont *Raiser* „Vertragsfreiheit" JZ 1958, S. 6; allgemein liegt dieser Gedanke auch zugrunde etwa bei *Fechner* „Freiheit" S. 8 f.; *Abendroth* „Diskussionsbeitrag" VVdStRL 12 (1954), S. 85 f.; *Wiethölter* „Unternehmensverfassungsrecht" JurJb 7 (1966/67), S. 172; *Habermas* „Öffentlichkeit" S. 267.

[197] So vor allem *Weis, J.* „Wirtschaftsunternehmen und Demokratie", Köln 1970 und *Zacher, H.* „Aufgaben einer Theorie der Wirtschaftsverfassung" in: FS für Franz Böhm, Tübingen 1965, S. 63 ff. (90 f.); ausführliche

orientierten Auffassungen sind überwiegend mit der Begründung abgelehnt worden, daß die Organisationsvorschriften ausschließlich auf die Staatsorganisation abzielten[198]. Muß nun auch das behauptete Auseinanderfallen des Grundgesetzes in zwei völlig unterschiedliche Teile mit einmal inhaltlich-gesellschaftlichen Wertvorstellungen und dann, im organisationsrechtlichen Teil, mit politisch-staatlichen Wertvorstellungen stark relativiert werden[199], so ergibt hier doch gerade die Entstehungsgeschichte, daß der Organisationsteil nicht im Zuge des Homogenitätsprinzips auch auf die Organisationsstruktur der Produktionssphäre und auf die Ausgestaltung der Direktion der Produktionsveranstaltungen abzielt[200].

Nicht durch direkten Ausgangspunkt im Organisationsteil des Grundgesetzes, sondern aufgrund der Notwendigkeit, grundrechtlich festgelegte Selbstbestimmung und sozialstaatlich gewährleistete Teilhabe der Bürger an der Gestaltung des gesellschaftlichen Lebenszusammenhangs miteinander zu verknüpfen, erlangt das demokratische Moment seinen Stellenwert. Es könnte damit auch einen Weg für die Legitimation des Einflusses der verschiedenen Gruppen und ihrer Interessen im Unternehmensverband weisen.

5.5. Zusammenfassung und Schlußfolgerungen

Ausgangspunkt der verfassungsrechtlichen Überlegungen war das Scheitern herkömmlicher juristischer Begründungsversuche einer Direktion arbeitsteiliger Produktionsveranstaltungen aufgrund von Eigentum oder Arbeitsvertrag. So stellte sich die Frage nach den verfassungsrechtlichen Vorentscheidungen für jegliche Legitimation der Zuweisung von Direktionsbefugnissen — damit verbunden von innerbetrieblicher Herrschaft und gesellschaftlicher Macht — im Produktionsprozeß. Nach Eliminierung unzutreffender Sachzwangargumente aus den bisherigen juristischen Überlegungen zur umfassend einseitigen Direktion von Eigentümern/Arbeitgebern durch interdisziplinär herangezogenes Problemwissen war es unumgänglich, auch juristisch die Möglichkeit

Hinweise auf weitere Vertreter in *Mitbestimmungsbericht* Teil II Nr. 11; von einem soziologischen Ansatz her vgl. *Ramm* „Arbeitskampf" S. 143.

198 Ausführlich diskutiert bei *Schwerdtfeger* „Mitbestimmung" S. 72 ff.; *Krüger* „Unternehmensverfassung" S. 21 ff.; vgl. auch *Kriele, M.* „Das demokratische Prinzip im Grundgesetz — Leitsätze" DVBl. 1971, S. 139 ff. (140); *Scholz* „Paritätische Mitbestimmung" S. 28 ff.

199 Vgl. dazu die Argumentation oben Abschnitt 5.2.2.; kritisch ebenso *Hartwich* „Sozialstaatspostulat" S. 348 ff. (im Anschluß an *Heller*).

200 Vgl. dazu *Hartwich* „Sozialstaatspostulat" S. 40 ff., 45 ff., der allerdings zu Recht nachdrücklich auf die Kompetenzregelungen in Art. 74 GG hinweist (S. 42 ff.); auch *Fromme, F.* „Der Demokratiebegriff des Grundgesetzes" DÖV 1970, S. 518 ff. (523 f.).

zweiseitiger Direktion und deren rechtlicher Legitimation im Auge zu behalten.

In den Vorüberlegungen zur verfassungsrechtlichen Analyse wurde begründet, daß sowohl eine Trennung von Staat und Gesellschaft als auch eine formale, liberalistische Auffassung des Rechtsstaats und der Grundrechte (ausschließlich als Abwehrrechte, als bloße Ausgrenzungen von Freiheitsrechten des Individuums gegenüber staatlichen Eingriffen) überkommen ist, und daß dagegen von einer sozialstaatlichen Grundrechtstheorie und einem materiellen Verständnis von Freiheit und Gleichheit auszugehen ist. Dabei ist das Grundgesetz als politische Verfassung nur auf dem Hintergrund der Wertvorstellungen der Jahre nach 1945 verstehbar und interpretierbar.

In der Sache findet sich nun im Grundgesetz weder eine Festlegung auf eine Spielart der marktwirtschaftlichen noch auf eine sozialistisch-planwirtschaftliche Wirtschaftsordnung. Die Entscheidung für/gegen eine einzelne Wirtschaftsverfassung wurde aus bestimmten Gründen vom Verfassungsgeber offengelassen. Der getroffene Kompromiß läßt sich nur in zweierlei Hinsicht eingrenzen: Zum einen wurde in der historischen Situation nach 1945 durch Art. 1 GG unabänderbar (Art. 79 III) festgelegt, daß ein Zurück zur faschistischen Diktatur und, daß im Produktionsbereich ein Zurück zur totalen Entfremdung, zur Objektstellung der Arbeit wie etwa in der nationalsozialistischen Betriebsverfassung nicht möglich sein sollte. Zum anderen wurden in Einzelgrundrechten wie Art. 2 I, 9 III, 12, 14, 15 GG und wiederum unabänderbar (Art. 79 III) in den Staatszielbestimmungen des Art. 20 I GG Grundsätze festgelegt, die auch für den wirtschaftlichen Bereich normativen Gehalt aufweisen, der bei jeder jeweils praktizierten Wirtschaftspolitik seine verbindliche Wirkung entfalten soll.

5.5.1. Auf dieser Grundlage ließ sich zunächst feststellen, daß die *Unternehmensverfassung* den zutreffenden rechtlichen Ansatzpunkt zur Bearbeitung des Legitimationsaspekts der Direktion ist. „Unternehmens“verfassung kennzeichnet das soziologische Verständnis von Unternehmen als eines von der nur gesellschaftsrechtlichen Sicht der Eigentümer-/Anteilseignergesellschaft befreiten Sozialgebildes, kurz als einer sozialen Organisation. Es ist der Ort der Begegnung und Kooperation verschiedener Gruppeninteressen. Die Unternehmens„verfassung“ zielt auf die Art und Weise der Beziehungen dieser Mitgliedsgruppen, auf die Gestaltung ihrer Einflußmöglichkeiten und des Interessenausgleichs zwischen ihnen. Die Grundzüge dieser Unternehmensverfassung unter den Aspekten der Bedarfsdeckung und Daseinsvorsorge zu gewährleisten, ist durch das Sozialstaatsprinzip verfassungsrechtlich als Aufgabe des sozialpflichtigen Staates festgelegt. Unter Einbeziehung der in Teil I dieser Arbeit zu den Gestaltungsmöglichkeiten einer Direktion gefundenen Ergebnisse, stellte sich die Frage nach der Kooperation, d. h. hier konkret der rechtlichen Zuordnung der verschiedenen Mitgliedergruppen und -interessen in oder durch die Unternehmensverfassung. Umfassend einseitige Direktionskompetenzen ließen sich nicht technologisch begründen durch (auch rechtlich anzuerkennende) Sachzwänge arbeitsteiliger Produktionsweise. Eine Einsicht, die in der Mitbestimmungsdebatte schon häufig als „Legitimationsdefizit" der Unternehmensleitung beklagt wurde. Enthält nun der normative Gehalt einzelner Verfassungsbestimmungen (gerade unabhängig von der jeweiligen Wirtschaftsverfassung) unmittelbar Vorentscheidungen für die rechtliche Zuordnung der Gruppen durch die sozialstaatlich garantierte Unternehmensverfassung, so ergeben sich darin die Grundlagen für die Lösung des gestellten Legitimationsproblems.

Die relevanten Gruppen und Interessenstandpunkte sind mit „Eigentum", „Arbeitgeber", „Arbeitnehmer" und „Allgemeinheit" identifiziert. Für die Bewertung des *Eigentums*einflusses unter dem Gesichtspunkt des Art. 14 GG ergab sich im Grundsatz die Verfügungsbefugnis über den Sachwert der Produktionsmittel (bei Kapitalgesellschaften für die Anteilseigner über den Kapitalanteil) und — genauso wie bei Arbeitgebern, Arbeitnehmern und Allgemeinheit — das Interesse an einem rentablen, effektiven Unternehmen. Wegen des Vorbehalts der Inhalts- und Schrankenbestimmung in Art. 14 I 2 GG und wegen des besonderen Charakters gerade der eigentümerischen Vermögensgestaltung als Produktionsmitteleigentum war der Institutsgarantie des Eigentums für den Herrschaftsaspekt darüber hinaus nichts mehr zu entnehmen.

Die zwei wichtigsten Gruppen und Einflußvariablen sind mit den abstrakten Bezeichnungen *Arbeitgeber* und *Arbeitnehmer* angesprochen. Als Anknüpfungspunkt für ihre rechtliche Bewertung und Zuordnung in einer Unternehmensverfassung entsprechend den grundsätzlichen verfassungsrechtlichen Wertentscheidungen ergeben sich die Art. 2 I und 9 III GG. In beiden Grundrechten findet sich mit unterschiedlicher Intensität und Zielgruppe eine prinzipielle Festlegung auf den Selbstbestimmungsgedanken — nach der Rechtsprechung des Bundesverfassungsgerichts gilt dies auch bei Art. 2 I für den wirtschaftlichen Bereich.

Die sehr wenig intensive Normierung einer gemeinschaftsbezogenen und -gebundenen Individualautonomie in Art. 2 I führt direkt zum Individualarbeitsvertrag als erstem Mittel zur Realisierung dieser Selbstbestimmung. Dieses Mittel zu Interessenausgleich und beiderseitiger Mitbestimmung ist jedoch aufgrund eines liberalistischen Verständnisses formaler Äquivalenz lange Zeit zur Absicherung umfassend einseitiger Herrschaft der Arbeitgeberseite pervertiert. Heute ist nun der Individualarbeitsvertrag als Mittel zur Selbstbestimmung aufgrund seiner (im Abschnitt 2. als technologisch bedingt erkannten) Inhaltslosigkeit weitgehend irrelevant geworden. Der Gedanke individualautonomer Selbstbestimmung im Produktionsbereich kann heute nur mittels weitgehender Chancen des Individuums zur Teilnahme an Willensbildungsprozessen und deren Beeinflussung innerhalb von ihm gewählten Organisationen und Interessengruppen realisiert werden.

Dieser auch historischen Einsicht entspricht nun die sehr viel intensivere Verankerung des Selbstbestimmungsgedankens als Gruppenautonomie für den Bereich der Wirtschafts- und Arbeitsbedingungen in Art. 9 III GG. Dabei wurde herausgestellt, daß die Koalitionsfreiheit eine andere Operationalisierung des Selbstbestimmungsprinzips darstellt als der Gedanke der institutionalisierten Mitbestimmung. In der starken verfassungsrechtlichen Betonung der Stellung der Koalitionen für die Wahrnehmung der Gruppeninteressen ist aber eine wichtige Verfassungsentscheidung auch hinsichtlich der rechtlichen Zuordnung von Arbeitnehmern und Arbeitgebern und des Einflusses ihrer Interessenstandpunkte in einer Unternehmensverfassung, damit für die Legitimation von Direktion, aufgefunden.

Für die *Allgemeinheit* ist Anknüpfungspunkt das Sozialstaatsprinzip des Art. 20 I GG. Unter den Aspekten der Bedarfsdeckung und Daseinsvorsorge führt das Interesse an funktionsfähigen Unternehmen und effektiver Produktion zum öffentlich-rechtlichen Weg einer Legitimation von Direktionsbefugnissen durch eine Unternehmensverfassung. Der ganze Inhalt des Sozialstaatsprinzips zeigte sich jedoch darüber hinaus erst beim Herrschaftsaspekt in der Festlegung auf soziale Gerechtigkeit und die Integration gesellschaftlicher Macht als Aufgabe des Sozialstaats — nicht als auf Zuteilung reduzierte Teilhabe, sondern als Sicherung der Teilnahme der Gemeinschaft, ihrer Gliederungen und ihrer Bürger an dieser Gestaltungsaufgabe.

5.5.2. Damit sind die wesentlichen verfassungsrechtlichen Rahmenbedingungen einer Legitimation der Direktion genannt. Einmal ist mit Art. 9 III GG der Weg zur Operationalisierung von Selbstbestimmung durch *direkte gruppenautonome Vereinbarungen* zwischen Arbeitgebern und Arbeitnehmern eröffnet. Bei nicht restriktiver Auslegung der Vereinbarungsbefugnis hinsichtlich der Arbeits- und Wirtschaftsbedingungen können auf diesem Weg per Tarifvertrag selbst Direktionsleistungen oder zumindest Legitimationsleistungen erbracht werden, d. h. rechtliche Grundlagen für die zweiseitige Ausübung von Direktionsbefugnissen in Betrieb und Unternehmen geschaffen werden. Dieser Weg führt zum kollektiven Arbeitsrecht als Mittel zur Einlösung der grundgesetzlichen Selbstbestimmungsgarantie in Art. 2 I und 9 III GG und zur Verwirklichung materieller Freiheit und Gleichheit auch in der Produktionssphäre.

Im Unternehmen selbst ist über diesen Weg hinaus die rechtliche Zuordnung und Bewertung der unterschiedlichen Interessenstandpunkte der Gruppen durch die Unternehmensverfassung Legitimationsbasis. Dabei ergibt sich die *Schlußfolgerung*, daß die verfassungsrechtlichen Determinanten der Unternehmensverfassung gerade das *versagen*, was die eingangs referierten Konzepte zur Legitimierung von Direktion auf sie zu stützen suchen: die einseitige Direktion des Arbeitgebers und die Unterordnung des Arbeitnehmers unter diese Kompetenz. Diese Schlußfolgerung gilt genauso für die bisherigen Vorschläge zur Unternehmensverfassung, die dasselbe Ergebnis ausschließlich aus der Sozialstaatsklausel, und diese dabei reduziert auf die Aspekte Bedarfsdeckung und Daseinsvorsorge, abzuleiten suchten.

Für die Ausgestaltung der sozialstaatlichen Teilnahme und der Selbstbestimmungsgarantie, für die *Institutionalisierung nicht einseitiger Direktion* durch eine Unternehmensverfassung wird nun dem sozialen Staat durch die genannten verfassungsrechtlichen Rahmenbedingungen insgesamt ein sehr *weiter* Spielraum gelassen. So scheint es denkbar, daß für die Vertretung der „Allgemeinheit" gesondert Vertreter bestellt werden, ebenso jedoch auch, daß rechtlich auch die Vertretung dieser Interessenstandpunkte (insbesondere unter dem Aspekt einer besonderen verfassungsrechtlichen Funktionszuschreibung im ökonomischen Bereich durch Art. 9 III) den Interessenverbänden von Arbeitgebern und Arbeitnehmern anvertraut werden und von diesen ebenfalls wahrgenommen werden sollen. Die Koalitionen müssen dann freilich — wie auch sonst im Bereich des Art. 9 III GG — demokratisch organisiert und legitimiert sein. Hier ergeben sich dann auch Stellenwert und verfassungsrechtliche Beurteilung des in der Mitbestimmungsdebatte viel diskutierten „Entsendungsrechts der Gewerkschaften". Den weiten Spielraum, so wie er durch die Verfassung eingeräumt wurde, nicht genügend beachtet zu haben, ist wohl das deutlichste Kennzeichen der Mitbestimmungsdebatte — die, so ist im nachhinein festzustellen, überhaupt erst deshalb im Schwerpunkt als verfassungsrechtliche Debatte verlaufen konnte.

Wie, entsprechend den genannten Grundsätzen, die rechtliche Einordnung der verschiedenen Interessenstandpunkte im Unternehmen nun *in concreto* ausgestaltet werden soll, ist somit verfassungsrechtlich nicht im einzelnen festgelegt. Oben wurde betont, daß insbesondere das Demokratieprinzip wertvolle Hinweise zur Instiutionalisierung zweiseitiger Direktion geben kann. Für die entsprechende Ausgestaltung einer Unternehmensverfassung gibt es grundsätzlich zwei konträre Orientierungspunkte: Einerseits die Betonung von *Selbstbestimmung*, d. h. der möglichst weitgehende Abbau von Herrschaft, und andererseits die *inhaltliche Legitimierung* von Herrschaft *durch die Beherrschten*. Vor allem in der neueren demokratie- und pluralismustheoretischen Diskussion sind Modelle mit unterschiedlicher Akzentuierung dieser beiden Aspekte entwickelt worden. Wie weit sich diese überhaupt miteinander verbinden lassen und welche Auswirkungen sich jeweils hinsichtlich der Gestaltung von Direktion arbeitsteiliger Produktionsveranstaltungen daraus ergeben können, soll abschließend im letzten Kapitel angesprochen werden.

6. Ausblick: Demokratietheoretische Modelle zur Realisierung von Teilhabe und Selbstbestimmung

Drei verschiedene Modelle demokratischer Realisation bzw. Operationalisierung von Selbstbestimmung und Teilhabe der einzelnen Gruppen im Unternehmen und des Einflusses ihrer jeweiligen Interessenstandpunkte durch eine öffentlich eingerichtete Unternehmensverfassung sollen hier exemplarisch diskutiert werden. Dabei wird nun der Kreis geschlossen zum Teil I, der auf die Gestaltung von Direktion bezogen war und bei dem als ein Egebnis gerade die Verschränkung der Legitimationsfrage mit den Strategien der Ausgestaltung von Direktion erkannt wurde. Die umfangreiche, mit den demokratietheoretischen Konzeptionen jeweils verbundene sozialwissenschaftliche Diskussion kann hier nicht aufgenommen werden. Diese Modelle sollen hier nur soweit angesprochen werden, als damit Elemente der Legitimation und Ausgestaltung von Direktion deutlich werden, die die *Tendenz einer Neukonstituierung* dieses arbeitsrechtlichen Instituts aufzeigen.

6.1. Die Theorie demokratischer Elitenkonkurrenz

Diese Theorie ist aus der Kritik der klassischen (repräsentativen bzw. plebiszitären) Demokratietheorie entstanden. Nach den Ergebnissen von *Michels*[1], der bei Experimenten starke Oligarchisierungstendenzen klassisch-demokratisch strukturierter Organisationen festgestellt hatte, wurde zur Vermeidung dieser effektivitätshemmenden Tendenzen — in deutlicher Parallele zu den Steuerungsmechanismen eines Marktmodells — an die beiden Elemente „Elitenkonkurrenz" und „Gruppenpluralismus" angeknüpft. Der Grundgedanke wurde schon von *Schumpeter*[2] dahingehend beschrieben, daß sich zur Effektivierung demokratischer Organisationen der normative Gehalt von Demokratie, die Beteiligung der „Beherrschten", auf die *Auslese* der jeweiligen Führungselite und lediglich *globale Vorgaben* für die zu verfolgende Politik beschränken müsse. Die Angewiesenheit der Eliten auf die

[1] *Michels, R.* „Zur Soziologie des Parteiwesens in der modernen Demokratie" Leipzig 1911.

[2] *Schumpeter, J.* „Kapitalismus, Sozialismus und Demokratie" Bern 1950, S. 421 ff.; andere Vertreter sind *Dahl, R. A.* „A Preface to Democratic Theory" Chicago 1956, S. 4 ff., 63 ff.; *Lipset/Trow/Coleman* „Union Democracy — The internel politics of the ITU" Glencoe 1956.

Unterstützung der Organisationsmitglieder sowie die Konkurrenz der Eliten um deren Stimmen zeigt die Möglichkeit, dieses Modell als Randmodell klassisch-repräsentativer Demokratietheorie zu verstehen. Wesentliche Voraussetzung dieser Konzeption ist das Vorhandensein zumindest zweier organisierter Gruppen[3], durch deren Eliten über Konkurrenz und Mitgliederbetreuung die Steigerung von demokratischem Potential und Abbau der Oligarchisierung durch Spezialisten und Experten erreicht werden kann[4].

Für den uns interessierenden Bereich könnte — angesichts des notwendigen Interessenausgleichs der verschiedenen organisierten Interessenstandpunkte in der Unternehmensverfassung — gerade dieses Prinzip wesentliche Elemente für die Gestaltung dieses Ausgleichs und für die Steigerung der Effektivität der Produktionsveranstaltung abgeben. Trotz der Unterschiede hinsichtlich der Elitenrekrutierung zeigt sich doch eine recht starke Affinität zur institutionalisierten Mitbestimmung auf Unternehmensebene. Eine diesem Demokratieprinzip entsprechende Gestaltung wäre dann eine pluralistische Konzeption der Legitimation einer *weitgehenden Managerherrschaft* durch die jeweils „beherrschten" Arbeitnehmer, Anteilseigner/Eigentümer und eventuell durch Vertreter der Allgemeinheit. Bei der Gestaltung einer derartigen Legitimationsgrundlage wäre als *ratio* der Theorie demokratischer Elitenkonkurrenz die Festschreibung der Gruppenpluralität und die Förderung des Wettbewerbs dieser Gruppen vor allem zu beachten.

Das Modell ist neuerdings sehr starker Kritik ausgesetzt. Besonders *Bachrach* hat darauf hingewiesen, daß bei der jeweils herrschenden Elite der vorausgesetzte Konsens über demokratische Verfahrensmechanismen in starkem Gegensatz zum Interesse an der Erhaltung der erreichten Machtposition treten kann[5]. Auch von anderen Autoren wird die Tendenz zur Erhaltung der Machtkonzentration durch Mitgliedermanipulation kritisch eingewandt[6] und darauf hingewiesen, Demokratie habe nicht länger das Ziel der Rationalisierung von Herrschaft durch Beteiligung, sondern solle „vielmehr Kompromisse zwischen herrschenden Eliten ermöglichen"[7].

---

[3] *Lipset* „Union Democracy" S. 77 ff.; *Blau/Scott* „Organizations" S. 47 ff.

[4] Für eine ausführliche Besprechung vgl. *Bachrach, P.* „Die Theorie demokratischer Elitenherrschaft" Frankfurt 1970; *Teubner, G.* „Verbandsdemokratie durch Recht?" Beilage zu „Das Parlament" v. 26. 2. 1977, B 8/77, S. 27 ff. und *Zeuner, B.* „Verbandsforschung und Pluralismustheorie" Leviathan 4 (1976), S. 137 ff.

[5] *Bachrach* „Elitenherrschaft" S. 62 ff. m. w. N.

[6] *Naschold, F.* „Organisation und Demokratie" Stuttgart 1969, S. 48.

[7] So *Habermas, J.* „Legitimationsprobleme im Spätkapitalismus" Frankfurt 1973, S. 163 f. (Zitat S. 170); ähnlich *Macpherson, C. B.* „Demokratietheorie" München 1977, S. 135 ff.

6.2. Partizipatorische Modelle

Nicht anders als beim Elitenkonkurrenz-Modell geht es auch hier um die Umkehrung des Trends zur Oligarchisierung. Die partizipatorischen Modelle sind jedoch entwickelt worden auf der Basis der betriebssoziologischen Erkenntnisse seit Taylor und Mayo[8] — also hinsichtlich komplexer *industrieller* Organisationen. Diese Demokratietheorie versucht, anders als das Modell der Elitenkonkurrenz, den *normativen Gehalt* von Demokratie — jeder soll soweit als möglich beteiligt werden — festzuhalten[9]. Dabei macht sie sich die auch hier schon zur Argumentation verwendeten Ergebnisse dienlich, die gezeigt haben, daß monokratische Unternehmensorganisation nicht zum größten Leistungserfolg oder der höchsten Effektivität führt, sondern daß partizipatorische Direktionsformen (etwa in der Form der oben dargestellten Gruppenkonzepte) sehr viel effektiver sein können[10]. Die partizipatorische Demokratietheorie geht nun aber nicht zurück auf die Rätemodelle, sondern fragt nach den Bedingungen, unter denen demokratische Partizipation, also direkte Beteiligungsformen möglich sind bei gleichzeitiger Steigerung bzw. Erhaltung der Effektivität[11]. Für *Naschold* sind somit gerade auch rechtliche Normen zur Beeinflussung der Formalstruktur und dabei der Sicherung von Partizipation wichtig[12]. Die Partizipationsrechte der Organisationsmitglieder sind entsprechend einzelner Entscheidungstypen ausgestaltet; es wird dabei ein weit aufgefächertes Netz der Entscheidungs- und Willensbildung (freilich auch der Information) nötig[13].

Die partizipatorischen Demokratietheorien weisen für die juristische Diskussion den Weg zur Legitimation von Direktionsbefugnissen in der Unternehmensverfassung auf der Grundlage des Prinzips der *Selbstbestimmung*. Die Direktionskompetenzen liegen nicht weiter beim — nach dem behandelten Demokratieverständnis dann legitimierten — Management, sondern sie werden über die gesamte Unternehmensorganisation verteilt in einem weit aufgefächerten System der Willensbildung und, dazu korrespondierend, der Informationsverteilung. Für die Gestaltung einer Unternehmensverfassung wäre als *ratio* dieses Konzepts zu beachten, daß gewisse bildungsmäßige, zeitmäßige usf. Faktoren beachtet wer-

---

[8] Vgl. oben Abschnitt 2.1.

[9] Eine sehr eingehende Konzeption hat vorgelegt *Naschold* „Demokratie" S. 86 ff.; dazu ausführlich *Scharpf, F.* „Demokratietheorie zwischen Utopie und Anpassung" Kronberg 1975, S. 54 ff. m. w. N. (eine Bibliographie findet sich bei *Greiffenhagen* [Hrsg.] „Demokratisierung" S. 439).

[10] Vgl. bei *Naschold* „Demokratie" S. 60 ff.; zur angesprochenen Literatur siehe oben den Hinweis Fn 8.

[11] *Naschold* „Demokratie" S. 55.

[12] Ebenda, S. 91 ff.

[13] Ebenda, S. 62 ff., 71 ff.

den müssen, um die Partizipierenden auch auf Impulse reagieren zu lassen und nicht in Apathie zu stürzen.

Damit sind gleichzeitig die wesentlichsten kritischen Einwände gegen die partizipativen Demokratiemodelle genannt: Sie drohen die individuelle Kapazität zur Informationsverarbeitung zu überfordern und gehen von der Voraussetzung „eines vorrangigen und universellen menschlichen Interesses an politischer Beteiligung" aus, dem jedoch der empirische Befund politischer Apathie widerspreche[14].

6.3. Komplexe Demokratietheorie

Unter dem Stichwort „komplexe" Demokratietheorie hat *Scharpf* einen umfassenderen Ansatz vorgelegt. Er versucht pluralistische Elemente mit partizipativen zu verbinden und die ausschließliche Festlegung auf „Elitenkonkurrenz versus Partizipation" zu überwinden[15]. Scharpf geht es darum, sich nicht nur auf eine Zielperspektive festzulegen, sondern „von einer Pluralität relevanter Wertungen" auszugehen. Dann „entsprechen einer Entscheidungssituation grundsätzlich nur Theorien, die darauf angelegt sind, eine Mehrzahl normativer Anforderungen zu berücksichtigen"[16]. Die Vorteile seines Kombinationsmodells liegen darin, daß gerade in einzelnen Bereichen einer Organisation nun zusätzlich Möglichkeiten zur Ausschöpfung von Demokratisierungspotentialen gegeben sein können (etwa bei Vorhandensein eines Bereichs, in dem Partizipation näherungsweise fast vollständig realisierbar ist).

Scharpf hat sein Modell für die Gesamtgesellschaft entworfen. Auch im Bereich der Unternehmensverfassung liegt jedoch diese flexible Summe verschiedener Institutionalisierungsmöglichkeiten von Selbtbestimmung und Demokratie für die Ausgestaltung von Direktion auf den einzelnen Organisationsebenen in Betrieb und Unternehmen nahe[17] und verspricht die weitere arbeitsrechtliche Diskussion zu befruchten und weiterzubringen.

---

[14] Ausführlich dazu *Scharpf* „Demokratietheorie" S. 57; *Etzioni, A.* „The Active Society" New York 1968, S. 617 ff.; *Bachrach* „Elitenherrschaft" S. 107 f.

[15] *Scharpf* „Demokratietheorie" S. 66 ff.

[16] Ebenda, S. 17.

[17] Einzelnen Ebenen lassen sich vergleichen ebenda, S. 66 f.; zu den dafür entwickelten demokratischen Elementen und den Möglichkeiten zu deren Kombination dort im folgenden, S. 67 ff. weitere komplex-demokratietheoretische Ansätze bei *Scheer, H.* „Innerorganisatorische und innerparteiliche Demokratie" in: Greiffenhagen (Hrsg.) „Demokratisierung" S. 140 ff. m. w. N.; *Habermas, J.* „Legitimationsprobleme im modernen Staat" in: ders. „Zur Rekonstruktion des Historischen Materialismus" Frankfurt 1976, S. 276 ff.

Literaturverzeichnis

Um dieses Verzeichnis nicht zusätzlich aufzublähen, wurden Literaturhinweise zu Randfragen gar nicht und arbeitsrechtliche Zeitschriftenaufsätze nur sehr beschränkt aufgenommen — zugunsten der wirtschafts- und sozialwissenschaftlichen Literatur, die dieser Arbeit zugrundeliegt und die dem Juristen vielleicht eher fremd sein mag. Die nicht aufgenommene Literatur findet sich im jeweiligen Sachzusammenhang nur in den Fußnoten aufgeführt.

Die als Zeitschriftenbezeichnungen verwendeten Kürzel entsprechen den in Rechtswissenschaft, Wirtschaftswissenschaft und Soziologie gebräuchlichen Abkürzungen. Weniger bekannt ist wohl nur die schweizerische Zeitschrift „Industrielle Organisation", abg. als IO sowie die Kurzbezeichnung des „Jahrbuchs für Rechtstheorie und Rechtssoziologie" mit JbRthuRsoz.

Abelein, M.: „Die Grundrechte als Teilhaberechte" in: ders./Kimminich (Hrsg.) „Studien zum Staats- und Völkerrecht" FS für Hermann Raschhofer, Kallmünz 1977, S. 11 ff.

Abendroth, W.: „Zum Begriff des demokratischen und sozialen Rechtsstaats im GG" in: „Aus Politik und Zeitschichte" FS für Ludwig Bergsträsser, Düsseldorf 1954, S. 279 ff.

Adomeit, K.: „Rechtsquellenfragen im Arbeitsrecht" München 1969.

— „Heteronome Gestaltungen im Zivilrecht" in Merkl u. a. FS für Hans Kelsen, Wien 1971, S. 9 ff.

Adorno, Th. W.: „Negative Dialektik", Frankfurt 1966.

—/u. a. „Positivismusstreit", Darmstadt und Neuwied 1972.

Alberts, I.: „Ideologie und Illusionen im fortgeschrittenen Kapitalismus" in: ders. „IBM" S. 29 ff.

—*/Klinger, J,/Ludwig, R./Peter, G.:* „Mit IBM in die Zukunft" Berlin 1975.

Alemann, U. von (Hrsg): „Partizipation — Demokratisierung — Mitbestimmung" Opladen 1975.

Ansoff, H. L.: „Corporative Strategy — An Analytic Approach to Business Policy for Growth and Expulsion" New York/San Francisco 1965 (dt. „Management — Strategie" München 1966).

Argyris, Ch.: „Personality and Organization — The Conflict between System and the Individual" Evanston/New York 1957.

Arndt, H./Famulla, G.: „Die Leitung des kapitalistischen Produktionsprozesses" mehrwert 9 (1975), S. 63 ff.

Bachof, O.: „Begriff und Wesen des sozialen Rechtsstaats" VVdStRL (1954), S. 37 ff.

Bachrach, P.: „Die Theorie demokratischer Elitenherrschaft" Frankfurt 1970.

Badura, P.: „Wirtschaftsverfassung und Wirtschaftsverwaltung" Frankfurt 1971

— „Der Regierungsentwurf eines Mitbestimmungsgesetzes — Verfassungsrechtliche Einwände" ZfA 1974, S. 357 ff.

Balduin, S.: „Gewerkschaften und Gesellschaftsreform — Zur Auseinandersetzung mit der Konzeption der AOEWL" GMH 1973, S. 698 ff.

Ballerstedt, K.: „Unternehmen und Wirtschaftsverfassung" JZ 1951, S. 486 ff.

— „Interdisziplinäre Kooperation in Forschung und Lehre" in: FS für Fritz Böhm, Tübingen 1975, S. 76 ff.

— „Probleme einer Dogmatik des Arbeitsrechts" RdA 1976, S. 5 ff.

—/*Friesenhahn, E.*/*v. Nell-Breuning, O.* (Hrsg.) „Recht und Rechtsleben in der sozialen Demokratie" FS für Otto Kunze, Berlin 1969.

Barnard, Ch. I.: „Functions of the Executive" Cambridge/Mass. (17. Aufl. dt: „Die Führung großer Organisationen" Essen 1970).

Bartölke, K./*Wächter, H.*: „Mitbestimmung und betriebswirtschaftliche Organisationstheorie" in: Koubek „Mitbestimmung" S. 66 ff.

—/*Nieder, P.*: „Zur Frage nach der Leistungswirksamkeit von Führungsstilen" ZfbF 1975, S. 449 ff.

Baur, F./*Esser, J.*/*Kübler, F.*/*Steindorff, E.* (Hrsg.): „Funktionswandel der Privatrechtsinstitutionen" FS für Ludwig Raiser, Tübingen 1974.

Bayliss, W. H.: „Management by CSROEPM" Harward Business Review, Vol. 47 (1969), S. 85 ff.

Beer, St.: „Kybernetik und Management" Hamburg 1963.

Benda, E.: „Die aktuellen Ziele der Wirtschaftspolitik und die tragenden Grundsätze der Wirtschaftsverfassung" NJW 1967, S. 849 ff.

Bendix, R.: „Work and Authority in Industrie — Ideologies of Management in the Course of Industrialisation" New York/ London 1956 (dt.: „Herrschaft und Industriearbeit" Frankfurt 1960).

Berle, A./*Means, G. C.*: „The Modern Corporation and Private Property" (1. Aufl.), New York 1932.

Berthel, J.: „Determinanten menschlicher Leistungseffizienz" ZfbF 1973, S. 393 ff.

Bessai, B.: „Eine Analyse des Begriffs Management in der deutschsprachigen betriebswirtschaftlichen Literatur" ZfbF 1974, S. 363 ff.

Beyer, H. T.: „Die Lehre der Unternehmensführung — Entwurf eines Forschungsprogramm" Berlin 1970.

Bidlingmaier, J.: „Zur Zielbildung in Unternehmensorganisationen" ZfbF 1967, S. 246 ff.

Bieback, K. J.: „Grundrechtliche Freiheit und paritätische Mitbestimmung. Methodische und grundrechtstheoretische Aspekte der Diskussion um die paritätische Mitbestimmung" in: Mayer/Reich (Hrsg.) „Mitbestimmung" S. 11 ff.

Biedenkopf, K. H.: „Das Verhältnis der Wirtschaftswissenschaft zur Rechtswissenschaft im Arbeitsrecht" Schriften des Vereins für Sozialpolitik Bd. 33 NF (1964), S. 67 ff.

Biedenkopf, K. H.: „Auswirkungen der Unternehmensverfassung auf die Grenzen der Tarifautonomie" in: FS für Heinrich Kronstein, Karlsruhe 1967, S. 79 ff.

Bieding, R./Scholz, K.: „Personalführungssysteme — Methoden und Auswirkungen" Köln 1971.

Birk, R.: „Unternehmensverfassung" BlStSozArbR 1969, S. 161 ff.

— „Die arbeitsrechtliche Leitungsmacht" Köln u. a. 1973.

— AR-Blattei — Direktionsrecht und Gehormsampflicht I.

Bittel, L. R.: „Management by Exception — Systemazing and Simplifying the Managerial Job" New York/San Francisco 1964.

Blake, R. R./Mouton, J. S.: „The Managerial Grid — Key Orientations for Achieving Production through People" Houston 1964 (dt.: „Verhaltenspsychologie im Betrieb — Das Verhaltensgitter" Düsseldorf/Wien 1968).

Blau, P. M.: „Bureaucracy in Modern Society" New York 1956.

—/Scott, W. R.: „Formal Organizations" San Francisco 1962.

Bobrowski/Gaul: „Das Arbeitsrecht im Betrieb" 6. Aufl., Heidelberg 1970.

Böckenförde, W.: „Freiheitssicherung gegenüber gesellschaftlicher Macht" in: Posser/Wassermann „Soziale Demokratie" S. 69 ff.

— „Staat, Gesellschaft, Freiheit" Frankfurt 1976.

— „Die Bedeutung der Unterscheidung von Staat und Gesellschaft im demokratischen Sozialstaat der Gegenwart" in: ders. „Freiheit" S. 185 ff.

— „Grundrechtstheorie und Grundrechtsinterpretation" in: ders. „Freiheit" S. 221 ff.

— „Die Methoden der Verfassungsinterpretation" NJW 1976, S. 2089 ff.

Boettcher/Hax/Kunze/v. Nell-Breuning/Ortlieb/Preller: „Unternehmensverfassung als gesellschaftspolitische Forderung" (Sechserbericht) Berlin 1968.

Böhm, F.: „Das wirtschaftliche Mitbestimmungsrecht der Arbeitnehmer im Betrieb" ORDO IV (1951), S. 21 ff.

— „Die rechtliche „Problematik der paritätischen Mitbestimmung" in: Briefs „Mitbestimmung" S. 165 ff.

Böker, A.: „Das Weisungsrecht des Arbeitgebers" Frankfurt 1971.

Bötticher, E.: „Einseitige Leistungsbestimmung im Arbeitsverhältnis" AuR 1967, S. 321 ff.

— „Gestaltungsrecht und Unterwerfung im Privatrecht" Berlin 1964.

Böttner, W.: „Das Direktionsrecht des Arbeitgebers" Marburg 1971.

Briefs, G. (Hrsg.): „Mitbestimmung" Stuttgart 1967.

Brightford, E. G.: „Warum Management by Objectives" IO 1971, S. 503 ff.

Brinkmann-Herz, D.: „Die Entscheidungsprozesse in den Aufsichtsräten der Montanindustrie" Berlin 1972.

— „Die Unternehmensmitbestimmung in der BRD" Köln 1975.

Britt, A.: „Übersicht über marktgängige Führungsmodelle" IO 1971, S. 489 ff.

Brock, A. u. a.: „Industriearbeit und Herrschaft" 2. Aufl. Frankfurt, 1975.

Buchner, H.: Die wirtschaftsverfassungsrechtliche Bedeutung der Diskussion um Unternehmensrecht und Mitbestimmung" DB 1975, S. 33 ff.

Budäus, D.: „Entscheidungsprozeß und Mitbestimmung" Wiesbaden 1975.

Burisch, W.: „Industrie- und Betriebssoziologie" 6. Aufl., Berlin 1971 (bis 4. Aufl. von Dahrendorf).

— „Organisation als Ideologie" Stuttgart u. a. 1973.

Bydlinski, F.: „Privatautonomie und objektive Grundlegung des verpflichtenden Rechtsgeschäfts" Wien/New York 1968.

— „Die Bedeutung des Rechtsscheins im Arbeitsrecht" ZfA 1970, S. 249 ff.

Caemmerer, E. von/Friesenhahn, E./Lange, R. (Hrsg.): „100 Jahre Deutsches Rechtsleben" FS zum 100-jährigen Bestehen des Deutschen Juristentages, 2 Bde., Karlsruhe 1960.

Charnes, A./Sterdy, A.: „Budgets" in: Cooper/Leavitt/Stully (Hrsg.) „New Perspectives in Organization Research" New York/London 1964, S. 212 ff.

Chlosta, J.: „Der Wesensgehalt der Eigentumsgewährleistung unter besonderer Berücksichtigung der Mitbestimmungsproblematik" Berlin 1975.

Chmielewicz, K.: „Arbeitnehmerinteressen und Kapitalismuskritik in der BWL" Reinbek bei Hamburg 1975.

Chorafas, N.: „Führungskräfte im Betrieb — Planung, Einsatz, Entwicklung" Berlin/New York 1974.

Conrad, D.: „Freiheitsrechte und Arbeitsverfassung" Berlin 1965.

Cyert, R. M./March, J. G.: „A Behaviorial Theory of the Firm" Englewood Cliffs/New Jersey 1963.

Dahl, R.A.: „A Preface to Democratic Theory" Chicago 1956 (dt.: „Vorstufen zur Demokratietheorie" Tübingen 1976).

Dahns, P.: AR-Blattei — Arbeitskleidung I.

Dahrendorf, R.: „Soziale Klassen und Klassenkonflikt in der industriellen Gesellschaft" Stuttgart 1957.

Däubler, W.: „Das Grundrecht auf Mitbestimmung" Frankfurt 1973.

— „Gesellschaftliche Interessen und Arbeitsrecht — zum Selbstverständnis der Arbeitsrechtswissenschaft" (Beihefte zur Zeitschrift DuR, Nr. 5) Köln 1974.

— „Das Arbeitsrecht — von der Kinderarbeit zur Betriebsverfassung" Reinbek bei Hamburg 1976.

—*/Siegling-Wendeling, U./Welkoborski, H.*: „Eigentum und Recht" Darmstadt 1976.

Degenkolbe, G.: „Über logische Struktur und gesellschaftliche Funktionen von Leerformeln" KZSS 1965, S. 327 ff.

Delius, F. C.: „Unsere Siemens-Welt. Eine Festschrift zum 124jährigen Bestehen des Hauses Siemens" Berlin 1972.

Deppe, F. u. a.: „Kritik der Mitbestimmung" Frankfurt 1969.

Dersch, H.: AR-Blattei — Arbeitnehmer (Begriff).

Deyhle, A.: „Die Konzeption des DIB-Management-Systems oder ‚Münchner Führungsmodell'" Broschüre von DIB und MAM, Gauting bei München 1970.

Deyhle, A.: „Die Konzeption des DIB/MAM-Management-Modell“ IO 1971, S. 508 ff.

Dietz, R./Hueck, A./Reinhardt, R. (Hrsg): FS für H. C. Nipperdey, München/Berlin 1965.

—/*Richardi, R.*: „Kommentar zum BetrVG“ 5. Aufl., München 1973.

Dlugos, G. u. a. (Hrsg.): „Wissenschaftstheorie und Betriebswirtschaftslehre — Eine methodische Kontroverse“ Düsseldorf 1972.

v. Doemming/Füßlein/Matz: „Die Entstehungsgeschichte der Art. des GG“ JöR N. F., Bd. I, Tübingen 1951, S. 1 ff.

Drucker, P. F.: „Managing for Results“ London 1966.

— „Die Praxis des Managements“, München/Zürich 1970 (dt. von: The Practise of Management“ New York 1954).

Drumm, H. J,: „Zur Koordinations- und Allokationsproblematik der Organisationen mit Matrixstruktur“ in: Wild (Hrsg.) FS für Kosiol, S. 323 ff.

Dullien, M.: „Flexible Organisation — Praxis, Theorie und Konsequenzen des Projekt- und Matrixmanagements“ Köln/Opladen 1972.

Dürig, G.: „Verfassung und Verwaltung im Wohlfahrtsstaat“ JZ 1953, S. 193 ff.

— „Grundrechte und Zivilrechtsprechung“, in: „Vom Bonner Grundgesetz zur gesamtdeutschen Verfassung“ FS für Nawiasky, München 1956, S. 157 ff.

Ehmke, H.: „Prinzipien der Verfassungsinterpretation“ VVDStRL Heft 20 (1963), S. 53 ff.

— „Wirtschaft und Verfassung“ Karlsruhe 1961.

— „Staat und Gesellschaft als verfassungstheoretisches Problem“ in: „Staatsverfassung und Kirchenordnung“ FS für Rudolf Smend, Tübingen 1963, S. 23 ff.

Eisenführ, F.: „Zur Entscheidung zwischen funktionaler und divisionaler Organisation“ ZfBF 1970, S. 725 ff.

Engisch, K.: „Einführung in das juristische Denken“ 6. Aufl., Stuttgart 1975.

Esser, J.: „Grundsatz und Norm in der richterlichen Fortbildung des Privatrechts“ Tübingen 1956.

— „Richterrecht, Gerichtsgebrauch und Gewohnheitsrecht“ FS für Fritz von Hippel, Tübingen 1967, S. 95 ff.

— „Vorverständnis und Methodenwahl in der Rechtsfindung“ 2. Aufl., Frankfurt 1972.

Erman: „Handkommentar zum BGB“ Bd. I, 6. Aufl., Münster 1975.

Etzioni, A.: „Modern Organizations“ Englewood Cliffs/New Jersey 1965.

— „The Active Society“ New York 1968.

Fabricius, F.: „Leistungsstörungen im Arbeitsverhältnis“ Tübingen 1970.

— „Mitbestimmung in der Wirtschaft“ Frankfurt 1970.

Fauth, W.: „Das Weisungsrecht des Arbeitgebers“ BlStSozArbR 1961, S. 297 ff.

Fayol, H.: „Allgemeine und industrielle Verwaltung“ München/ Berlin 1929.

Fechner, E.: „Freiheit und Zwang im sozialen Rechtsstaat“ Tübingen 1953.

Fischer, G.: „Führungsdelegation und Führungskontrolle“ Personal 1968, S. 134 ff.

Fitting, K./Auffahrt, F./Kaiser, H.: „Betriebsverfassungsgesetz" 12 Aufl., München 1977.

Fleischmann, G.: „Mitbestimmung und volkswirtschaftliche Leistungsfähigkeit" in Vetter (Hrsg.) „Mitbestimmung" S. 92 ff.

Flume, W.: „Rechtsgeschäft und Privatautonomie" in: „100 Jahre Deutsches Rechtsleben" FS zum 100jährigen Bestehen des DJT, Karlsruhe 1960, Bd. I, S. 159 ff.

— „Allgemeiner Teil des Bürgerlichen Rechts" Bd. II, 2. Aufl., Berlin u. a. 1975.

Forsthoff, E.: „Begriff und Wesen des sozialen Rechtsstaats" VVdStRL 12 (1954), S. 8 ff.

— (Hrsg.): „Rechtsstaatlichkeit und Sozialstaatlichkeit" Darmstadt 1968 (zit. als R & S).

Frese, E.: Betriebswirtschaftliche Organisationstheorie und Verhaltenswissenschaft" ZfBF 1973, S. 202 ff.

— Stichwort „Management by Exception" HdO, Sp. 956 ff.

Friedeburg, L. von: „Soziologie des Betriebsklimas — Studien zur Bedeutung empirischer Untersuchungen im industriellen Großbetrieb" Frankfurt 1963.

Friedmann, G.: „Problèmes du Machinisme en URSS et dans les pays capitalistes" Paris 1934.

— „Grenzen der Arbeitsteilung" Frankfurt 1959 (dt. von: „Le travail en miettes" Paris 1956).

Friedmann, W.: „Recht und sozialer Wandel" (dt. von: „Law in a changing society" London 1959) Frankfurt 1969.

Friesenhahn, E.: „Der Wandel des Grundrechtsverständnisses" Eröffnungsvortrag 50. DJT, 1974.

Froebel, F./Heinrichs, J./Kreye, O.: „Die neue internationale Arbeitsteilung" Hamburg 1977.

Froemer, F.: „Arbeitshumanisierung" Opladen 1975.

Gäfgen, G.: „Theorie der wirtschaftlichen Entscheidung" Tübingen 1963.

Galperin, H.: „Das Weisungsrecht des Arbeitgebers" DB 1952, S. 186 ff.

Gamillscheg, F.: „Die Grundrechte im Arbeitsrecht" AcP 164 (1964), S. 385 ff.

— „Zivilrechtliche Denkformen und die Entwicklung des Individualarbeitsrechts — zum Verhältnis von Arbeitsrecht und BGB" AcP 176 (1976), S. 197 ff.

Gaul, D.: „Inhalt und Grenzen der Weisungsbefugnis des Arbeitgebers bei einer beabsichtigten Versetzung des Arbeitnehmers" DB 1956, S. 45 f.

Gilbreth, F. B.: „Bewegungsstudien" Berlin 1927.

Glagow, M. (Hrsg.): „Umweltgefährdung und Gesellschaftssystem" München 1972.

Glasstetter, W.: „Wachstumskonzeption und politische Ökonomie" Köln 1971.

Göldner, D.: „Verfassungsprinzip und Privatrechtsnorm in der verfassungskonformen Auslegung und Rechtsfortbildung" Berlin 1969.

Göldner, D.: „Integration und Pluralismus im demokratischen Rechtsstaat" Tübingen 1977.

Golembiewsky, R.: „Toward the Colleague Concept of Staff: The Team as an ‚Organizing' Device" in: ders. „Organizing Man and Power" Chicago 1967, S. 118 ff.

Görlitz, A.: „Politische Funktionen des Rechts" Wiesbaden 1976.

Greiffenhagen, M. (Hrsg.): „Demokratisierung in Staat und Gesellschaft" München 1973.

— (Hrsg.): „Der neue Konservatismus der 70er Jahre" Reinbek bei Hamburg 1974.

Greiser, H. J.: „Das Direktionsrecht des Arbeitgebers" Diss. Göttingen 1958.

Grochla, E.: „Unternehmensorganisation" 2 Bde., Reinbek bei Hamburg 1972.

— „Neue Konzepte der Unternehmensorganisation — eine Strukturanalyse" in: „Unternehmensführung" FS für Kosiol, S. 297 ff.

— (Hrsg.): „Handwörterbuch der Organisation" HdO, Stuttgart 1969.

Gukelberger, W.: Kritik bürgerlicher Mitbestimmungskonzeption" SoPo 28 (1974), S. 3 ff.

Gülden, K./Vilmar, F.: „Industrielle Arbeitswelt — Grundriß einer kritischen Betriebssoziologie" Nürnberg 1974.

Gunkel: „Das Direktionsrecht des Arbeitgebers" Das Arbeitsgericht 1931, Sp. 228 f.

Guserl, R./Hofmann, M.: „Harzburger Modell: Bürokratie statt Kooperation" Manager-Magazin 1972 (Heft 2), S. 60 ff.

— „Das Hamburger Modell, Idee und Wirklichkeit und Alternative zum HM" 2. Aufl., Wiesbaden 1976.

Gutenberg, E.: „Unternehmensführung" Berlin 1962.

— „Grundlagen der Betriebswirtschaftslehre" Bd. I, Die Produktion, 20. Aufl., Berlin u. a. 1973.

Häberle, P.: „Grundrechte im Leistungsstaat" VVdStRL 30 (1972), S. 43 ff.

— „Die offene Gesellschaft der Verfassungsinterpreten" JZ 1975, S. 297 ff.

Habermas, J.: „Strukturwandel der Öffentlichkeit" Darmstadt und Neuwied 1962.

— „Dogmatismus, Vernunft und Entscheidung" in: ders. „Theorie und Praxis" Frankfurt 1963, S. 307 ff.

— „Zur Logik der Sozialwissenschaften" Frankfurt 1970.

— „Legitimationsprobleme im Spätkapitalismus" Frankfurt 1973.

— „Überlegungen zum evolutionären Stellenwert des modernen Rechts" in: ders. „Zur Rekonstruktion des historischen Materialismus" Frankfurt 1976, S. 260 ff.

Hanau, P.: „Objektive Elemente im Tatbestand der Willenserklärung" AcP 165 (1965), S. 220 ff.

—*/Adomeit, K.:* „Arbeitsrecht" 3. Aufl., Frankfurt 1974.

Hartwich, H. H.: „Sozialstaatspostulat und gesellschaftlicher Status quo" 2. Aufl., Opladen 1977.

Haug, W. F.: „Die Bedeutung von Standpunkt und sozialistischer Perspektive für die Kritik der politischen Ökonomie“ Das Argument 74 (1972), S. 567 ff.

Hauriou, M.: „Die Theorie der Institution“ hrsg. von Schnur, R., Berlin 1965.

Hax, K.: „Betriebswirtschaftliche Deutung der Begriffe ‚Betrieb‘ und ‚Unternehmen‘“ in: „Recht und Rechtsleben“ FS für Kunze S. 109 ff.

HdO: siehe Grochla.

Heiligenstadt, L. u. a.: „Einzelwirtschaftliche Grundbegriffe und -beziehungen — zur Kritik der BWL“ Teil I, mehrwert 3 (1973), S. 1 ff.

Heinen, E.: „Die Zielfunktion der Unternehmung“, in: Koch, H. (Hrsg.) „Zur Theorie der Unternehmung“ FS für Gutenberg, Wiesbaden 1962, S. 9 ff.

— „BWL heute — die Bedeutung der Entscheidungstheorie für Forschung und Praxis“ Wiesbaden 1966.

— „Zum Wissenschaftsprogramm der entscheidungsorientierten BWL“ ZfB 1969, S. 207 ff.

— „Der entscheidungsorientierte Ansatz in der BWL“ ZfB 1971, S. 429 ff. (= Kortzfleisch „Wissenschaftsprogramm“ S. 21 ff.).

— „Neue Denkansätze für Betriebswirtschaftler“ in: Molitor, R. (Hrsg.) „Kontaktstudium, Ökonomie und Gesellschaft“ Frankfurt 1972, S. 45 ff.

Heller, H.: „Rechtsstaat oder Diktatur?“ Tübingen 1930.

— „Staatslehre“ Leyden 1934.

Henckel, W.: „Die ergänzende Vertragsauslegung“, AcP 159 (1960/61) S. 106 ff.

Héron, A.: „Arbeitsorganisation — Ende des Taylorismus?“ Kursbuch Nr. 43 (März 1976), S. 1 ff.

Herschel, W.: „Zumutbarkeit anderer Arbeit und Sozialprestige“ AuR 1968, S. 193 ff.

Herzberg, F./Mansner, B./Syndermann, B.: „The Motivation to Work“ 2. Aufl., New York 1959.

Hesse, K.: „Der Rechtsstaat im Verfassungssystem des GG“ in: „Staatsverfassung und Kirchenordnung“ FS für Smend, Tübingen 1962, S. 71 ff. (= R & S, S. 557 ff.).

— „Grundzüge des Verfassungsrechts der Bundesrepublik Deutschland“ 10. Aufl., Karlsruhe 1977.

Hickel, R.: „Eine Kaderschmiede bundesdeutscher Restauration — Ideologie und Praxis der Harzburger Akademie für Führungskräfte der Wirtschaft“ in: Greiffenhagen „Konservatismus“ S. 108 ff.

Hinterhuber, H. H.: „Innovationsdynamik und Unternehmensführung“ Wien/New York 1975.

Hilger, M. L.: „Zum Anspruch auf Gleichbehandlung im Arbeitsrecht“ RdA 1975, S. 32 ff.

Hippel, F. von: „Das Problem der rechtsgeschäftlichen Privatautonomie“ Tübingen 1936.

Hirsch, J.: „Zur politischen Ökonomie des politischen Systems“ in: Kress/Senghaas „Politikwissenschaft“ Frankfurt 1969, S. 165 ff.

Hoffmann, R.: „Rechtsfortschritt durch gewerkschaftliche Gegenmacht“ Frankfurt 1968

Hoffmann, R.: „Betriebsverfassung und Grundgesetz" AuR 1971, S. 271 ff.

Höhn, R.: „Reich — Großraum — Großmacht" Darmstadt 1942.

— „Die Führung mit Stäben in der Wirtschaft" 2. Aufl., Bad Harzburg 1970.

—/*Böhme, G.:* „Stellenbeschreibung und Führungsanweisung" 4. Aufl., Bad Harzburg 1970.

—/*Böhme, G.:* „Führungsbrevier der Wirtschaft" 8. Aufl., Bad Harzburg 1973.

Hondrich, K. O.: „Demokratisierung und Leistungsgesellschaft" Stuttgart u. a. 1972.

Huber, E. R.: „Wirtschaftsverwaltungsrecht" 2 Bde. Tübingen 1954.

— „Der Streit um das Wirtschaftsverfassungsrecht" Aufsatzserie in DÖV 1956 (Teil II, S. 135 ff.).

— „Grundgesetz und wirtschaftliche Mitbestimmung" Stuttgart u. a. 1970.

Hueck, A./Nipperdey, H. C.: „Lehrbuch des Arbeitsrechts" 2. Bde., 7. Aufl., Berlin 1963 und 1970.

Huffschmid, J.: „Die Politik des Kapitals — Konzentration und Wirtschaftspolitik in der BRD" Frankfurt 1969.

Hundt, S./Liebau, E.: „Zum Verhältnis von Theorie und Praxis — gegen ein beschränktes Selbstverständnis der BWL als ‚Unternehmerwissenschaft' " in: Dlugos, G. u. a. (Hrsg.) „Wissenschaftstheorie und BWL" Düsseldorf 1972, S. 221 ff.

Illetschko, L. L.: Stichwort „Management" HdO, Sp. 951 ff.

IMSF (Hrsg.): „Mitbestimmung als Kampfaufgabe" Köln 1971.

Ipsen, H.: „Über das Grundgesetz" Hamburger Universitätsreden Nr. 9, Hamburg 1950 (= R & S, S. 16 ff.).

— „Enteignung und Sozialisierung" VVdStRL 10 (1952), S. 74 ff.

Irle, M.: Stichwort „Führungsprobleme, psychologische" HdO, Sp. 583 ff.

— „Macht und Entscheidung in Organisationen — Eine Studie gegen das Linie-Stab-Prinzip" Frankfurt 1971.

Jacob, H. (Hrsg.): „Mitbestimmung in der Unternehmung" Wiesbaden 1973.

Jacobi, E.: „Betrieb und Unternehmen als Rechtsbegriff" Leipzig 1926.

Jaeggi, U.: „Kapital und Arbeit in der Bundesrepublik" Frankfurt 1973.

Juschka, C.: „Das Direktionsrecht des Arbeitgebers" Diss. Kiel 1955.

Kappler, E.: „Brauchen wir eine neue Betriebswirtschaftslehre?" in: Koubek „Mitbestimmung" S. 163 ff.

Karakatsanis, E.: „Die kollektivrechtliche Gestaltung des Arbeitsverhältnisses und ihre Grenzen" Heidelberg 1963.

Karch, W.: „Die Leitungsbefugnis des Arbeitgebers" Diss. München 1931.

Kaufmann, A.: „The Science of Decision-Making" London 1968.

Kemmetmüller, W.: „Führungsmodelle und Betriebsgrößen" Berlin 1974.

Kern, H./Schumann, M.: „Industriearbeit und Arbeiterbewußtsein" 3. Aufl., Frankfurt 1974.

Killer, W. HP.: „Das K-(Koordinations-)System — Eine flexible Organisationsform für wachsende Betriebe" IO 1971, S. 551 ff.

Kirsch, W.: „Entscheidungsprozesse“ 3 Bde., Wiesbaden 1970/71.

— (Hrsg.): „Unternehmensführung und Organisation — Tagungsbericht“ Wiesbaden 1973.

Klein, H.: „Öffentliche und private Freiheit“ Der Staat 10 (1971), S. 164 ff.

Kloidt, H./Dubberke, H. A./Göldner, J.: „Zur Problematik des Entscheidungsprozesses“ in: Kosiol „Entscheidungsprozeß“ S. 9 ff.

Koch, H. (Hrsg.): „Zur Theorie der Unternehmung“ FS für E. Gutenberg, Wiesbaden 1962.

Kolbinger, J.: Stichwort „human relations“ HdO, Sp. 697 ff.

Koontz, H.: „The Management Theory Jungle“ in: Hutchinson, J. C. (Hrsg.) „Readings in Management Strategy and Tactics“ New York 1971, S. 3 ff.

—*/O'Connel, C.*: „Principles of Management“ 5 ed. New York/London/Toronto 1972.

Korff, E.: Menschen beurteilen und führen — Ein Praktikum der Vorgesetztenkunst“ 4. Aufl., Heidelberg 1974.

— „Betriebspsychologisches Taschenbuch für Vorgesetzte“ 5. Aufl., Heidelberg 1975.

Körner, M.: „Mitbestimmung als Instrument gesamtwirtschaftlicher Einkommenspolitik“ Göttingen 1974.

Kortzfleisch, G. von (Hrsg.): „Wissenschaftsprogramm und Ausbildungsziele der BWL“ Tagungsbericht des Verbandes der Hochschullehrer für BWL e. V. in St. Gallen 2. - 5. 6. 1971, Bd. I, Berlin 1971.

Korndörfer, W.: „Unternehmensführungslehre“ Wiesbaden 1976.

Korsch, K.: „Marxismus und Philosophie“ 5. Aufl., Frankfurt 1972.

Kosiol, E.: „Die Unternehmung als wirtschaftliches Aktionszentrum“ Reinbek bei Hamburg 1966.

— „Organisation — der Weg in die Zukunft“ ZfO 1973, S. 3 ff.

— (Hrsg.): „Organisation des Entscheidungsprozesses“ 2. Aufl., Berlin 1975.

Koubek, N.: „Sechs Stufen auf drei Ebenen, die AOWEL“ Wirtschaftswoche 1973 (Heft 29), S. 35 ff.

— „Brauchen wir eine neue BWL?“ in ders. „Mitbestimmung“ S. 185 ff.

—*/Küller, H. D./Scheibe-Lange, I.* (Hrsg.): „Betriebswirtschaftliche Probleme der Mitbestimmung“ Frankfurt 1974.

Kratzmann, H.: „Grundrechte — Rechte auf Leistung“ Bern/Frankfurt 1974.

Krebschull, D./Mayer, O. G. (Hrsg.): „Multinationale Unternehmen — Anfang oder Ende der Weltwirtschaft“ Frankfurt 1974.

Kriele, M.: „Theorie der Rechtsgewinnung“ 2. Aufl., Berlin 1976.

Krüger, H.: „Staatsverfassung und Wirtschaftsverfassung“ DVBL 1951, S. 361 ff.

— „Allgemeine Staatslehre“ 2. Aufl., Stuttgart u. a. 1966.

— „Öffentliche Elemente der Unternehmensverfassung“ in: Kaiser, J. H./Coing, H. „Planung V“ Baden-Baden 1971, S. 18 ff.

— „Paritätische Mitbestimmung, Unternehmensverfassung, Mitbestimmung der Allgemeinheit“ Düsseldorf 1973.

Kunze, O.: „Die Funktion des Eigentums im modernen Gesellschaftsrecht" in: Marburger Gespräch über Eigentum — Gesellschaftsrecht — Mitbestimmung, Marburg 1967, S. 77 ff.

— „Bemerkungen zu Inhalt und Methode einer Unternehmensrechtsreform" in: Ballerstedt/Hefermehl (Hrsg.), FS für Gessler, München 1971, S. 47 ff.

— „Mitbestimmung in der Wirtschaft und Eigentumsordnung" RdA 1972, S. 257 ff.

Landsberger, A. H.: „Hawthorne Revisited" London 1958.

Lange, R.: „Das Direktionsrecht des Arbeitgebers" Diss. Jena 1933.

Larenz, K.: „Methodenlehre der Rechtswissenschaft" 3. Aufl., Berlin u. a. 1975.

Lattmann, Ch.: „Das norwegische Modell der selbstgesteuerten Arbeitsgruppe" Bern 1972.

— „Die Humanisierung der Arbeit und die Demokratisierung der Unternehmung" Bern/Stuttgart 1974.

— „Führungsstil und Führungsrichtlinien" Bern und Stuttgart 1975.

Leminsky, G.: Gewerkschaftliche Ansatzmöglichkeiten zur Humanisierung der Arbeitswelt" WSI-Miteilungen 1975, S. 56 ff.

Leonhardi, K.: „Das Anordnungsrecht des Arbeitgebers" Diss. Halle 1934.

Lepper, M.: „Kooperativer Führungsstil und Verwaltungsorganisation" Die Verwaltung 1975, S. 252 ff.

Liesegang, H. F.: „Das Anordnungsrecht des Arbeitgebers und Betriebsvereinbarungen" Diss. Greifswald 1932.

Likert, R.: „The Human Organization. It's Management and Value" New York/St.Louis 1967.

— „Neue Ansätze der Unternehmensführung" Bern/Stuttgart 1972.

Lipset/Trow/Coleman: „Union Democracy — the internel politics of the ITU" Glencoe 1956.

Littek, W.: „Industriearbeit und Gesellschaftsstruktur — zur Kritik der Industrie- und Betriebssoziologie" Frankfurt 1973.

Loitlsberger, E.: „Faktor und Prozeß als Grundbegriff der BWL" in: „Beiträge zur Begriffsbildung und Methode der BWL" FS für W. Bouffier, Wien 1965.

— „Metaökonomische Wertvorstellungen und Rechtsordnungen als Determinanten betriebswirtschaftlicher Theorie" in: Kortzfleisch „Wissenschaftsprogramm" S. 79 ff.

Lösch, A.: „Die räumliche Ordnung der Wirtschaft" 2. Aufl., Jena 1944.

Ludwig, R.: „Die abgeschirmte Innenwelt des Fortschritts" in: Alberts u. a. „IBM" S. 5 ff.

Luhmann, N.: „Funktionen und Folgen formaler Organisation" Berlin 1964.

Macpherson, C. B.: „Demokratietheorie" München 1977.

Mandel, E.: „Marxistische Wirtschaftstheorie" 2 Bde., Frankfurt 1972.

March, J. G./Simons, H. A.: „Organizations" 7th Printing, New York 1966.

Martens, P.: „Das Unternehmen und seine Ordnung" RdA 1972, S. 269 ff.

Martens, W.: „Grundrecht im Leistungsstaat" VVdStRL 30 (1972), S. 7 ff.

Maslow, A. H.: „Motivation and Personality" New York 1954.

Maunz, Th./Dürig, G./Herzog, R.: „Grundgesetz" München 1976.

Maurer, H.: „Das Direktionsrecht des Arbeitgebers" AuR 1956, S. 137 ff.

Mayer, U.: „Paritätische Mitbestimmung und Arbeitsverhältnis" Köln/Frankfurt 1976.

—/*Reich, N.* (Hrsg.): „Mitbestimmung contra Grundgesetz" Darmstadt 1975.

Mayntz, R.: „Die soziale Organisation des Industriebetriebs" Stuttgart 1958.

Mayo, E.: „The Human Problems of an Industrial Civilization" Boston 1933 (2. Aufl. 1946).

— „The Social Problems of an Industrial Civilization" London 1946 (dt.: „Probleme industrieller Arbeitsbedingungen" Frankfurt 1950).

Mc Gregor, D.: „The Human Side of Enterprise" New York 1960 (dt.: „Der Mensch im Unternehmen" Düsseldorf 1970)

Meffert, H.: „Systemtheorie aus bwl. Sicht" in: Schenk, K. (Hrsg.) „Systemanalyse in den Wirtschafts- und Sozialwissenschaften" Wien 1971.

Mellerowicz, K.: „Unternehmenspolitik" Bd. I, Freiburg 1963.

Mendner, J. H.: „Humanisierung der Arbeitswelt als gewerkschaftliches Problem" mehrwert 9 (1975), S. 1 ff.

Menger, C. F.: „Der Begriff des sozialen Rechtsstaats im Bonner Grundgesetz" Tübingen 1953.

Mestmäcker, E. J.: „Wirtschaftsordnung und Staatsverfassung" in: FS für Franz Böhm, Tübingen 1975, S. 383 ff.

Meyer-Cording, U.: „Die Rechtsnormen" Tübingen 1971.

Meyer, A.: „Rationelle Führung und Leitung in der Unternehmung" Stuttgart 1957.

Michels, R.: „Zur Soziologie des Parteiwesens in der modernen Demokratie" Leipzig 1911.

Migsch, E.: „Einzelne Gedanken zum Weisungsrecht des Arbeitgebers" ZAS 1970, S. 83 ff.

Mitbestimmungskommission (Hrsg.): „Mitbestimmung im Unternehmen — Bericht der Sachverständigenkommission zur Auswertung der bisherigen Erfahrung bei der Mitbestimmung" BT-Drucks. VI, 334, Bonn 1970.

Molitor, E.: „Grund und Grenzen des Weisungsrechts" RdA 1959, S. 2 ff.

Möller, G.: „Das neue BetrVG" in: Jacob (Hrsg.) „Mitbestimmung" S. 7 ff.

Mückenberger, U.: „Legitimation durch Realitätsverweigerung — Am Beispiel Privatautonomie" KJ 1971, S. 248 ff.

Müller, F.: „Juristische Methodik" 2. Aufl., Berlin 1976.

Mumford, L.: „Mythos der Maschine — Kultur, Technik, Macht" Frankfurt 1977.

Naendrup, H. P.: „MitbG und Organisationsfreiheit" AuR 1977, S. 225 ff.

Narr, D./Naschold, F.: „Theorie der Demokratie. Einführung in die moderne politische Theorie“ Teil III, 2. Aufl., Stuttgart u. a. 1973.

Naschold, F.: „Organisation und Demokratie“ Stuttgart 1969.

Naucke, W./Trappe, P. (Hrsg.): „Rechtssoziologie und Rechtspraxis“ Neuwied und Berlin 1970.

Nell-Breuning, O. von: „Mitbestimmung“ Frankfurt 1968.

Neuberger, D.: „Experimentelle Untersuchungen von Führungsstilen“ Gruppendynamik 1972, S. 192 f.

Neumann, F.: „Der Funktionswandel des Gesetzes im Recht der bürgerlichen Gesellschaft“ in ders. „Demokratischer und autoritärer Staat“ Frankfurt 1967, S. 31 ff.

Neumann, K. H.: „Optimal führen — effektiv, sozial, gesellschaftlich“ 3. Aufl., Heidelberg 1973.

Neuschel, R. F.: „Management by System“ New York/Toronto/London 1970.

Nikisch, A.: „Arbeitsrecht“ 3 Bde.: Bd. I, 3. Aufl., Tübingen 1961; Bd. II, 2. Aufl., Tübingen 1959; Bd. III, 2. Aufl., Tübingen 1966.

— „Arbeitsvertrag und Arbeitsverhältnis“ Berlin 1941.

— „Arbeitsverhältnis im Betrieb“ Berlin 1944.

— „Dienstpflicht und Arbeitspflicht“ in Dietz, R./ Hueck, A./ Reinhardt, R. (Hrsg.), FS für Nipperdey, München 1955, S. 65 ff.

Nipperdey, H. C.: „Die soziale Marktwirtschaft in der Verfassung der Bundesrepublik“ Karlsruhe 1954.

— „Soziale Marktwirtschaft und Grundgesetz“ 3. Aufl., Köln u. a. 1965.

Odiorne, G. S.: „Management by Objectives — A System of Managerial Leadership“ New York/Toronto 1966 (dt.: „Führen durch Vorgabe von Zielen“ München 1967).

Offe, C.: „Strukturprobleme des kapitalistischen Staates“ Frankfurt 1972.

Ortmann, G.: „Unternehmensziele als Ideologie“ Köln 1976.

— „Zum Theoriestatus der BWL“ mehrwert 9 (1975), S. 41 ff.

Ossenbühl, F.: „Die Interpretation der Grundrechte in der Rspr des BVerfG“ NJW 1976, S. 2100 ff.

Ostheim, R.: „Die Weisung des Arbeitgebers als arbeitsrechtliches Problem“ Gutachten für die Verhandlungen des IV. Österreichischen Juristentages, Wien 1970.

Ott, C.: „Die soziale Effektivität des Rechts bei der politischen Kontrolle der Wirtschaft“ JbRthuRsoz Bd. III („Zur Effektivität des Rechts“ Düsseldorf 1972), S. 345 ff.

— „Recht und Realität der Unternehmenskorporation“ Tübingen 1977.

Palandt: „Bürgerliches Gesetzbuch“ 36. Auflage, München 1977.

Palme, A.: „Weisungsrecht und Beschäftigungspflicht des Arbeitgebers“ BlStSozArbR 1956, S. 268 ff.

Pawlowski, H. M.: „Rechtsgeschäftliche Folgen nichtiger Willenserklärungen“ Göttingen 1966.

Perels, J.: „Die Grenzmarken der Verfassung, Sicherung gesellschaftlicher Machtverhältnisse oder Rahmenregelung des demokratischen Prozesses?" KJ 1977, S. 375 ff.

Pernthaler, P.: „Paritätische Mitbestimmung und Verfassungsrecht" Berlin 1972.

Peter, G.: „Modernes Management" 2 Teile, Blätter für deutsche und internationale Politik 1971, S. 816 ff. und S. 940 ff.

— „Im Mittelpunkt steht das Budget" in: Alberts, I. u. a. „IBM" S. 54 ff.

Piehl, E.: „Multinationale Konzerne und internationale Gewerkschaftsbewegung" Frankfurt 1973.

Pirker, Th./Braun, S./Lutz, B./Hammelrath, F.: „Arbeiter, Management, Mitbestimmung" Stuttgart/Düsseldorf 1955.

Podlech, A.: „Wertungen und Werte im Recht" AöR 95 (1970), S. 185 ff.

— „Eigentum — Entscheidungsstruktur der Gesellschaft" Der Staat 15 (1976), S. 31 ff.

Pöhlmann, G.: „Der Prozeß der Unternehmensführung" Berlin 1964.

Popitz, H./Bahrdt, H./Jures, E./Kesling, H.: „Das Gesellschaftsbild des Arbeiters — soziologische Untersuchungen in der Hüttenindustrie" 2. Aufl., Tübingen 1956.

Posser, D./Wassermann, R. (Hrsg.): „Freiheit in der sozialen Demokratie" Karlsruhe 1975.

Pross, H.: „Manager und Aktionäre in Deutschland" Frankfurt 1965.

— „Kapitalismus und Demokratie, Studien über westdeutsche Sozialstrukturen" Frankfurt 1972.

Raffée, H.: „Grundlagen der BWL" Göttingen 1974.

Raisch, P.: „Unternehmensrecht" 2 Bde., Reinbek bei Hamburg 1974,

— „Mitbestimmung und Koalitionsfreiheit" Stuttgart 1975.

Raiser, L.: „Vertragsfreiheit heute" JZ 1958, S. 1 ff.

— „Vertragsfunktion und Vertragsfreiheit" in: v. Caemmerer/Friesenhahn/ Lange „100 Jahre" Bd. I,S. 101 ff.

— „Rechtsschutz und Institutionenschutz im Privatrecht" in: „summum ius, summa iniuria" Tübingen 1963, S. 145 ff.

— „Die Zukunft des Privatrechts" Berlin/New York 1971.

Raiser, Th.: „Das Unternehmen als Organisation" Berlin 1969.

— „Marktwirtschaft und paritätische Mitbestimmung" Heidelberg 1971.

— „Das Arbeitsverhältnis aus der Sicht der Organisationssoziologie" ZRP 1973, S. 13 ff.

— „Grundgesetz und paritätische Mitbestimmung" Berlin 1975.

Räuschel, J.: „Die BASF — Anatomie eines multinationalen Konzerns" Köln 1975.

Ramm, Th.: „Der Arbeitskampf und die Gesellschaftsordnung des Grundgesetzes" Stuttgart 1965.

— „Zur Bedeutung der Rechtssoziologie für das Arbeitsrecht" in: Naucke/ Trappe (Hrsg.) „Rechtssoziologie" S. 154 ff.

Rehhahn, H.: „Der inhaltsleere Arbeitsvertrag und die Betriebsnormen" AuR 1963, S. 238 ff.

Reich, N.: Eigentumsgarantie, paritätische Mitbestimmung und Gesellschaftsrecht" AuR 1975, S. 257 ff.

Reichwald, R.: „Die menschliche Arbeit in der betriebswirtschaftlichen Produktionstheorie — Eine methodologische Betrachtung" Diss. München 1973.

Renner, K.: „Die Rechtsinstitute des Privatrechts und ihre soziale Funktion" Tübingen 1929.

Richardi, R.: „Kollektivgewalt und Individualwille bei der Gestaltung des Arbeitsverhältnisses" München 1968.

— „Arbeitsrecht und Zivilrecht" ZfA 1971, S. 3 ff.

Riese, H.: „Ordnungsidee und Ordnungspolitik — Kritik einer wirtschaftspolitischen Konzeption" Kyklos, Vol. 25 (1972), S. 24 ff.

Ridder, H.: „Enteignung und Sozialisierung" VVdStRL 10 (1952), S. 124 ff.

— „Zur verfassungsrechtlichen Stellung der Gewerkschaften im Sozialstaat nach dem GG für die BRD" Stuttgart 1960.

— „Die soziale Ordnung des Grundgesetzes" Opladen 1975.

Ritter, E.: „Der Wandel der Wirtschaftspolitik und die wirtschaftsverfassungsrechtliche Bedeutung des Gesetzes gegen Wettbewerbsbeschränkungen" BB 1968, S. 1393 ff.

Rittstieg, H.: „Eigentum als Verfassungsproblem" Darmstadt 1975.

Roethlisberger, F. J./Dickson, W. J.: „Management and the Worker" Cambridge/Mass. 1939 (2. Aufl. 1950).

Roscher, F.: „Vertragsfreiheit als Verfassungsproblem" Berlin 1973.

Rosenstiel, L. von: „Motivation im Betrieb" 3. Aufl., München 1974.

—*/Malt, W./Rüttiger, B.:* „Organisationspsychologie" Stuttgart 1972.

Rosner, L.: „Techniken der Kompetenzdelegation" IO 1968, S. 52 ff.

— „Moderne Management-Techniken" DB 1969, S. 1469 f.

Rühli, E.: „Der Ansatz zu einem integrierten, kooperativen Führungskonzept" in: Kirsch (Hrsg.) „Unternehmensführung" S. 71 ff.

— „Unternehmensführung und Unternehmenspolitik" Bd. I, Bern 1973.

Rüthers, B.: „Die Betriebsverfassung im Nationalsozialismus" AuR 1970, S. 97 ff.

— „Arbeitsrecht und politisches System" Frankfurt 1973.

Rumpff, K.: „BetrVG und Personalplanung" Mitbestimmungsgespräch 1972, S. 160 ff.

— „Mitbestimmung in wirtschaftlichen Angelegenheiten" 2. Aufl., Heidelberg 1976.

Rupp, H.: „Vom Wandel der Grundrechte" AöR 101 (1976), S. 161 ff.

Säcker, F. J.: „Gruppenautonomie und Übermachtkontrolle im Arbeitsrecht" Berlin 1972.

Salomon, K. D.: „Der soziale Rechtsstaat als Verfassungsauftrag des Bonner GG" Köln 1965.

Sandig, C.: Betriebswirtschaftspolitik" Stuttgart 1966 (Neuaufl. von „Die Führung des Betriebs — Betriebswirtschaftspolitik", Stuttgart 1953).

Savigny, E. von: „Juristische Dogmatik und Wissenschaftstheorie" München 1976.

Schachtschneider, K.: „Das Sozialprinzip" Bielefeld 1974.

Scharpf, S.: „Demokratietheorie zwischen Utopie und Anpassung" Kronberg 1975.

Schaub, G.: „Arbeitsrechtshandbuch" 2. Aufl. München 1975.

Scheibler, A.: „Entscheidungsformen und Führungsstile" ZfB 1975, S. 765 ff.

Schelsky, H. (Hrsg.): „Zur Theorie der Institutionen" Düsseldorf 1970.

Scheuerle, W.: „Das Wesen des Wesens" AcP 163 (1964), S. 429 ff.

Scheuner, U.: „Die staatliche Intervention in dem Bereich der Wirtschaft" VVdStRL 11 (1954), S. 1 ff.

— „Die neue Entwicklung des Rechtsstaats in Deutschland" in: von Caemmerer/Friesenhahn/Lange „100 Jahre" Bd. II, S. 229 ff. (= R & S, S. 461 ff.).

Scheuplin, H.: „Die Aufgaben unternehmerischer Führungskräfte und ihre Förderung" Köln/Opladen 1967.

Schinnerer, K.: „Grundsätze der Führung industrieller Unternehmen" Diss. HS für Welthandel, Wien 1970.

Schmidt, R.-B. (Hrsg.): „Probleme der Unternehmensverfassung" FS für M. Lohmann, Tübingen 1971.

Schnorr von Carolsfeld, L.: „Die Herrschaft über den Arbeitsplatz und das Weisungsrecht des Arbeitgebers" in: Specht (Hrsg.) „studium sociale" FS für K. V. Müller, Köln/Opladen 1963, S. 585 ff.

Scholz, R.: „Paritätische Mitbestimmung im Grundgesetz" Berlin 1974.

Schumm-Garling, U.: „Herrschaft in der industriellen Arbeitsorganisation" Frankfurt 1972.

— „Leitung und ‚Führungsstile'" GMH 1974, S. 549 ff.

Schwegler, L.: „Mitbestimmung — mehr demokratische Rechte in der Wirtschaft" in: Jacob „Mitbestimmung" S. 61 ff.

— „Paritätische Mitbestimmung im verfassungsrechtlichen Meinungsstreit" AuR 1975, S. 263 ff.

— „Paritätische Mitbestimmung und Koalitionsfreiheit" AuR 1975, S. 27 ff.

Schwenk, E.: „Das allgemeine Persönlichkeitsrecht des Arbeitnehmers" NJW 1968, S. 822 ff.

Schwerdtfeger, G.: „Unternehmerische Mitbestimmung der Arbeitnehmer und Grundgesetz" Frankfurt 1972.

Schwerdtner, P.: „Fürsorgetheorie und Entgelttheorie im Recht der Arbeitsbedingungen" Heidelberg 1969.

Schwiering, D./Kaminsky, U.: „Brauchen wir eine neue BWL?" in: Koubek „Mitbestimmung" S. 204 ff.

—*/Zerdick, A.:* „Einzelwirtschaftliche Investitionsentscheidung und gesellschaftliche Interessen" in: WSI-Studie Nr. 24, S. 147 ff.

Seidel, N.: „Management unkonventionell" 3 Bde., 2. Aufl., Darmstadt 1975.

Shubik, M.: „Games, Decisions and Industrial Organizations" Management Science, Vol. (1960), S. 455 ff.

Simon, H.: „The New Science of Management Decisions" New York 1960.

Sinzheimer, H.: „Der korporative Arbeitsnormenvertrag" Teil I, Leipzig 1907.

— „Grundzüge des Arbeitsrechts" Jena 1922 (stark veränderte 2. Aufl., Jena 1927).

— „Arbeitsrecht und Rechtssoziologie" 2 Bde., Frankfurt 1976.

Smend, R.: „Verfassung und Verfassungsrecht" Leipzig 1928.

Soergel/Wlotzke/Volze: „Bürgerliches Gesetzbuch" Bd. 3, Schuldrecht II, 10. Aufl., Stuttgart u. a. 1969.

Söllner, A.: „Einseitige Leistungsbestimmung im Arbeitsverhältnis" Akademie der Wissenschaften und der Literatur, Jg. 1966, Mainz und Wiesbaden 1966, S. 1 ff.

— „Arbeitsrecht" 5. Aufl., Stuttgart u. a. 1976.

Staehle, W.: „Organisation und Führung soziotechnischer Systeme — Grundlagen einer Situationstheorie" Stuttgart 1973.

Staudinger/Nipperdey/Mohnen/Neumann: „BGB" Bd. II, Teil 3, 11. Aufl., Berlin 1958.

Stein, E.: „Die Wirtschaftsaufsicht" Tübingen 1967.

— „Qualifizierte Mitbestimmung unter dem Grundgesetz" Köln 1976.

Steinbrenner, H. P.: „Arbeitsorientierte Unternehmensverfassung" Frankfurt/New York 1975.

Steiner, H.: „Soziale Strukturveränderungen im modernen Kapitalismus" Berlin 1966.

Steinmann, H.: „Die Großunternehmen im Interesesnkonflikt" Stuttgart 1969.

Stenschke, K. H.: „Das Direktionsrecht des Arbeitgebers" Mannheim u. a. 1932.

Struck, G.: „Zur Theorie juristischer Argumentation" Berlin 1977.

Taubes, J.: „Zur Kritik des soziologischen Institutionsbegriffs" in: Schelsky, H. „Institution" S. 67 ff.

Taylor, W. F.: „Grundsätze wissenschaftlicher Betriebsführung" München/Berlin 1913.

Teichmann, H.: „BWL und die Diskussion um die Mitbestimmung" ZfbF 1970, S. 790 ff.

Teubner, G.: „Verbandsdemokratie durch Recht?" Beilage zu „Das Parlament" vom 26. 2. 1977, B 8/77, S. 27 ff.

Thiele, W.: „Einführung in das Wirtschaftsverfassungsrecht" Göttingen 1970.

Thom, N.: „Zur Leistungsfähigkeit der Projekt-Matrix-Organisation" IO 1973, S. 123 ff.

Thomae, H.: „Zur allgemeinen Charakteristik des Motivationsgeschehens" in: ders. (Hrsg.) Handbuch der Psychologie, 1965, Bd. 2, IX, S. 83 ff.

Thur, A. von: „Der AT des deutschen bürgerlichen Rechts" Bd. II, 1. Hdb., Berlin 1957 (unv. Nachdr., 1. Aufl. 1914).

Timmermann, M.: „Matrix-Management" IO 1971, S. 315 ff.

Topitsch, E.: „Sprachlogische Probleme der sozialwissenschaftlichen Theoriebildung" in: ders. (Hrsg.) „Logik der Sozialwissenschaften" Köln 1965, S. 17 ff.

Ulrich, H.: „Der systemorientierte Ansatz in der BWL" in: Kortzfleisch (Hrsg.) „Wissenschaftsprogramm" S. 43 ff.

— „Die Unternehmung als produktives, soziales System" 2. Aufl., Bern/Stuttgart 1970.

Unterseher, L.: „Arbeitsvertrag und innerbetriebliche Herrschaft — Eine historische Untersuchung" Frankfurt 1969.

Vetter, O. (Hrsg.): „Mitbestimmung — Wirtschaftsordnung — Grundgesetz" Frankfurt 1976.

Vimar, F.: „Menschenwürde im Betrieb" Reinbek bei Hamburg 1973.

— (Hrsg.): „Industrielle Demokratie in Westeuropa" Reinbek bei Hamburg 1975.

Vollmer, L.: „Die Entwicklung partnerschaftlicher Unternehmensverfassungen" Köln u. a. 1976.

Volpert, W.: „Die ‚Humanisierung der Arbeitswelt' und die Arbeitswissenschaft" Köln 1974.

Wagner, H.: „Recht als Widerspiegelung und Handlungsinstrument" Köln 1976.

Wahsner, R.: „Mitbestimmung, Koalitions- und Streikrecht, Tarifautonomie — historische Notizen" in: Mayer/Reich „Mitbestimmung" S. 87 ff.

Weber, W.: „Die verfassungsrechtlichen Grenzen sozialstaatlicher Forderungen" Der Staat 4 (1965), S. 409 ff.

Weil, R.: „Alternative Formen der Arbeitsorganisation" RdA 1977, S. 95 ff.

Weis, J.: „Wirtschaftsunternehmen und Demokratie" Köln 1970.

Westermann, H. P.: „Unternehmensverfassung und Gesellschaftsrecht" in: FS für H. Westermann, Karlsruhe 1974, S. 563 ff.

White, R. K./Lippitt, R.: „Autocracy and Democracy — An Experimental Inquiry" New York 1960.

Widmaier, P. (Hrsg.): „Politische Ökonomie des Wohlfahrtstaates" Frankfurt 1974.

Wieacker, F.: „Privatrechtsgeschichte der Neuzeit" 2. Aufl., Göttingen 1967.

Wiedemann, H.: „Grundfragen der Unternehmensverfassung" ZGR 1975, S. 385 ff.

Wiethölter, R.: „Unternehmensverfassungsrecht" JurJb Bd. 7 (1966/67), S. 162 ff.

— „Rechtswissenschaft" Frankfurt 1968.

— „Recht und Politik" ZRP 1969, S. 155 ff.

— „Privatrecht als Gesellschaftstheorie" in: Baur u. a. „Funktionswandel" FS für Ludwig Raiser, Tübingen 1974, S. 645 ff.

Wild, J.: „Spieltheorie und Organisation" ZfbF 1967, S. 704 ff.

— „Management - Konzeption und Unternehmensverfassung" in: Schmidt „Probleme" S. 57 ff.

— „Unterentwickeltes Management by ..." Manager-Magazin 1972 (Heft 10), S. 60 ff.

— „Grundlagen der Unternehmensplanung" 2 Bde., Reinbek bei Hamburg 1974.

— (Hrsg.): „Unternehmensführung" FS für Erich Kosiol, Berlin 1974.

Witte, E.: Stichwort „Führungsstile" HdO, S. 595 ff.

Wöhe, G.: „Einführung in die allgemeine BWL" 11. Aufl., Berlin/Frankfurt 1973

WSI — Projektgruppe „Grundelemente einer arbeitsorientierten Einzelwirtschaftslehre" WSI - Studien Nr. 23, Köln 1974.

WSI — Forum „Arbeitsorientierte Einzelwirtschaftslehre kontra kapitalorientierte Betriebswirtschaftslehre" WSI - Studien Nr. 24, Köln 1973.

Zacher, H.: „Aufgaben einer Theorie der Wirtschaftsverfassung" in: FS für Franz Böhm, Tübingen 1965, S. 63 ff.

Zapf, K.: „Das Direktionsrecht des Arbeitgebers" Diss. Heidelberg 1971.

Zepf, G.: „Kooperativer Führungsstil und Organisation" Wiesbaden 1972.

Zeuner, A.: „Überlegungen zum Begriff des Arbeitnehmers" RdA 1975, S. 86 ff.

Zeuner, B.: „Verbandsforschung und Pluralismustheorie" Leviathan 4 (1976), S. 137 ff.

Zöllner, W.: „Privatautonomie und Arbeitsverhältnis — Bemerkungen zur Parität und Richtigkeitsgewähr beim Arbeitsvertrag" AcP 176 (1976), S. 221 ff.

— „Das Arbeitsrecht" München 1977.

—*/Seiter, H.:* „Paritätische Mitbestimmung in Art. 9 Abs. 3 GG" Köln u. a. 1970.

Zweigert, K.: „Die Neutralität des Grundgesetzes gegenüber der paritätischen Mitbestimmung" in: Veter „Mitbestimmung" S. 205 ff.

FSC
www.fsc.org
MIX
Papier | Fördert
gute Waldnutzung
FSC® C083411

Kolibri 360 GmbH
Ferdinand-Jühlke-Straße 7
99095 Erfurt, Deutschland
produktsicherheit@kolibri360.de

Druck:
CPI Druckdienstleistungen GmbH
im Auftrag der
Kolibri 360 GmbH
Ferdinand-Jühlke-Str. 7
99095 Erfurt